LOS RECURSOS INEXPLORADOS DE DIOS

Los Dones del Espíritu

Rev. Mario A Bruni, Dr. Div.

ISBN: 978-1-964462-99-8 (sc)
ISBN: 978-1-965679-00-5 (e)

Rev. date: 09/10/2024

DEDICATORIA

Yo, María J. Bruni, dedico este libro a la amorosa memoria de mi difunto esposo y mejor amigo durante 49 años y medio, Dr. Rev. Mario A. Bruni. Doy gracias al Señor Jesucristo por salvarnos y ungir a mi esposo para enseñar la Palabra de Dios. El deseo de mi esposo era ver a los santos de Dios arraigados en la Palabra de Dios, creciendo en su caminar con Dios y siendo testigos del poder salvador de nuestro Señor Jesucristo.

CONTENIDO

Dedicatoria v

Introducción 1

¿Son los Dones del Espíritu para Hoy? 8

Las Lenguas en Relación con el Bautismo del Espíritu Santo 26

La Clasificación y Motivación de los Dones Espirituales 44

Los Propios Dones 60

Los Dones de Revelación 64

Los Dones de Poder 87

El Don de la Inspiración 113

Los Dones Administrativos 129

Apóstoles 134

Profetas 143

Evangelistas 154

Pastores 168

Profesores 184

Ayudas Y Administraciones 196

1 Corintios 13 Y Los Dones Espirituales 202

Amor: Parte Uno 213

Amor: Parte Dos 228

Bibliografía 245

Notas 249

INTRODUCCIÓN

En este nuevo Milenio, el cuerpo de Cristo enfrentará muchos cambios orientados hacia Cristo. Estos cambios vendrán después de que Dios informe a Su Iglesia sobre su llegada; porque "Ciertamente el Señor DIOS no hace nada sin revelar su secreto a sus siervos los profetas" (Amós 3:7). Estos cambios que Dios traerá traerán división y conflicto al cuerpo de Cristo, pero son necesarios para su purificación. No olvidemos que Jesús regresará por Su Iglesia para presentarla "a sí mismo, una iglesia gloriosa, sin mancha ni arruga ni ninguna otra cosa semejante, sino que sea santa y sin mancha" (Efesios 5:27, KJV).

Muchos santos preciosos, debido a la incredulidad, el miedo y las dudas, se quedarán atrás en el mover de Dios. Se perderán muchas de las bendiciones gloriosas que son dadas por el Espíritu. El resultado más doloroso de esta purificación será que algunos santos se apartarán porque están atrapados en su propia religiosidad y tradiciones. Estos creyentes piensan que Dios no hará nada diferente de lo que han visto toda su vida. Podrían incluso vender el mover de Dios, y quizás hasta su propia salvación, por el confort de sus prácticas religiosas secas y muertas. "No os acordéis de las cosas pasadas, ni traigáis a memoria las cosas antiguas. He aquí que yo hago cosa nueva; pronto saldrá a luz; ¿no la conoceréis?" (Isaías 43:18-19a)

Observa detenidamente el mundo que nos rodea y la Iglesia de Jesucristo. Una cosa resalta claramente: Dios está sacudiendo las cosas. Está realizando cambios importantes en nuestra nación, en nuestro mundo, en nuestro clima, en nuestras iglesias y en nuestra percepción de Él. Dios está utilizando terremotos, el clima, guerras (tanto espirituales como físicas), toda clase de tribulaciones, el sistema educativo, la televisión, la radio, Internet, revistas y periódicos para preparar al mundo y a Su Iglesia para Su pronto regreso.

Estamos viendo en la Iglesia de hoy una gran división en desarrollo. Por un lado, tenemos un movimiento de polarización o de aislamiento. Este movimiento se basa en creencias doctrinales personales fuertes e inflexibles que no permiten que el amor y la gracia de Dios se integren en sus creencias. Por otro lado, vemos pequeños grupos aislados de ministros y ministerios en todo el mundo predicando la unidad. Este movimiento de unidad dentro del cuerpo de Cristo se basa en la creencia de que Jesús es el arquitecto principal y la piedra angular, y que Su cuerpo mundial debe actuar como nuestros cuerpos físicos naturales, donde cada parte interactúa, ayudando a las demás para el mejoramiento de todo el cuerpo. Este grupo busca y establece reuniones de oración entre congregaciones, denominaciones y diferentes creencias.

Estos pastores no son restrictivos. No aíslan a sus congregaciones, sino que permiten que sus miembros vayan y participen en otros servicios utilizando la fuerza de otras iglesias para mejorar el bienestar espiritual y físico de los santos. Este es el tipo de iglesia que este ministro cree que será la iglesia del siglo veintiuno.

Hoy en día, vemos ministerios y ministros que son copias idénticas unos de otros. Se parecen, hablan igual, predican los mismos mensajes y cantan las mismas canciones. Incluso los formatos de los programas producidos son iguales. Sus ministerios se basan en su aprendizaje institucionalizado y experiencia pasada, no en el maná fresco que es nuevo cada mañana. Sienten que si una idea o plan funcionó para un ministerio, funcionará para el suyo. Estos ministros dependen de su presentación para atraer a las personas en lugar del amor, la gracia y el poder de Cristo. Sustituyen la forma, el empaque y la publicidad para cubrir la ausencia de Cristo en su ministerio. Producen sus servicios y predican sus mensajes para que encajen perfectamente en un tiempo y formato preestablecidos.

Estos pastores no permiten que el Espíritu Santo tenga Su camino, sin importar el resultado o el tiempo necesario. Su mayor preocupación es cuántas personas pueden alcanzar o cuán grande pueden crecer, lo cual no está mal en sí mismo. Pero, ¿cuál es la razón para alcanzarlos? Jesús no se preocupa por la cantidad de personas que escuchan y reconocen al predicador. Sin embargo, Él se preocupa por la cantidad de personas que escuchan y responden al poder transformador del Evangelio. ¿No se supone que las buenas nuevas transformadoras de vida deben ser el centro de nuestra obra aquí en la tierra?

Nada puede lograrse en la vida del incrédulo si no está presente la unción de Dios o si el Evangelio no se presenta en pureza y verdad. Muchas más personas responderían al Evangelio si los ministros pasaran más tiempo en comunión con Dios que en reuniones de junta discutiendo todos los 'cómo hacer'. ¿Acaso no nos dice Santiago que 'si alguno de vosotros tiene falta de sabiduría, pídala a Dios, el cual da a todos abundantemente y sin reproche, y le será dada' (Santiago 1:5)? Y ¿no nos da Hechos 6:1-7 un patrón ordenado por Dios para que el ministerio pastoral actual lo siga? No hay nada malo en pedir sabiduría o dirección en una reunión de junta. 'El sabio oirá y aumentará el saber, y el entendido alcanzará consejo; para entender proverbios y su significado, palabras de sabios y sus enigmas' (Proverbios 1:5-6). 'Sin dirección caerán los pueblos; mas en la multitud de consejeros hay seguridad' (Proverbios 11:14). Sin embargo, por bueno y bíblico que sea esto, no reemplaza la sabiduría ganada al pasar tiempo con Dios pidiendo y obedeciendo Su consejo (consultar Hechos 6:1-7)

Es la opinión orante de este ministro que Dios no está limitado a un estilo o formato de programa. Dios es un Dios de diversidad. Es tan diverso como el número de estrellas en el cielo o la cantidad infinita de patrones encontrados en los copos de nieve. ¿Cómo pueden tantos ministerios y ministros estar haciendo, diciendo y predicando los mismos mensajes de la misma manera una y otra vez sin ningún resultado real? Si estos hombres y mujeres de Dios estuvieran verdaderamente en contacto y obedeciendo al Todopoderoso, sus mensajes y servicios serían igual de fascinantes, diversificados y llenos de poder como la iglesia del primer siglo, ¡y me atrevo a decir que incluso más!

Ahora algunos de ustedes podrían estar pensando que los mensajes que escuchamos hoy son los mismos porque el mensaje del Evangelio nunca cambia. Eso es cierto. El Evangelio nunca cambia. Según 1 Corintios 15:1-4, el Evangelio es la muerte, sepultura y resurrección de Jesús, que fueron presenciadas por muchos. Este mensaje del Evangelio nunca debería cambiar, ya que es el mensaje que trae vida eterna a cada alma individual. Sin embargo, los temas contenidos en el Evangelio son innumerables y igualmente diversificados. Estas palabras Logos, tomadas frescas del Altar Santo de Dios cada mañana, son vivas, poderosas y más cortantes que cualquier espada de dos filos, y traerán vida eterna y salud al oyente (Hebreos 4:12).

Hay demasiados ministros que están tratando de ser todo lo que pueden ser en el ministerio. Están buscando su gloria y satisfacción en el tamaño de sus ministerios y en los cargos que ocupan. Pero, hermanos, mientras los cristianos estén preocupados por quiénes son en Cristo, ¡Cristo nunca podrá llegar a ser quien Él quiere ser en ellos!

Dios no solo está haciendo grandes cambios en la Iglesia, sino también en el cristiano. Está realizando esos cambios sacudiendo los cimientos mismos de nuestra fe. Ahora debemos prepararnos para ello. Si no lo hacemos, podríamos ser sacudidos y separados de la Vid Verdadera. La única manera de prepararnos y mantener un firme agarre en Jesús, sin ser sacudidos, es mediante una relación íntima con la Piedra Angular, el Autor y Consumador de nuestra fe, Jesús de Nazaret. Esta relación se desarrolla al pasar tiempo, mucho tiempo, con Él en la quietud y el silencio de la oración (Juan 15:1-8). Debemos ser capaces de reconocer los cambios de Dios y ser barro dispuesto en la mano del Alfarero. Esto es lo que logrará pasar tiempo, mucho tiempo, con Él en la quietud y el silencio de la oración.

También podemos estar seguros de que el maligno tendrá un llamado falso para el cambio, una imitación de lo verdadero. Charles Caleb Colton dijo una vez: 'La imitación es la forma más sincera de adulación'. Tan cierto como que existe el diablo, él imitará el verdadero mover de Dios. Sin embargo, esta imitación llevará a los santos ingenuos, cómodos e ignorantes lejos del único Dios verdadero hacia una forma de piedad sin el Espíritu que da vida. Estas imitaciones solo se mantendrán vivas mediante los dispositivos que la sabiduría humana pueda fabricar (2 Timoteo 3:5).

Esta sacudida ordenada por Dios producirá y establecerá una Iglesia totalmente diferente, una que sea activa, productiva, fuerte y saludable, llena del poder y los Dones del Espíritu. Esta nueva iglesia será completamente evangelística y de naturaleza transformadora mundial; será una fuerza con la que el mundo tendrá que contar pero no podrá resistir. Ya no se quedará parada y aceptará pasivamente el mal que se le presenta. Destruirá todas las obras del diablo, mientras que dará paso al segundo regreso de su Señor Glorificado.

Todos debemos estar listos para ser moldeados en un ejército devoto, dinámico, poderoso, completamente equipado y unificado que hará guerra contra el diablo y sus principados bajo un líder supremo, Jesucristo. Dios va a restablecer la Iglesia como originalmente la planeó ser. La Iglesia de los últimos días será la misma que fue en el principio del primer siglo d.C.

Permíteme reiterar lo que creo que es el plan de Dios para la iglesia del nuevo milenio:

1. La iglesia se convertirá en un cuerpo unificado que trabaja dentro de sí misma y con todas sus partes para el beneficio de los santos y del mundo.

2. Dios va a restablecer el uso de los Dones Espirituales junto con los ministerios de Apóstol, Profeta, Evangelista, Pastor y Maestro. Estos ministerios estarán llenos del Espíritu Santo y serán completamente competentes en los Dones Espirituales, tal como lo fueron en el primer siglo. Estos hombres llamados por Dios sacudirán la Iglesia y el mundo hasta sus cimientos. Muchos de nosotros no estaremos de acuerdo con lo que digan o hagan. Nos ofenderemos por ellos porque el cáncer del orgullo, que clama "¿Quién es el mayor en el reino de los cielos?", todavía está presente en la Iglesia de Jesucristo hoy en día (Mateo 18:1).

Muchos ministros creen que están a cargo de sus propios ministerios. Sin embargo, cuando Dios comience a hacer estos cambios, estos ministros, ya sea que Dios los haya llamado a ese ministerio o no, serán removidos si no cambian. Dios pondrá ministros que busquen Su corazón en su lugar, de la misma manera que reemplazó al rey Saúl, un hombre llamado por Dios para liderar a Israel, con David, un hombre conforme al corazón de Dios (Ver 1 Samuel 13:13-14; Hechos 13:21-22). Estos apóstoles, profetas, evangelistas, pastores y maestros no serán hombres famosos, sino hombres sencillos y humildes de corazón. Su único pensamiento será Cristo y el establecimiento de Su reino en la tierra.

En Mateo 18:1, los discípulos hicieron una pregunta muy interesante: "¿Quién entonces es el mayor en el reino de los cielos?" Esta pregunta sigue vigente en la iglesia hoy en día. La respuesta de Jesús a esta pregunta es de suma importancia notar.

Él pidió que le trajeran a un niño y dijo: "De cierto os digo que si no os convertís y os hacéis como niños, no entraréis en el reino de los cielos. Así que cualquiera que se humille como este niño, ése es el mayor en el reino de los cielos" (Mateo 18:3-4). Amados, un niño pequeño no piensa en cómo encaja en el mundo, cuán grande es, o cuánto ha hecho por los que lo rodean. Un niño no se preocupa por cómo está vestido o de qué color es su piel. Un niño no está preocupado por la cantidad de personas que lo escuchan ni por cómo y cuándo transmite un mensaje. La única preocupación del niño es que alguien responda a su mensaje. Como cualquiera de nosotros que tiene hijos sabe dolorosamente, los niños harán todo lo posible para asegurarse de que haya una respuesta a su mensaje.

Otra cosa acerca de los niños, todo lo que necesitan es ser alimentados, cambiados y amados. Como cristianos, necesitamos lo mismo. Necesitamos ser alimentados con la Palabra de Dios, cambiados a la imagen y semejanza de Dios, y ser amados con un amor eterno e inmutable que nos abrace y nos rodee. Cuando se cumplen todos estos requisitos, nos satisfacen por completo. Estos, hermanos, son los ofrecimientos de Cristo a Sus hijos.

Ahora, mientras comenzamos a prepararnos para estos próximos cambios, necesitaremos conocer nuestras armas, nuestros dones, nuestras posiciones, nuestros ministerios y nuestras responsabilidades en el ejército de Dios. Esto significa que es una necesidad absoluta entender quién es Dios, cómo opera Él y a través de qué medios llevará a cabo la obra de traer los nuevos cielos y la nueva tierra. En la humilde opinión de este ministro, a través de una vida de oración, devoción a Cristo y mediante los Dones del Espíritu, los nuevos cielos y la nueva tierra serán acelerados y finalmente cumplidos.

Con esto en mente fue escrito este libro. Que te prepare, te anime y te invite a buscar "al que puede guardaros de caer, y presentaros sin mancha delante de su gloria con gran alegría, al único y sabio Dios, nuestro Salvador, sea gloria y majestad, imperio y potencia, ahora y por todos los siglos. Amén" (Judas 1:24-25).

¿SON LOS DONES DEL ESPÍRITU PARA HOY?

Para el beneficio de esos preciosos santos que no saben qué son los Dones del Espíritu o dónde pueden encontrarse en la Palabra de Dios, a continuación se encuentran las referencias bíblicas, una lista de los Dones y por qué fueron dados a la iglesia. Los Dones del Espíritu se encuentran en cuatro pasajes del Nuevo Testamento:

1. Romanos 12:3-8
2. 1 Corintios 12:1-10, 28-31
3. Efesios 4:11-12.
4. 1 Pedro 4:10-11

Estos son los Dones del Espíritu tal como aparecen en 1 Corintios 12:1-10, 28-31 y Efesios 4:11:

1. Palabra de Sabiduría
2. Palabra de Conocimiento
3. Fe
4. Dones de Sanidad
5. Obras de Milagros
6. Profecía
7. Discernimiento de espíritus
8. Diversos tipos de Lenguas
9. Interpretación de Lenguas
10. Apóstoles

11. Profetas
12. Maestros
13. Ayudas
14. Administraciones
15. Evangelistas
16. Pastores

Los Dones Espirituales son aquellos dones dados por Dios a través del Espíritu Santo. Como todo lo que es dado a la humanidad por Dios, tienen un propósito importante. A continuación se enumeran los propósitos para los cuales fueron dados. Según Efesios 4:12-17, fueron dados:

1. para el equipamiento de los santos para la obra del ministerio
2. para la edificación del cuerpo de Cristo
3. para la unidad de la fe
4. para el conocimiento del Hijo de Dios
5. para llegar a ser hombres y mujeres perfectos (completos) de Dios
6. para la medida de la estatura de la plenitud de Cristo
7. para que ya no seamos niños, sacudidos por las olas
8. para que no seamos llevados de aquí para allá por todo viento de doctrina, por estratagema de hombres.
9. para hablar la verdad en amor
10. para crecer en todas las cosas en aquel que es la cabeza, es decir, Cristo
11. para un funcionamiento efectivo por el cual cada parte cumple su función
12. para causar crecimiento en el cuerpo.
13. para la edificación de sí mismo en amor
14. para el cumplimiento del propósito de Dios en el mundo
15. para la edificación de la iglesia (el cuerpo de Cristo, todos los creyentes nacidos de nuevo)

Hay cuatro verdades muy importantes que recordar sobre los Dones Espirituales antes de comenzar a responder la pregunta "¿Son los Dones del Espíritu para hoy?"

1. Cada creyente ha sido dado Dones Espirituales (Romanos 12:5-6, 1 Pedro 4:10)
2. Los Dones pertenecen a Dios y son dados libremente al creyente (1 Pedro 4:11)
3. Son para la edificación, equipamiento y perfeccionamiento de los santos (Efesios 4:12)
4. Los Dones Espirituales se dan sobre la base de creer, no sobre la base de obras. Ni las buenas obras ni las malas obras te calificarán o descalificarán para recibir los Dones Espirituales, porque son dados libremente al hombre por el Espíritu Santo (Marcos 16:17).

Ahora, para abordar la tarea de responder la pregunta "¿Son los Dones del Espíritu para hoy?", cualquiera que haya leído el Nuevo Testamento sabe que es un hecho innegable que los Dones del Espíritu estaban presentes en la Iglesia primitiva. Hay una abundancia de Escrituras que lo demuestran más allá de toda duda. Entonces, la pregunta no es "¿Ocuparon un lugar en la Iglesia primitiva?", sino "¿Deberían ocupar un lugar en la Iglesia hoy?" Tal pregunta obviamente merece consideración, porque si los Dones del Espíritu fueron solo para la Iglesia del pasado y no son una realidad actual, entonces, ¿cuánto más de las Escrituras fue solo para la Iglesia del pasado y no es una realidad actual? Por lo tanto, si partes de la Biblia solo se aplican al pasado, la pregunta entonces se convierte en ¿cuáles partes?

Si uno sostiene este tren de pensamiento, entonces solo se puede llegar a una conclusión, y es que la Biblia en su totalidad es un buen libro, pero no todos sus preceptos se aplican a la sociedad actual. Este es exactamente el argumento utilizado por los creyentes que sostienen la enseñanza de que los Dones del Espíritu cesaron, y por los incrédulos que intentan justificar sus estilos de vida pecaminosos. ¿Qué tan fácil sería para alguien vivir según los preceptos de Dios si pudieran simplemente elegir cuáles obedecer?

Pregúntese: Si la salvación, la santificación, el nuevo nacimiento, Su provisión, o Su amor y misericordia fueran solo para la Iglesia del pasado y no una realidad de hoy en día, entonces ¿dónde, como simples hombres, trazamos la línea y decimos qué parte de la Palabra inspirada de Dios es para hoy? ¿Qué fórmula utilizamos para tomar tal decisión? ¿Con qué parte de la mente claramente limitada y defectuosa del hombre elegimos? ¿Hay alguna evidencia científica o método probado que respalde tomar tal decisión? ¡No, no la hay! Porque nadie puede conocer y entender la mente infinita y el propósito de Dios con nuestra comprensión finita. Se necesita fe, y solo fe, en cada palabra que Él ha preservado para nosotros en la Biblia.

Lo ilustraré. Imagina que conoces un tesoro invaluable que se encuentra al otro lado de un gran abismo. La única forma de cruzar este abismo es caminando sobre un puente hecho de cuerda y madera. Sin embargo, si no cruzas el puente, nunca recibirás el tesoro. Suena fácil, ¿verdad? Simplemente cruza el puente. ¡Aquí está el problema! No estás seguro de si el puente es confiable, o si cada pieza de madera en la que debes pisar es lo suficientemente sólida como para sostenerte, porque si alguna pieza de madera cede, caerás a tu muerte. ¡Aquí radica el dilema! ¿Qué haces? Si decides cruzar el puente y pisas una tabla defectuosa, caerás a tu muerte; sin embargo, si decides que, debido al peligro, el premio no vale tu vida, te alejarás decepcionado. La tercera opción es cruzar el puente creyendo que es confiable y que puedes atravesarlo para recibir el tesoro invaluable. Esto es exactamente igual que creer en la Biblia. ¡O es completamente sólida y confiable, o no lo es! El tesoro invaluable eterno ofrecido por Dios solo se puede obtener creyendo en el mapa de ruta de Dios, la Biblia. Si dudamos de alguna parte de ella, el camino se vuelve peligroso y perderemos nuestro tesoro invaluable. Dios ofrece. La Biblia nos lleva al puente de Dios que cruza la brecha entre el hombre pecador y un Dios

Santo. Los mandamientos y preceptos de la Biblia son la cuerda y las tablas. Cristo Jesús es ese puente, y la vida eterna y la paz son el tesoro invaluable que solo Él puede dar, porque solo en Él está la vida eterna (Juan 3:16; 1 Juan 5:20).

Los cristianos deben adherirse, confiar y depender a toda costa de toda la Palabra dada por Dios, inspirada por Dios. Debemos mantener firmemente la convicción de que fue entregada tanto a la Iglesia del pasado como a la iglesia de hoy. Debemos entender completamente que, al leer la Palabra de Dios o escuchar un mensaje verdaderamente inspirado, no podemos imponer restricciones de tiempo ni limitaciones sobre ella. No podemos decir que fue solo para ayer, o que es solo para hoy, o incluso que es profético y no para nosotros ahora. Dios está más allá del tiempo. Dios está en el hoy, igual que está en el mañana, así como en el ayer, todo al mismo tiempo. Por lo tanto, Su palabra completa, que contiene instrucciones desarrolladas a partir de todos estos factores, es perfecta. Saber esto y creer que Dios es amor y que obra todas las cosas para nuestro bien nos permite tener plena fe en la calidad, precisión y resultado de Sus preceptos..

La respuesta a la pregunta "¿Son los Dones del Espíritu para hoy?" es categóricamente sí! Los Dones del Espíritu son para hoy. "¡Jesucristo es el mismo ayer, hoy y por los siglos! No se dejen llevar por todo tipo de enseñanzas extrañas, pues es bueno que el corazón sea fortalecido por la gracia" (Hebreos 13:8-9a ISV).

El sentido común te diría que es más fácil tener fe en toda la Palabra de Dios que tener fe solo en partes selectas de ella. ¿No nos acompañaría la duda de si elegimos correctamente hasta la eternidad? ¿Qué clase de paz y esperanza traería ese tipo de fe? ¿O acaso la eternidad, la paz y la esperanza son conceptos solo para la iglesia del pasado?

La cristiandad, durante muchos siglos, ha creído que los Dones del Espíritu deberían considerarse como posesión exclusiva de la era apostólica. Muchos grandes y renombrados académicos han sostenido esta opinión y han logrado que tanto el clero como los laicos la acepten con pocas reservas. También se puede concluir que estos académicos tienen varios argumentos bastante lógicos y, por lo tanto, creíbles para apoyar su creencia.

Los defensores de esta creencia sostienen que los signos y dones sobrenaturales se otorgaron para confirmar la deidad del Señor Jesús y autenticar a los discípulos y su mensaje. Recuerda que la iglesia enfrentaba un mundo hostil. Judíos y gentiles estaban unidos en su feroz oposición al mensaje de Jesús, el Rabí de Nazaret. Por lo tanto, era necesario que Dios confirmara sobrenaturalmente su mensaje con señales y maravillas en el nombre de su Santo Hijo Jesús. Es dudoso si el evangelio habría logrado afianzarse en esa "generación malvada y adúltera" sin los signos milagrosos. Por eso, estos poderes milagrosos concedidos a los primeros predicadores del Evangelio deben considerarse solo temporales, para que cuando su propósito se hubiera cumplido, desaparecieran de la historia.

Sobre todo, los defensores de esta teoría sostienen que la finalización del Canon de las Escrituras (la Biblia) eliminó toda necesidad de tales medidas extraordinarias. Desde su completación, la iglesia poseía la revelación completa y perfecta de Dios y su plan de salvación. Por lo tanto, desear una revelación adicional por otros medios o buscar una confirmación de la Palabra mediante signos milagrosos es desacreditar la Palabra de Dios. En otras palabras, Dios, que habló en tiempos pasados mediante milagros, ahora habla únicamente a través de su Palabra escrita.

Una cosa que es inmediatamente evidente para todo estudiante de la Palabra acerca de esta enseñanza, e incluso admitida por sus defensores, es la total ausencia de cualquier declaración definitiva por parte del Señor sobre Su intención de hacer cesar los Dones del Espíritu antes de Su regreso.

Cualquier persona que sostenga la opinión de que los Dones del Espíritu no son para hoy debe primero responder exitosamente al pasaje en Marcos 16:15-20, que dice: "Y les dijo: Id por todo el mundo y predicad el evangelio a toda criatura. El que creyere y fuere bautizado, será salvo; mas el que no creyere, será condenado.

Y estas señales seguirán a los que creen: En mi nombre echarán fuera demonios; hablarán nuevas lenguas; tomarán en las manos serpientes, y si bebieren cosa mortífera, no les hará daño; sobre los enfermos pondrán sus manos, y sanarán. Así que, el Señor, después que les habló, fue recibido arriba en el cielo, y se sentó a la diestra de Dios. Y ellos, saliendo, predicaron en todas partes, ayudándoles el Señor y confirmando la palabra con las señales que la seguían. Amén."

Este pasaje contiene una promesa definitiva del Señor Jesús, de que estos Dones seguirán a todo aquel que cree. Esa promesa por sí sola presenta un problema grave y casi insuperable para la suposición de que los Dones del Espíritu cesarían antes de que Jesús regrese nuevamente.

Uno de los métodos utilizados para tratar con el problema que plantean estos versículos es cuestionar su autenticidad para sembrar dudas sobre su derecho a ser incluidos en el Canon de las Escrituras. Arrojar dudas sobre la autenticidad de una porción de las Escrituras es un arma bastante potente. Aunque no haya pruebas concretas de su falta de autenticidad, esa porción de las Escrituras se ve tan nublada por controversias que genera dudas y, como resultado, pierde su poder como evidencia válida. Los ministros que sostienen esta opinión han utilizado durante mucho tiempo esta táctica para eliminar pasajes que les resultan desagradables.

Por lo tanto, al darse cuenta de la importancia de establecer la autenticidad de Marcos 16:15-20, ofrecemos los siguientes argumentos como prueba de su autenticidad.

1. Las versiones más antiguas tanto de las Iglesias del Este como del Oeste, sin ninguna excepción, reconocen este pasaje. La versión más antigua de la Vulgata, llamada "Antigua Itálica", también contiene este pasaje.
2. La evidencia de Ireneo (A.D. 177). En uno de sus libros (Adv. Haer. iii.10), cita el principio y el final del Evangelio de Marcos en el mismo pasaje. La evidencia de Ireneo es

concluyente en cuanto al hecho de que, en su época, no había dudas sobre la autenticidad y genuinidad del pasaje.

3. La cuestión del final abrupto del pasaje. La brusquedad con la que termina el versículo ocho es extremadamente llamativa

4. Sabiendo que el Evangelio de Marcos fue escrito para los romanos, es muy dudoso que terminara su Evangelio con la palabra "miedo". Marcos 16:8 dice así: "Y ellas, saliendo del sepulcro, huyeron presas del temor y del espanto; y no dijeron nada a nadie, porque tenían miedo."

Existen otros argumentos para refutar la teoría de que los Dones del Espíritu fueron únicamente para la Iglesia del pasado. Por ejemplo:

1. Todos los Dones Espirituales dependen de una sola cosa: la fe. Y ahora que hemos dado prueba de la autenticidad de Marcos 16:15-20, veamos a quiénes se les dan los dones según se establece en Marcos 16:17. Los Dones del Espíritu se dan a todos los que creen. Por lo tanto, la tarea de refutar que los Dones del Espíritu no son para hoy recae en nuestros oponentes, quienes deben demostrar bíblicamente ¿cuándo cesó la fe?

2. 1 Corintios 12:28 dice: "Y a unos puso Dios en la iglesia, primeramente apóstoles, luego profetas, lo tercero maestros; luego los que hacen milagros, después los que sanan enfermos, los que ayudan, los que administran, los que tienen don de lenguas." Pablo claramente no se refiere solo a la iglesia local, sino a la iglesia universal de Cristo. Además, si afirmamos que las sanidades son cosa del pasado, ¿por qué no afirmar también que los maestros, los apóstoles y los que ayudan también lo son? ¿Hay alguien que pueda negar que la Iglesia de Jesucristo hoy en día tiene maestros o ministerios de ayuda? ¡No! Son tan parte de la Iglesia como los bancos en los que se sientan. Por lo tanto, es razonable

concluir que los Dones de sanidades y milagros también existen hoy en día.

3. Qué débil es una teoría que debe tomar una parte de un versículo y dejar la otra parte. Veamos 1 Corintios 13:8. Dice: "El amor nunca deja de ser; pero las profecías se acabarán, cesarán las lenguas, y la ciencia acabará." El versículo 8 muestra un contraste entre la naturaleza imperecedera del amor de Dios y la de los Dones Espirituales. Si usamos como argumento las dos primeras partes del versículo para establecer la desaparición de los Dones, entonces usemos también la tercera parte del versículo para establecer que los Dones no han desaparecido. Notemos que la tercera parte del versículo dice: "y la ciencia acabará". ¿Ha acabado la ciencia? No. De hecho, hoy en día el conocimiento está creciendo a un ritmo más rápido que en cualquier otro momento de la historia mundial.

4. Según Pablo, ¿cuándo cesarán los Dones? 1 Corintios 13:10 responde esa pregunta. Dice: "Cuando venga lo perfecto, entonces lo que es en parte se acabará." Algunos de nuestros oponentes dicen que la frase "cuando venga lo perfecto" se refiere al Canon de las Escrituras, lo que llamamos la Biblia, y "lo que es en parte se acabará" se refiere a los Dones del Espíritu. Por lo tanto, su argumento es que cuando se completó la Biblia, cesaron los Dones.

También creemos que la Biblia es perfecta y completa. Sin embargo, observe lo que Pablo dice después de esta declaración: "Cuando yo era niño, hablaba como niño, pensaba como niño, juzgaba como niño; mas cuando ya fui hombre, dejé lo que era de niño. Ahora vemos por espejo, oscuramente; mas entonces veremos cara a cara. Ahora conozco en parte; pero entonces conoceré como fui conocido" (1 Corintios 13:11-12). Note especialmente el versículo 12: "Ahora vemos por espejo, oscuramente; mas entonces veremos cara a cara". ¿Está Pablo refiriéndose aquí a la Biblia o a Jesús? El lenguaje es demasiado claro para interpretarlo de otra manera que no sea referirse a Jesús. Son palabras personales que solo pueden significar una cosa: ver a nuestro Señor glorificado tal como es ahora. ¿No está Pablo refiriéndose a la edad perfecta que será inaugurada por la venida cercana de Jesús? ¿O sugiere este lenguaje mirar a la cara de un libro?

5. Los Dones no se mencionan en la mayoría del Nuevo Testamento, por lo tanto, deben haber cesado. Este argumento es tan ridículo que apenas vale la pena refutarlo. ¿Si algo no se repite en cada epístola, significa que es falso o temporal? No. Si fuera cierto, la Cena del Señor también caería en la misma categoría. La Cena del Señor solo se menciona en los Evangelios y en las cartas a los Corintios.

6. 1 Corintios 12:31 dice: "...aspirad a los dones espirituales; pero sobre todo, a que profeticéis." El camino más excelente, según nuestros oponentes, es el Amor. Entonces, si el Amor es el camino más excelente, ¿por qué necesitamos cualquiera de los Dones Espirituales? Por noble que suene, ¿cuándo asumimos que buscar un camino más excelente excluye cualquier otra cosa? ¿De dónde sacamos la idea de que si encontramos el verdadero amor de Dios, nada más importa? Jesús fue la personificación del verdadero amor de Dios, y aún así operaba en todos los Dones del Espíritu. El Amor es verdaderamente mejor que cualquiera de los Dones —en eso no hay discusión— excepto que uno no debe ser completamente ignorado para obtener el otro, ya que ambos son vitales para que podamos llegar a la plenitud de Cristo. Están inseparablemente vinculados. Uno no puede existir verdaderamente sin el otro, porque cuando el verdadero amor de Dios existe en una persona, los Dones aparecen inevitablemente como su evidencia.

Por favor, observe lo que dice el apóstol Pablo en 1 Corintios 14:1: "Seguid el amor; y procurad los dones espirituales, pero sobre todo que profeticéis." Según el apóstol Pablo, se nos ordena buscar tanto el amor como los Dones Espirituales, no buscar el amor excluyendo los Dones Espirituales. Note que Pablo no dice que debemos buscar los Dones Espirituales, sino desearlos. "Desear" es una palabra fuerte en el griego. Significa tener un fervor por o codiciar. La Versión Autorizada traduce este pasaje como "desead los dones espirituales" (énfasis añadido). Ahora, observe para qué son los resultados de los Dones: edificación, exhortación y consolación. Entonces, ¿de dónde sacamos la idea de que la iglesia no tiene necesidad de edificación, exhortación y consolación (1 Corintios 14:3)? Si puede ver que la iglesia necesita edificación, exhortación y consolación, entonces puede ver que los Dones aún están en operación hoy en día.

Vamos a examinar una vez más las razones de nuestros oponentes para afirmar que los Dones del Espíritu deben ser considerados como posesión exclusiva de la era apostólica y luego compararlas con cómo es el mundo hoy en el siglo XXI. Esto nos ayudará a ver si sus razones son válidas. Sus razonamientos son:

1. Los signos sobrenaturales y los dones fueron dados para atestiguar la divinidad del Señor Jesús y autenticar a los discípulos y su mensaje.

2. La iglesia enfrentaba un mundo hostil. Judíos y gentiles estaban unidos en su feroz oposición al Evangelio del Nazareno crucificado. Qué necesario era entonces que Dios confirmara sobrenaturalmente el mensaje extendiendo su mano para sanar, y que se hicieran señales y maravillas en el nombre de Jesús.

3. Es dudoso que el Evangelio hubiera podido ganar un firme apoyo en esa "generación perversa y adúltera" sin los signos milagrosos.

El número del 3 de marzo de 1934 de la revista Sunday School Times incluía un artículo del libro "Sanidad Milagrosa" de Henry

W. Frost, D.D., Director Emérito para América del Norte de la
Misión Interior de China. En este artículo, el Dr. Frost pregunta:
"¿Siguen siendo necesarios los signos?" Al responder a esta pregunta,

Se deben tener en cuenta dos grandes hechos. Primero,
en la mayor parte del mundo y entre el mayor número
de personas, la Biblia nunca ha sido distribuida,
y el misionero puede no apelar a ella. Segundo,
entre los pueblos cristianizados, la apostasía del
Modernismo ha socavado enormemente la confianza
en la autenticidad de las Escrituras, de modo que el
llamado del predicador es en gran medida no efectivo.
El primero de estos hechos nos enfrenta a la condición
que prevalecía en los días de Cristo como resultado
de la falta de iluminación, y el segundo nos obliga a
enfrentar una condición similar como resultado de
la incredulidad.[1]

El evangelio del siglo veintiuno todavía se enfrenta a un mundo
hostil y escéptico. Qué feroz antagonismo encuentran nuestros
misioneros cuando intentan penetrar en los bastiones del judaísmo,
el islamismo, el hinduismo, el budismo, etc. ¿No es fuerte la oposición
de los seguidores inspirados por demonios de las religiones paganas
en todo el mundo? ¿No está extendida la incredulidad incluso en las
naciones cristianas llamadas hoy en día? ¿No ejercen los espiritistas,
los médiums que usan la clarividencia, y los maestros de la Nueva
Era una influencia cada vez más perniciosa sobre los espíritus de los
hombres? ¿No se está multiplicando la actividad anticristiana en todas
partes? Entonces, ¿por qué debería el Señor haber decretado que ya no
sería necesario que siguieran señales después de predicarse su Palabra,
cuando la Iglesia hoy está rodeada de condiciones exactamente iguales
a las que enfrentaron los del primer siglo?

Los Dones del Espíritu no fueron dados solo para confirmar
la Palabra, sino para satisfacer una necesidad física, mental o

espiritual específica. Las obras poderosas del Señor Jesús brotaban de un corazón conmovido por la compasión hacia las multitudes hambrientas, el leproso repugnante, los sordos, los mudos, los ciegos y los cojos. Esta compasión fue una de las principales razones de sus milagros continuos. "Jesucristo es el mismo ayer, hoy y por los siglos" (Hebreos 13:8). Su amor por los enfermos y su sufrimiento no se ha enfriado. Dondequiera que exista una necesidad, Él está listo para satisfacerla. Por esta causa, Él dio dones a los hombres y confirmó la Palabra con señales que la seguían. ¿Qué propósitos beneficiosos servirían los Dones del Espíritu en este mundo, donde "toda la creación gime a una, y a una está con dolores de parto hasta ahora" (Romanos 8:22 KJV)?

Amigos, parece que el mundo en el siglo veintiuno no es tan diferente, en cuanto a la necesidad de los Dones del Espíritu, como lo fue en el primer siglo. La razón por la cual los Dones del Espíritu están desapareciendo o han desaparecido por completo no es porque el Señor decretó su remoción, ya que los Dones son dados "a todos los que creen". La desaparición de los Dones radica no en Dios, quien hizo la promesa, sino en aquellos a quienes se les dio la promesa. ¡Los Dones del Espíritu están desapareciendo debido a la incredulidad!

Aquí están las respuestas de algunos grandes hombres de Dios a lo largo de la historia de la iglesia, quienes fueron preguntados sobre su opinión acerca de por qué los Dones del Espíritu prácticamente han desaparecido:

> La razón por la cual muchos milagros no se realizan ahora no es tanto porque la fe esté establecida, sino porque reina la incredulidad." — Johann Albrecht Bengel[2]

> Es la falta de fe en nuestra era lo que constituye el mayor obstáculo para la aparición más fuerte y notable del poder milagroso, razón importante

para la regresión de los milagros." — Theodore Christlieb[3]

Debilitada en fe, en santidad, en separación del mundo, la iglesia aflojó su agarre de los Dones, que, como manifestaciones del Espíritu, invitaban a la persecución; confió menos en el Espíritu, mientras se apoyaba más en el Estado; abandonó los poderes de la fe a medida que retrocedía hacia la justificación por obras; hasta que la divina y maravillosa gloria de los primeros poderes espléndidos de la fe fue reemplazada por túnicas escarlatas y cruces y incensarios de oro, y sobre el portal del templo espiritual de Dios estaba inscrito Ichabod (la gloria ha partido)." — D. M. Panton[4]

John Wesley coloca la culpa directamente en la iglesia, diciéndonos que los dones de señales disminuyeron porque: '...el amor de muchos, casi todos los llamados cristianos, se enfrió'. Esa fue la verdadera causa por la cual ya no se encontraban los dones extraordinarios del Espíritu Santo en la Iglesia Cristiana." — John Wesley[5]

El Dr. Harry A. Ironside expresa un pensamiento similar. Algunos insisten en que estos dones han desaparecido absolutamente, pero no conozco ninguna Escritura que nos lo diga. No conozco ninguna Escritura que diga que la era de los milagros ha pasado, y no me atrevería a decir que todos los dones de señales terminaron con el encarcelamiento de Pablo. Sé por la historia de la iglesia primitiva que esto no es cierto." — Dr. Harry A. Ironside[6]

Si la incredulidad es el mayor obstáculo para que los Dones se usen hoy en día, entonces el segundo mayor obstáculo es la complacencia. Veamos 1 Tesalonicenses 5:16-22, que dice: "Estad siempre gozosos. Orad sin cesar. Dad gracias en todo, porque esta es la voluntad de Dios para con vosotros en Cristo Jesús. No apaguéis al Espíritu. No menospreciéis las profecías. Examinadlo todo; retened lo bueno. Absteneos de toda especie de mal."

¿Has notado lo que Pablo dice sobre el Espíritu y el don de profecía? "No apaguéis al Espíritu. No menospreciéis las profecías". Estas instrucciones están en el contexto de las últimas indicaciones de Pablo a los tesalonicenses sobre la inevitable, no anunciada y próxima segunda venida del Señor (Ref. 1 Tesalonicenses 5; 1-4). Evidentemente, la iglesia no estaba actuando correctamente hacia el movimiento del Espíritu y los Dones que Él trajo consigo. Esa es la razón de la amonestación de Pablo.

Los santos en Tesalónica se habían vuelto complacientes porque creían que la segunda venida del Señor podía ocurrir en cualquier momento. Los santos estaban volviéndose religiosos y apacibles. El fuego del Espíritu Santo se estaba apagando y con ello crecía el resentimiento hacia los santos que aún ardían y operaban en el poder del Espíritu. La complacencia y el resentimiento están haciendo que la Iglesia deje de lado todas las actividades necesarias para mantener una caminata fuerte y vital con el Señor. Pablo, al ver la complacencia, dio las órdenes listadas en 1 Tesalonicenses 5:16-22.

El tercer gran obstáculo para la desaparición de los Dones del Espíritu es el miedo: miedo a qué preguntas, miedo a que los Dones no sean en realidad de Dios, miedo a perder el control del servicio, miedo a perder feligreses que no entienden, miedo debido a la incredulidad, miedo al emocionalismo, miedo a la convicción, y quizás el más temeroso es el miedo a lo que podría ser revelado.

Permíteme darte algunos ejemplos para ilustrar mi punto. Estuvimos asistiendo a cierta iglesia de manera intermitente durante aproximadamente un año, y me di cuenta de que en ningún momento los Dones del Espíritu estaban en operación. Esta iglesia tenía creencias pentecostales, pero no había evidencia de los Dones en funcionamiento en los servicios. Se predicaba la Palabra de Dios con poder, las personas se estaban salvando regularmente, había oración continua por los enfermos y por las necesidades de los feligreses, pero no había Dones Espirituales. Hasta que en un servicio, la alabanza fue gloriosa y el Espíritu de Dios descendió sobre la congregación de manera tan poderosa que muchos fueron al altar entre lágrimas clamando en arrepentimiento, entonces sucedió. Una mujer en la primera fila comenzó a profetizar. Inmediatamente, el pastor se levantó, fue al púlpito e intentó detenerla hablando sobre ella a la congregación. Cuando eso no funcionó, hizo gestos a los ujieres para que la contuvieran. Al principio, este ministro se sorprendió por lo que estaba ocurriendo, pero cuando vi la expresión en el rostro del pastor, se hizo evidente el entendimiento. Este hombre de Dios, que había estado ministrando por más de cincuenta años, fue golpeado por el miedo.

Cuando los ujieres no pudieron detenerla, el pastor habló aún más alto intentando calmar a la mujer y también tratando (de manera torpe, debo agregar) de explicar a la congregación lo que estaba sucediendo. Cuando la profecía terminó, los ujieres escoltaron a la mujer fuera del santuario. Desde entonces, no ha habido ningún movimiento de los Dones en esa iglesia. No importa de dónde provenía el miedo del pastor, estaba presente en su corazón y sus razones por ello son para que Dios juzgue. Sin embargo, el miedo que este hombre expresó fue tan real y evidente que cualquiera podría haberlo reconocido.

En otra ocasión, mi esposa y yo estábamos asistiendo a un servicio en una iglesia de las Asambleas de Dios en Pensilvania. Al comienzo del servicio, se instruyó a la congregación (supongo que por el bien de los visitantes) que si alguien tenía una palabra del Señor, como una profecía, lenguas o interpretación de lenguas, debía llamar al ujier después de escribirla en un papel, y el ujier lo llevaría al frente. Luego sería juzgado. Si se determinaba que era de Dios, se presentaría a la congregación. Esto apagó el Espíritu de Dios de moverse. El servicio estaba vacío de cualquier tipo de vida, pero el programa se desarrolló sin problemas, cada fase estaba perfectamente a tiempo, cada persona tenía su trabajo exactamente correcto, cada persona estaba donde debía estar en el momento adecuado, y todos fuimos despedidos a tiempo. Todo el servicio duró exactamente sesenta minutos.

¿Cuánto está perdiendo el cuerpo de Cristo porque los Dones están siendo suprimidos por la incredulidad, la complacencia y el miedo? Recuerda, los Dones del Espíritu son para la edificación, purificación, exhortación y perfeccionamiento (maduración) de los santos. Cuando eliminamos cualquier herramienta que nos ayude a lograr esos fines, los resultados son desastrosos. La iglesia permanece inmadura, débil y vulnerable, sacudida por las artimañas de Satanás y por cualquier viento de doctrina. Si hay alguna duda sobre esta verdad, observa la Iglesia de Jesucristo hoy en su conjunto. ¿No estamos exactamente poniendo el mundo patas arriba con el evangelio, verdad?

Amigos, la promesa que Dios hizo con respecto a los Dones del Espíritu y su uso es para "todos los que creen" (Marcos 16:17). Si tú "crees," eres elegible para su manifestación en tu vida, no solo para recibirlos, sino también para usarlos para el mejoramiento de todos los santos. Confrontémonos con el hecho de que es la incredulidad, la complacencia y el miedo en nuestras iglesias y en nosotros mismos lo que ha causado que estos Dones casi desaparezcan. Nunca se pretendió que cesaran. No aceptemos la suposición equivocada de que los Dones del Espíritu fueron la posesión exclusiva de la era apostólica, simplemente porque todos los grandes cuerpos eclesiásticos la han adoptado y no son prevalentes en la Iglesia hoy. Durante mil años de la historia de la Iglesia, del 500 al 1500 d.C., la doctrina de la justificación por fe tampoco fue aceptada por ningún gran cuerpo eclesiástico. Llamemos ahora a Cristo con lágrimas sinceras, como el padre del niño poseído por el demonio: "Señor, creo; ayuda mi incredulidad" (Marcos 9:24, KJV).

Preguntas Del Capítulo
Para Ayudar A Tu Estudio

1. Los dones espirituales o los dones del Espíritu se mencionan en cuatro pasajes del Nuevo Testamento. ¿Cuáles son esos cuatro pasajes?

2. Los dones espirituales son aquellos dones dados por Dios a través del Espíritu Santo, para el cumplimiento del propósito de Dios en el mundo y para la edificación de la iglesia (el cuerpo de Cristo, todos los creyentes nacidos de nuevo). Verdadero o Falso

3. Hay cuatro verdades muy importantes que recordar acerca de los dones espirituales. ¿Cuáles son?

4. ¿Son los dones del Espíritu para hoy? Sí o No.

5. ¿Cuáles son dos razones que los defensores de la creencia de que los dones espirituales no son para hoy utilizan para probar su punto.

6. ¿Existe alguna declaración definitiva en la Palabra de Dios de que los dones espirituales debían cesar? Sí o No

7. Cualquiera que sostenga la opinión de que los dones del Espíritu no son para hoy debe primero responder con éxito qué pasaje o ser reducido al silencio.

8. Si los dones dependen de una sola cosa, ¿cuál es?

9. Según Pablo, ¿cuándo cesarán los dones?

10. ¿La razón por la que los dones del Espíritu están desapareciendo o han desaparecido hoy es debido a qué tres factores?

LAS LENGUAS EN RELACIÓN CON EL BAUTISMO DEL ESPÍRITU SANTO

Para todos los lectores que podrían preguntarse por qué este capítulo está incluido en este libro, ofrezco esta explicación. Muchos hermanos y hermanas cristianos devotos y amorosos están bajo el malentendido de que las lenguas en relación con el Bautismo del Espíritu Santo y el Don de Lenguas mencionado en 1 Corintios 12:8-11 son uno y el mismo. ¡No lo son! Aunque ambos son dones, ambos dados por el mismo Espíritu, ambos sobrenaturales, y aunque el Don de Lenguas usa la lengua inicial recibida en el bautismo del Espíritu Santo, ¡no son lo mismo! Son dos dones distintos. Se dan para dos propósitos totalmente diferentes.

El Don de Lenguas que se menciona en 1 Corintios 12:8-11, junto con el don de Interpretación, es un don dado, no para uso personal, sino para los incrédulos (1 Corintios 14:20-25) para demostrar que Dios está verdaderamente en medio de Su pueblo (1 Corintios 14:25b). Esto contrasta con las Lenguas en relación con el bautismo del Espíritu Santo, que es un don personal. Este don es para ayudar en la edificación personal (1 Corintios 14:4), para ayudar en nuestra vida de oración personal, para la comunicación personal con el Padre, para ayudarnos a glorificar y magnificar a Dios, para darnos poder de lo alto para ser testigos de Él (Hechos 1:8) y para darnos fuerza para vivir una vida santa y plena.

Ahora, examinemos más de cerca las Lenguas en relación con el bautismo del Espíritu Santo. Este don, según el fallecido Dr. R. A. Torrey, es:

1. Una operación del Espíritu Santo distinta, posterior y adicional a su obra regeneradora.
2. Una impartición de poder y quien lo recibe está capacitado para el servicio.
3. No es solo para los apóstoles, ni solo para aquellos de la era apostólica, sino para todos los que están lejos, tanto como para todos aquellos a quienes el Señor nuestro Dios llamará; es decir, es para cada creyente en cada era de la historia de la iglesia.[7]

Según el fallecido Harold Horton, el don de diversos tipos de lenguas, o hablar en lenguas, es:

> La expresión sobrenatural por el Espíritu Santo en idiomas nunca aprendidos por el hablante, no comprendidos por la mente del hablante, y casi siempre no entendidos por el oyente. No tiene nada que ver con la habilidad lingüística ni con la mente o intelecto humano. Es una manifestación de la mente del Espíritu de Dios utilizando órganos del habla humanos. La habilidad lingüística del hombre no se emplea más al hablar en lenguas que la habilidad quirúrgica del hombre se empleó cuando, a la palabra de Pedro, "Levántate y anda", el hombre cojo se levantó instantáneamente y caminó (Hechos 3:6).[8]

Por lo tanto, creemos que Él, quien desea investirnos con poder desde lo alto, también ha provisto un medio inmediato para que sepamos si hemos recibido ese don; es decir, hablando en otras lenguas como el Espíritu da la habilidad (Hechos 2:4).

La propagación de esta doctrina ha provocado una feroz controversia teológica en las filas del cristianismo. Muchos han instado a los pentecostales a detener la difusión de una doctrina tan controvertida, ya que provoca tanta discordia, división e inquietud en el Cuerpo de Cristo. Lo que estos hermanos no comprenden es que al insistir en las lenguas (glosolalia, en griego), no estamos defendiendo una doctrina caprichosa, sino esa maravillosa experiencia de la cual hablar en lenguas es la evidencia inicial y física. Creemos sinceramente que sin la evidencia de hablar en otras lenguas según el Espíritu da la habilidad, no puede haber un bautismo completamente bíblico en el Espíritu Santo. Ahora, ya sea que tengamos razón o no en esta creencia, tendrás suficiente oportunidad para decidir mientras examinas los hechos contenidos en este capítulo.

Ahora vamos a abordar la "glosolalia" en sí misma. Como se mencionó antes, las lenguas son la evidencia inicial y física del bautismo del Espíritu Santo. Es la manifestación sobrenatural por parte del Espíritu Santo en idiomas que el hablante nunca aprendió, no entendidos por la mente del hablante y casi siempre no comprendidos por el oyente. En Juan 7:37-38, el Señor Jesús dijo: "En el último y gran día de la fiesta, Jesús se puso en pie y alzó la voz, diciendo: 'Si alguno tiene sed, venga a mí y beba. El que cree en mí, como dice la Escritura, de su interior correrán ríos de agua viva."

Juan añade esta nota en el versículo 39: "Pero esto dijo del Espíritu que habían de recibir los que creyesen en él; pues aún no había venido el Espíritu Santo, porque Jesús no había sido aún glorificado." Estos versículos señalan claramente a Pentecostés, como declaró el apóstol Pedro en su sermón de Pentecostés: "Así que, exaltado por la diestra de Dios, y habiendo recibido del Padre la promesa del Espíritu Santo, ha derramado esto que vosotros veis y oís" (Hechos 2:33).

En consecuencia, leemos en Hechos 2:1-4,
"Cuando llegó el día de Pentecostés, estaban todos juntos en un mismo lugar. De repente vino del cielo un ruido como el de una ráfaga de viento impetuoso que llenó toda la casa donde estaban reunidos. Y se les aparecieron

lenguas repartidas, como de fuego, que se posaron sobre cada uno de ellos. Todos fueron llenos del Espíritu Santo y comenzaron a hablar en otras lenguas, según el Espíritu les daba que hablaran."

Estos versículos muestran claramente que las lenguas son la evidencia inicial y física del bautismo en el Espíritu Santo.

Ahora, vamos a considerar algunos aspectos diferentes en cuanto al Bautismo en el Espíritu Santo con la evidencia de hablar en lenguas:

1. Es de naturaleza personal.
    Las lenguas son una comunicación directa entre Dios y el hombre. Juan el Bautista mostró la naturaleza personal de esta experiencia al decir: "Él os bautizará con el Espíritu Santo" (Mateo 3:11, Lucas 3:16). Observemos nuevamente Hechos 2:4, que dice: "Todos fueron llenos del Espíritu Santo, y comenzaron a hablar en otras lenguas, según el Espíritu les daba que hablasen". Notemos que hablar en otras lenguas fue "según el Espíritu les daba que hablasen". Entender que el Espíritu Santo es una persona real, la tercera persona en la Trinidad, demuestra la naturaleza personal del bautismo. Cada creyente a lo largo de la era de la Iglesia que ha recibido esta promesa puede testificar que ha experimentado esto de manera similar a los ciento veinte en Pentecostés; es decir, los ha llevado a un contacto personal con el Señor Jesús.

2. Es para un propósito específico.
    Jesús estableció el propósito del bautismo o ser llenos del Espíritu en Lucas 24:49: "He aquí, yo enviaré la promesa de mi Padre sobre vosotros; pero quedaos vosotros en la ciudad de Jerusalén, hasta que seáis investidos de poder desde lo alto." En Hechos 1:8 leemos: "Pero recibiréis poder, cuando haya venido sobre vosotros el Espíritu Santo, y me seréis testigos en Jerusalén, en toda Judea, en Samaria, y

hasta lo último de la tierra." Debemos recibir poder desde lo alto. La palabra "poder" en griego es "Dunamis", que significa la capacidad o habilidad que reside en cada persona para hacer aquello que está más allá de la capacidad física de ese individuo, es decir, para realizar milagros. Otros significados de la palabra son abundancia, fuerza y trabajo. Observemos para qué es el Bautismo del Espíritu Santo con la evidencia inicial de hablar en otras lenguas: "y seréis mis testigos" (Hechos 1:8).

Para evitar malentendidos entre muchos estudiantes de la Palabra, tanto pentecostales como no pentecostales, estamos de acuerdo en que el propósito principal (no el único) del bautismo del Espíritu Santo, con la evidencia inicial de hablar en otras lenguas, es capacitar a los creyentes con "poder desde lo alto". Sin embargo, creemos que este poder no fue dado para ningún propósito personal o privado. Este poder fue dado para que nosotros, como embajadores de Dios, podamos ser testigos efectivos en todo el mundo.

3. Es evidencia del Bautismo.

A. Es un hecho registrado que la experiencia en Pentecostés fue carismática, produciendo efectos extraordinarios que fueron visibles para los espectadores, y donde el bautismo inicial se mostró a todos como expresiones nunca aprendidas por ellos. Creemos que hablar en lenguas en esa ocasión estableció el patrón para cada don carismático o bautismo similar. Por ejemplo, la recepción del Espíritu por Cornelio y su casa en Hechos 10 fue descrita por el apóstol Pedro en estas palabras: "... cayó el Espíritu Santo sobre ellos, como también sobre nosotros al principio" (Hechos 11:15, 15:8). También Hechos 8:17-19; "Entonces les impusieron las manos y recibieron el Espíritu Santo, al verlo Simón, ofrecióles dinero, diciendo: Dadme también a mí este poder, para que a quien impusiere las manos reciba el Espíritu Santo." Cuando los samaritanos recibieron el Espíritu Santo, hubo una reacción física porque Simón, el hechicero, vio que por la imposición de las manos de los apóstoles, el Espíritu Santo era dado. Note, también Hechos 19:6, que dice: "E imponiéndoles Pablo las manos, vino sobre ellos el Espíritu Santo; y hablaban en lenguas, y profetizaban." Por favor, observe que hubo otra reacción física; hablaban en lenguas. Ahora, si las Escrituras simplemente dijeran "hablaban", entonces no hubiera habido necesidad de mencionarlo. Las Escrituras mencionan que hablaban en lenguas. Esta "lengua", si fuera de discurso normal, no tendría ningún valor significativo, especialmente uno digno de mención en las Escrituras. Esta "lengua", sin embargo, parecía tan diferente y era tan extraña que tuvo suficiente importancia o era lo suficientemente notable como para ser mencionada prominentemente en este relato bíblico.

B. Las lenguas habladas en Pentecostés fueron sin duda utilizadas por el Señor para atraer el interés de los "hombres piadosos de todas las naciones bajo el cielo" que estaban en Jerusalén en ese momento (Hechos 2:5). Esto lo vemos como parte del registro histórico que se nos da en las Escrituras, pero no estamos de acuerdo con los expositores que consideran que la efusión pentecostal fue la manera del Señor de atraer a una multitud de hombres de todo el mundo. Nuestra razón para creer esto es que, en otros casos posteriores registrados en las Escrituras, encontramos que se dieron lenguas sin que hubiera una multitud de personas presente. Por favor, consulte estas Escrituras: Hechos 10:1-46, solo el hogar de Cornelio; Hechos 19:1-7, solo alrededor de doce fueron bautizados; consulte también 1 Corintios 12-14.

Ahora veamos cuál es el propósito de hablar en una lengua desconocida como el Espíritu da el habla.

1. Es para que los hombres hablen sobrenaturalmente a Dios. Cada creyente consagrado debe haber sentido en algún momento un deseo consumidor de abrir su corazón a Dios

en una comunicación y adoración inefables con palabras que no pueden ser expresadas. Esa profundidad de amor solo puede encontrar su expresión cuando palabras ungidas por el Espíritu de alabanza celestial brotan desde lo más profundo de nuestro ser, sí, incluso desde el Espíritu Santo mismo, quien habla directamente a Dios misterios demasiado maravillosos para que los comprendamos con nuestras mentes finitas. ¿Nunca has llorado debido a lo impotentes que son tus palabras para expresar emoción en la presencia de Aquel a quien tu alma ama? Este maravilloso Don de Lenguas te dará las palabras y expresiones necesarias porque provienen únicamente del Espíritu de Dios que habita en ti. Observa 1 Corintios 14:2: "Porque el que habla en lenguas no habla a los hombres, sino a Dios; pues nadie le entiende, aunque por el Espíritu habla misterios."

2. Es para ayudar a cada creyente a orar más eficazmente.
   ¿Alguna vez en la presencia de Jesús te has sentido inarticulado cuando la oración es tan necesaria y el problema es tan inmenso que no puedes articularlo adecuadamente, o te has sentido tan débil bajo la carga de los ataques de Satanás que las palabras simplemente no están disponibles? Mira Romanos 8:26: "Y de igual manera el Espíritu nos ayuda en nuestra debilidad; pues qué hemos de pedir como conviene, no lo sabemos, pero el Espíritu mismo intercede por nosotros con gemidos indecibles."

3. Es para que los creyentes puedan magnificar a Dios.
   En la casa de Cornelio en Cesarea, los nuevos convertidos "hablaban en lenguas y magnificaban a Dios" (Hechos 10:46). ¡Qué glorioso sería si todos los cristianos hablaran en lenguas! Qué gran magnificación también traería al Señor, quien es tan digno de toda nuestra alabanza, honor y gloria. ¿No merece Él toda la alabanza, honor y gloria que podemos darle? La casa de Cornelio magnificó a Dios. Exaltaron la grandeza de Dios mientras se entregaban a las expresiones arrebatadoras del Espíritu. No hay términos en el habla natural apropiados para expresar la grandeza

de Dios; solo en el habla sobrenatural podemos intentar acercarnos a darle la alabanza, honor, gloria y majestad que Él merece como Rey de Reyes y Señor de Señores, el Cordero sacrificado antes de la fundación del mundo. ¡Cuán grande es nuestro Dios! ¡Cuán grande es Su nombre!

4. Es para edificarnos a nosotros mismos.

1 Corintios 14:4 dice: "El que habla en lengua edifica su propio espíritu, pero el que profetiza edifica a la iglesia." Podemos edificar (construir, promover el crecimiento espiritual) a otros mediante la enseñanza, la predicación o la profecía. Sin embargo, con las lenguas, nos edificamos a nosotros mismos. ¿Quién de entre nosotros no necesita ser edificado o promovido en el crecimiento espiritual? Hablar a Dios en el Espíritu nos edifica. Estar llenos del Espíritu y entregarnos al dulce ejercicio de hablar o cantar en otras lenguas (ver Efesios 5:19) nos edifica a nosotros mismos y magnifica al Señor al mismo tiempo, entonando melodías en nuestro corazón (1 Corintios 14:15).

5. Es para hacer nuestra vida de oración mucho más efectiva.

1 Corintios 14:14 dice: "Porque si yo oro en lengua, mi espíritu ora, pero mi entendimiento queda sin fruto." Observa que estás orando en lengua y tu entendimiento queda sin fruto. En otras palabras, no sabes por qué estás orando; todo lo que sabes es que por fe estás orando palabras de edificación para ti mismo y magnificando a Dios al mismo tiempo. La única manera de orar con el Espíritu es orar en lenguas ungidas e inspiradas por el Espíritu mismo. ¿Oras con tu espíritu o con tu entendimiento? Espero que con ambos. Orar con el Espíritu es bastante diferente de orar con el entendimiento (versículo 16). Mientras que es extremadamente importante orar con entendimiento, orar en lenguas o permitir que el Espíritu Santo ore a través de ti también es sumamente valioso. Cuando oramos con nuestro entendimiento, oramos por las cosas que sabemos que son importantes y necesarias para nosotros y otros. Sin embargo, nuestras oraciones están limitadas porque

nuestro entendimiento es limitado. También pueden estar desviadas debido al pecado, como deseos egoístas, orgullo, codicia, soledad, y así sucesivamente. Sin embargo, cuando el Espíritu Santo de Dios ora a través de nosotros, no hay pecado, deseo o falta de entendimiento que pueda limitar u obstaculizar la oración. Entonces Dios está orando, y Él sabe lo que es mejor y más beneficioso para nosotros, nuestra situación y el mundo. ¿Qué mejor manera hay que permitir al Dios del universo que pida cambios en nosotros y en el mundo?

6. Es un don del Padre celestial.

Jesús dijo a sus discípulos en Juan 14:16-17: "Y yo rogaré al Padre, y os dará otro Consolador, para que esté con vosotros para siempre: el Espíritu de verdad, al cual el mundo no puede recibir, porque no le ve, ni le conoce; pero vosotros le conocéis, porque mora con vosotros, y estará en vosotros." También en Juan 14:25-27: "Estas cosas os he hablado estando aún con vosotros. Pero el Consolador, el Espíritu Santo, a quien el Padre enviará en mi nombre, él os enseñará todas las cosas, y os recordará todo lo que yo os he dicho. La paz os dejo, mi paz os doy; yo no os la doy como el mundo la da. No se turbe vuestro corazón, ni tenga miedo". El apóstol Pablo, al hablar a la iglesia de Corinto, preguntó: "¿O ignoráis que vuestro cuerpo es templo del Espíritu Santo, el cual está en vosotros, el cual tenéis de Dios, y que no sois vuestros?" (1 Corintios 6:19-20, énfasis añadido). Dios está en vosotros [como] la esperanza de gloria (Colosenses 1:27).

Ahora hemos examinado los diferentes aspectos de por qué se dio el Espíritu Santo al hombre. Sin embargo, a veces es extremadamente valioso investigar lo que algo no es para comprenderlo aún mejor. Comprender lo que algo no es a menudo ayuda a entender qué es realmente ese algo. Creo que este es uno de esos momentos.

1. "Lenguas" no son idiomas humanos dados para acelerar la propagación del Evangelio.

   Esta teoría simplemente afirma que hablar en lenguas en la iglesia primitiva era la comunicación sobrenatural del Evangelio en idiomas desconocidos para el hablante pero conocidos para los oyentes. Esta es quizás la teoría más antigua y conocida ampliamente. Sus defensores dicen que sin el Don de Lenguas, los discípulos habrían enfrentado la tarea de dominar muchos idiomas antes de poder testificar hasta lo último de la tierra. Por lo tanto, en Pentecostés, Dios les dio la capacidad de predicar el Evangelio en una multitud de idiomas humanos que nunca habían aprendido, para que las Buenas Nuevas (Evangelio) pudieran propagarse rápidamente por todo el mundo.

   Aunque es absolutamente cierto que en Pentecostés se hablaron lenguas extranjeras por parte de los 120 y fueron entendidas por los presentes, y también es igualmente cierto que este fenómeno se ha repetido en muchas y variadas circunstancias desde aquel día. Por ejemplo, Stanley Howard Frodsham, en su libro "With Signs Following", ha dado una serie de testimonios que ilustran el hecho de que hablar en lenguas ha sido usado por Dios para familiarizar a extranjeros con el Evangelio de manera sobrenatural y espectacular. Sin embargo, surge la objeción cuando se dice que este era el uso principal o único de las lenguas en la iglesia primitiva. En mi opinión, hablar en lenguas extranjeras en el día de Pentecostés fue la excepción y no la regla.

   Cuando uno lee detenidamente el texto, descubre que solo los 120 fueron dotados con este poder del alto. Continuaron magnificando a Dios durante bastante tiempo, ya que tomó tiempo para que la multitud de más de 3,000 personas llegara. El relato de Hechos 2 no sugiere que hubiera presentes personas ajenas cuando los discípulos comenzaron a hablar en esos idiomas no aprendidos. Solo que estos espectadores asombrados llegaron porque escucharon la adoración pura de los 120 declarando las maravillosas obras de Dios. Ahora te pregunto, ¿nos dice la Escritura que estaban hablando en lenguas porque la multitud se reunió o la multitud se reunió porque estaban hablando en lenguas? La Escritura nos dice que fue lo último. Además, los 120 no predicaron hasta después de que llegó la multitud.

Este es el problema con esta teoría. La única predicación realizada el día de Pentecostés fue la de Pedro después del milagro de las lenguas. Pedro, "poniéndose en pie con los once, alzó su voz y les habló diciendo: 'Varones judíos, y todos los que habitáis en Jerusalén, esto os sea conocido, y oíd mis palabras'" (Hechos 2:14). ¿Cómo podrían todos estos hombres de diferentes lenguas haber entendido algo o haber escuchado las palabras de Pedro a menos que todos supieran lo que Pedro estaba diciendo? ¿O fue que Pedro estaba hablando en un idioma extranjero y ellos lo estaban escuchando en sus propios idiomas, haciendo que el signo milagroso de las lenguas fuera más de escuchar que de hablar?

Cuando se examina detenidamente el texto de Hechos 2, se vuelve fácil entender que en Pentecostés "lenguas" no eran necesarias para una comprensión clara del Evangelio. El escuchar sus lenguas maternas habladas por los galileos sorprendió a la multitud, y esa sorpresa los obligó a reunirse para ver qué estaba sucediendo. Entonces Pedro predicó. Fue el mensaje de Pedro, en un idioma conocido por todos, ungido por Dios y lleno de la gracia salvadora del Espíritu Santo, lo que les transmitió el Evangelio. Tres mil personas recibieron la salvación a través del mensaje de Pedro. ¡Oh, Dios, danos este nivel de unción y poder para alcanzar a este mundo perdido y moribundo con exactamente el mismo efecto! ¡Amén!

Finalmente, no hay la más mínima implicación en ninguna parte de las Escrituras de que los Apóstoles hayan usado alguna vez las lenguas como medio para predicar el

Evangelio a extranjeros. Pablo deja muy claro en 1 Corintios 14 que cuando enseñaba o predicaba, nunca usaba el Don de Lenguas. De hecho, él habló en contra de usarlo con ese propósito (1 Corintios 14:6).

2. "Lenguas" no son expresiones de la mente subconsciente. Si fuera cierto que el hablar en otras lenguas en Pentecostés fue resultado de recuerdos anormalmente acelerados que brotaron de la mente subconsciente de alguien, podría seguirse que una razón similar podría ofrecerse para otros tipos de expresiones sobrenaturales en la Biblia. Considera, por ejemplo, el caso de la torre de Babel (Génesis 11:6-9). Quizás un milagro aún más asombroso es el del asno que habló (Números 22:28-30). Seguramente, el racionalista enfrentaría dificultades si intentara convencernos de que estas palabras brotaron del subconsciente del asno.

3. No es una capacidad acelerada para aprender idiomas extranjeros.
Pablo muestra claramente que "porque si yo oro en lengua desconocida, mi espíritu ora, pero mi entendimiento queda sin fruto" (1 Corintios 14:14, KJV). ¿Cómo podríamos hablar en una lengua desconocida si ya hubiéramos aprendido esa lengua?

4. No es solo la capacidad de hablar en idiomas extranjeros nunca antes aprendidos.
Esta idea afirma que en el día de Pentecostés, los 120 en el aposento alto fueron llenos del Espíritu Santo y comenzaron a hablar en idiomas extranjeros. Por lo tanto, todas las llenuras subsiguientes con la evidencia de hablar en otras lenguas fueron de la misma naturaleza exacta. Cuando se les pide una razón específica para esto, los defensores de esta teoría dicen que fue para ayudar a los discípulos de Cristo en la rápida propagación del Evangelio en todo el mundo (ver punto número uno).

Todos los hombres presentes que presenciaron el milagro del bautismo del Espíritu Santo con la evidencia de hablar en otras lenguas eran hombres que venían de países extranjeros donde había una gran población judía. Los dialectos judeos y galileos del arameo eran hablados fácilmente por todos. Por lo tanto, no había necesidad de que los hombres que hablaban en una lengua desconocida hablasen en idiomas extranjeros para que el Evangelio pudiera ser rápidamente difundido por todo el mundo.

Pero incluso con este argumento, el error doctrinal persiste. ¿Por qué? Porque una lectura general del relato de Hechos 2:1-11, especialmente los versículos 6 y 11, deja la impresión de que esto podría ser cierto. Sin embargo, cuando buscamos en la Palabra de Dios y estudiamos para mostrarnos aprobados ante Dios, correctamente dividir la Palabra de verdad (2 Timoteo 2:15), vemos información interesante que nos ayuda a ver que la idea de que en el día de Pentecostés los 120 en el aposento alto comenzaron a hablar en idiomas extranjeros, y por lo tanto, todas las llenuras subsiguientes fueron de la misma naturaleza exacta, no puede ser el caso.

Por ejemplo, en 1 Corintios 14:2 (KJV) leemos: "Porque el que habla en lengua desconocida no habla a los hombres, sino a Dios; pues nadie le entiende, aunque por el Espíritu habla misterios" (Énfasis añadido). Si Dios creó todos los idiomas, ¿cómo es entonces que si hablamos en idiomas extranjeros nadie entiende? ¿Es un misterio algo que se conoce? ¿No incluye la frase "ningún hombre" también a ti? Recuerda 1 Corintios 14:14 (KJV): "Porque si yo oro en lengua desconocida, mi espíritu ora, pero mi entendimiento queda sin fruto" (Énfasis añadido). ¿Qué hay de 1 Corintios 13:1: "Aunque hablase lenguas de hombres y de ángeles" (Énfasis añadido)? ¿Qué son exactamente las lenguas de los ángeles, ¿tal vez latín? ¿O francés, italiano, o quizás suajili? ¿O podría ser exactamente lo que Pablo llama "lengua desconocida"?

Estos versículos juntos muestran que la lengua o idioma del Espíritu Santo es totalmente diferente y distinto de todo lo que hemos aprendido en la tierra. Es un idioma que solo Dios entiende.

Es un idioma personal e íntimo que Dios nos dio para glorificarlo y magnificarlo a Él mismo (Hechos 10:46).

¿Qué hay de Hechos 2:1-11? ¿No estaban hablando en lenguas extranjeras? ¿No nos dejan los versículos 6 y 11 con esa impresión exacta? Luego, la pregunta es ¿por qué los diferentes idiomas? ¿Cómo explicamos esta afirmación aparentemente obvia hecha en los versículos 6 y 11 de que "cada uno los oía hablar en su propio idioma" y "los oímos hablar en nuestras lenguas"?

Te presento dos explicaciones. La primera es que sí hablaron en lenguas extranjeras desconocidas para ellos en el momento del llenamiento, pero no fue específicamente para la rápida propagación del Evangelio mediante la predicación en estos diferentes idiomas, sino que este milagro fue utilizado para atraer a la multitud con el fin de que el Evangelio fuera predicado. Hay muchos incidentes en las Escrituras que señalan milagros que atraen a las personas para que puedan escuchar el Evangelio (Ref. Mateo 11:3-5; Lucas 23:8; Juan 2:11, 23; 3:2; 6:2,14; 7:31; 12:18; Hechos 14:8-15; etc.). Incluso hoy en día, las cruzadas de milagros y sanidades se anuncian por la misma razón: atraen atención, la atención atrae a las multitudes, y muchos llegan a conocer a Cristo.

D.A. Hayes menciona una manifestación moderna de lenguas que parece ser algo similar a esta experiencia pentecostal, él recuerda que,

> Durante el avivamiento galés de 1904, jóvenes galeses que en conversaciones ordinarias no podían hablar más de una docena de palabras en galés, de manera notable y, según les parecía, sobrenatural, fueron capacitados para orar fervientemente y con fluidez durante cinco o diez minutos en galés idiomático. Este don de hablar en lo que se suponía era una lengua desconocida fue para muchas personas el aspecto más notable de ese avivamiento tan extraordinario.[9]

También considera que podrían no estar hablando en idiomas extranjeros, sino en diferentes dialectos que nunca habían aprendido antes. Por favor, observa Hechos 2:7; dice que todos los hombres que hablaban en lenguas eran galileos. Los galileos, al igual que los judíos, hablaban el mismo idioma en los tiempos de Cristo, el arameo. El arameo es llamado hebreo en el Nuevo Testamento.

> Después del exilio, el idioma arameo gradualmente se convirtió en el idioma popular de Palestina, no solo de Galilea y Samaria, sino también de Judea. Cristo y los apóstoles lo hablaban. Por lo tanto, debe ofrecerse una explicación para el asombro que manifestaron los judíos cuando oyeron a los galileos hablar en lengua judía. Este hecho sugiere ciertamente una diferencia lingüística de algún tipo.[10]

Los comentarios de Matthew Henry también ayudarán a arrojar luz sobre este pasaje difícil,

> De ahí llegamos a Judea, que debe mencionarse, porque aunque el idioma era el mismo que hablaban los discípulos, antes lo hablaban con un tono y dialecto del país del norte, "Tú eres galileo, y tu habla te delata" (Mateo 26:73), pero ahora lo hablaban tan correctamente como los habitantes de Judea mismos. Hablar sin acento y formar una serie de palabras estrictamente judeas era tan imposible para los galileos como lo fue para los efraimitas decir "Siboleth" (Jueces 12:6). Fue tan milagroso que su tono y dialecto del país del norte ya no los delataran, como lo fue para sus otros hermanos glotolálicos hablar puro latín, persa o árabe.[11]

Cualquiera que sea tu creencia sobre el milagro de Hechos 2 y cuáles eran realmente los idiomas extranjeros, manténla dentro del contexto de tu comprensión de estos dos hechos muy importantes.

1. El milagro no fue ni puede ser considerado la norma para todos los llenamientos posteriores.
2. Las lenguas no fueron necesarias para la rápida propagación del Evangelio.

La Escritura se opone categóricamente a estas ideas.
Antes de cerrar este capítulo, es necesario una palabra de exhortación.

Primero: ***Una palabra para los no salvos.*** Si estás entre ellos, te instamos a que no demores más en conocer a Jesús. ¿No volarás en este momento al seno de Aquel que te amó lo suficiente como para morir por ti, para que puedas ser perdonado por tu pecado? Porque el salario del pecado es la muerte eterna. ¿No entrarás ahora en la presencia de Aquel que puede salvarte del pecado y su poder, y quien puede traer paz profunda y duradera a tu alma? ¿No entregarás hoy todo a Aquel que entregó todo por ti? ¡Hazlo ahora! Nunca te arrepentirás. Una antigua esposa de pastor mía, una mujer muy sabia, dijo una vez: "No importa dónde estés en la escalera del éxito, Dios siempre puede llevarte al siguiente escalón hacia arriba". Dios nos dijo que lo probáramos y supiéramos que Él es Dios. ¿Darás hoy un paso de fe? ¡Pon a prueba a Dios! Él te llevará más alto de lo que nunca has estado antes.

Segundo: ***Una palabra para los cristianos no pentecostales.*** Ahora tienes la oportunidad de examinar en profundidad la visión pentecostal sobre el hablar en otras lenguas. Sin embargo, queremos recordarles a cada uno de ustedes que la lectura de este estudio significa que en última instancia deben tomar una decisión, ya sea aceptar los hechos aquí contenidos o rechazar los hechos relacionados con el bendito don de Dios que llamamos "Hablar en otras lenguas". Aunque deben decidir, no los alentaríamos a tomar una decisión apresurada, pues el costo de su decisión es extremadamente alto. Si aceptan nuestra creencia sobre las lenguas, podrían enfrentar la posible pérdida de su reputación religiosa, posición eclesiástica, amistades de toda la vida e incluso comodidades temporales. Por otro lado, si lo rechazan, estarán rechazando aquello que una abrumadora cantidad de evidencia proclama como verdad y las alturas espirituales que solo se pueden alcanzar mediante el llenamiento del Espíritu Santo en Su plenitud. Hermanos, les rogamos que cuenten el costo cuidadosa y en oración. Pidan a Dios gracia para sufrir la pérdida de todas las cosas antes que sacrificar este don tan invaluable.

Tercero: *Una Palabra para los Cristianos Pentecostales.* Nuestra sincera esperanza es que este estudio haya fortalecido su creencia en la perfección Escritural de la experiencia pentecostal del bautismo en el Espíritu Santo, con la evidencia de hablar en otras lenguas. Sería bueno recordar que este bendito privilegio también conlleva una solemne responsabilidad. El bautismo del Espíritu Santo, con la evidencia inicial de hablar en otras lenguas, fue dado con un propósito específico. Ese propósito es darnos poder para ser testigos de Cristo. Hechos 1:8 dice: "Pero recibiréis poder cuando el Espíritu Santo venga sobre vosotros; y me seréis testigos en Jerusalén, en toda Judea, en Samaria, y hasta lo último de la tierra." Debemos caminar en la luz que Dios ha derramado graciosamente sobre nuestro camino. Debemos dar testimonio al mundo que nos rodea como hijos con un único propósito: llevar el Evangelio de paz a los no salvos con todo el celo que el conocimiento de la pronta venida de Cristo y el castigo eterno para quienes no lo conocen trae a nuestros corazones. Esta solemne responsabilidad solo puede cumplirse "no con ejército, ni con fuerza, sino con mi Espíritu, ha dicho Jehová de los ejércitos" (Zacarías 4:6, RVR1960). Por lo tanto, hermanos, oremos por un fortalecimiento constante y personal de poder por su Espíritu en el hombre interior y por un nuevo derramamiento de su Espíritu sobre toda la Iglesia en estos últimos días.

Preguntas Del Capítulo
Para Ayudar A Tu Estudio

1. El bautismo con el Espíritu Santo, según el difunto Dr. R. A. Torrey, es tres cosas, ¿cuáles son?

2. ¿Las lenguas son la evidencia inicial y física del bautismo del Espíritu Santo? Verdadero o Falso

3. Dé dos aspectos diferentes con respecto al bautismo en el Espíritu Santo con la evidencia de hablar en lenguas?

4. Dé cuatro propósitos diferentes para hablar en una lengua desconocida según el Espíritu da la expresión.

5. Dé tres cosas que no son las lenguas.

6. El bautismo del Espíritu Santo fue dado para un propósito específico, ¿cuál es ese propósito?

7. La solemne responsabilidad de dar testimonio solo puede llevarse a cabo.

8. Existe una clasificación sencilla de los Dones Espirituales. Naturalmente caen en tres grupos. ¿Cuáles son esos grupos?

LA CLASIFICACIÓN Y MOTIVACIÓN DE LOS DONES ESPIRITUALES

Para clasificar y estudiar correctamente los dones espirituales, debemos colocarlos en su perspectiva adecuada. Solo podemos hacer esto prestando especial atención a la premisa central en la cual todos los dones espirituales son dados. Esta premisa central se encuentra en 1 Corintios 12:7 KJV. "Pero a cada uno le es dada la manifestación del Espíritu para provecho".

El Espíritu de Dios se manifiesta mediante el ejercicio de estos dones. Nos muestran que Dios está en medio de nosotros y que está dispuesto y capacitado para ayudar a sus hijos. Estos dones son un tesoro entregado a hermanos específicos para beneficiar a todos, no para el honor, el prestigio o el beneficio de quienes los reciben. Están destinados específicamente para el beneficio de todo el "Cuerpo de Cristo" y para difundir el Evangelio por todo el mundo. Cuanto más se utilicen para beneficiar a los demás, más abundantemente serán bendecidos (Filipenses 4:7).

Con esto en mente, clasifiquemos ahora los Dones Espirituales para facilitar su estudio. En 1 Corintios 12:8-11, Pablo dijo: "... porque a uno le es dada palabra de sabiduría por el Espíritu, a otro palabra de ciencia según el mismo Espíritu; a otro fe por el mismo Espíritu; y a otro dones de sanidades por el mismo Espíritu. A otro, operaciones de milagros; a otro, profecía; a otro, discernimiento de espíritus; a otro, diversos géneros de lenguas; y a otro, interpretación de lenguas. Pero todas estas cosas las hace uno y el mismo Espíritu, repartiendo a cada uno en particular como él quiere."

Los Dones mencionados en el pasaje anterior caen naturalmente en tres grupos, cada uno de estos grupos contiene tres Dones. Hay tres Dones de Revelación, tres Dones de Poder y tres Dones de Inspiración. El cuarto grupo de Dones Espirituales que se examinará se encuentra en Efesios 4:11; este versículo contiene lo que se llaman los cinco Dones Administrativos.

La lista o las clasificaciones de grupos que se encuentran a continuación fueron tomadas del libro de Harold Horton, "Los Dones del Espíritu". Obviamente, no siguen el mismo orden que los Dones mencionados en el pasaje anterior. Aunque estos grupos o clasificaciones no aparecen en las Escrituras, establecerlos en este formato fácil de leer nos ayudará cuando hagamos referencia a ellos.

1. Dones de Revelación:
   A. Palabra de Sabiduría - Una revelación sobrenatural de hechos futuros establecidos para un propósito divino.
   B. Palabra de Conocimiento - Una revelación sobrenatural de hechos presentes o pasados establecidos para un propósito divino.
   C. Discernimiento de Espíritus - Una percepción sobrenatural en el ámbito espiritual. Esta percepción permite al discerndor reconocer la operación de espíritus, tanto buenos como malos.

2. Dones de Poder:
   A. Fe - Un poder sobrenatural para creer (pasivo) en Dios para lo milagroso.
   B. Operación de Milagros - Una intervención sobrenatural (activa) en el curso ordinario y natural de la naturaleza.
   C. Dones de Sanidad - Un poder sobrenatural para sanar enfermedades (activo) más allá de la capacidad y curso ordinario de los poderes recuperativos humanos.

3. Dones de Inspiración (Dones Vocales):
   A. Profecía - Un comentario sobrenatural en una lengua conocida.
   B. Diversidad de Lenguas - Una declaración sobrenatural en una lengua desconocida.
   C. Interpretación de Lenguas - Una explicación sobrenatural del significado de las lenguas desconocidas.

4. Dones de Administración:
   A. Apóstoles - Un individuo empoderado sobrenaturalmente y enviado con la habilidad de establecer, supervisar y dirigir muchas partes del cuerpo de Cristo.
   B. Profetas - Individuos empoderados sobrenaturalmente para proclamar el mensaje divino de instrucción y dirección de Dios.
   C. Evangelistas - Mensajeros sobrenaturales de Dios que difunden las Buenas Nuevas del Evangelio y proclaman las buenas noticias de la salvación. Muchos misioneros son esencialmente evangelistas.
   D. Pastores - Individuos empoderados sobrenaturalmente para cuidar del rebaño de Dios. No solo para alimentar, sino también para guiar y proteger.
   E. Maestros - Individuos empoderados sobrenaturalmente para instruir al pueblo de Dios en la verdad de todo el Evangelio de Cristo.

Estos Dones también pueden ser categorizados en otros formatos. Uno de esos formatos es el siguiente: Hay tres personas en la Deidad: Padre, Hijo y Espíritu Santo. Cada persona específica nos ha dado dones específicos.

1. El Padre - nos dio lo que se conoce como los "Dones Motivacionales": Profecía, Misericordia, Dar, Enseñar, Exhortar, Servir y Administrar (Ver Romanos 12:6-8).

2. El Hijo - nos dio lo que se conoce como los "Dones del Ministerio de los Cinco": Apóstoles, Profetas, Evangelistas, Pastores y Maestros (Ver Efesios 4:11)

3. El Espíritu Santo - nos dio lo que se conoce como los "Dones del Espíritu Santo": Palabra de Sabiduría, Palabra de Conocimiento, Discernimiento de Espíritus, Fe, Operación de Milagros, Dones de Sanidad, Profecía, Diversidad de Lenguas, Interpretación de Lenguas (Ver 1 Corintios 12:7-11).

Este escritor no ve ningún problema con esta categorización. Dado que el Padre, el Hijo y el Espíritu Santo son uno en persona y propósito, este método de categorización no cambia nada. Por lo tanto, para los fines de este libro, utilizaremos el formato de Harold Horton. Uno de los beneficios de esta otra categorización es la dificultad que presenta para aquellos que no creen que los Dones sean para hoy. Si cada persona de la Deidad trae su propio conjunto de Dones Espirituales, negar cualquiera de los Dones equivale a negar la presencia y existencia de su Dador en los tiempos modernos. Dado que ningún hombre que se llame a sí mismo "cristiano" negaría la existencia de ningún miembro de la Deidad, entonces la negación de cualquier Don se vuelve imposible.

Por favor, observe que hemos utilizado las palabras "sobrenatural" o "sobrenaturalmente" en la definición de cada uno de los Dones del Espíritu. Esto se debe a que los Dones son milagrosos. La habilidad o habilidades del hombre no se utilizan de ninguna manera cuando estos Dones están en operación. Cada Don va más allá y es independiente de cualquier conocimiento o habilidad que el hombre posea. El hombre es solo el recipiente a través del cual Dios elige operar, de la misma manera que un automóvil opera bajo la dirección de un conductor. Además, observe el orden en el que aparecen los Dones en 1 Corintios 12:8-11. Harold Horton sugiere que estos tres grupos se desbordan e interconectan.

Hay dos Dones de Revelación y un Don de Poder, luego dos Dones de Poder y un Don de Inspiración, y finalmente, un Don de Revelación y dos Dones de Inspiración, de lo cual podríamos aprender que las infinitudes de Dios no pueden ser divididas. Su omnipotencia no está separada de Su omnisciencia. Son co-iguales y co-activos. Podemos aislarlos, por así decirlo, para fines de análisis y examen, como los colores individuales del espectro: pero no están separados porque son distintos. Se fusionan, armonizan y fluyen entre sí, y ¿quién puede decir dónde comienza uno y termina el otro? A través de los Dones del Espíritu, el hombre obtiene una experiencia, a voluntad del Espíritu, del conocimiento infinito de Dios, de Su capacidad infinita e incluso de Su presencia infinita.12

Ha sido sugerido por algunos hermanos cristianos verdaderamente estimados que los Dones del Espíritu son opcionales; se puede vivir una vida piadosa sin ellos. ¡Estoy de acuerdo! Pero la vida piadosa en la que estarías viviendo sería limitada en visión, poder y la capacidad dada por Dios para hacer cambios dirigidos y específicos en todas las situaciones. Los Dones del Espíritu te dan la capacidad de actuar en lugar de reaccionar. ¿No es mejor poder ver una pared antes de chocar contra ella? En otras palabras, los Dones Espirituales son tan opcionales como la vista; puedes caminar sin ojos, pero no puedes ver sin ellos. Puedes vivir una vida piadosa sin los Dones del Espíritu, pero no puedes ser poderoso en Dios sin ellos. Deseando solo vivir una vida piadosa es, en el mejor de los casos, centrarse en uno mismo y buscar la auto-gratificación. Ser poderoso en Dios, y al hacerlo cambiar el mundo que nos rodea, es sacrificar el yo y exaltarse en la piedad. Dios está buscando personas conforme a Su corazón, personas que vivirán una vida sacrificada.

Los Dones Espirituales se tratan de ser poderosos en Dios, y el poder es lo que los Dones proporcionan. Vivir una vida piadosa es solo una parte de la vida cristiana; ¡vivir poderosamente es otra! Hermanos, no solo debemos ser cambiados, sino también cambiar el mundo que nos rodea. Esto solo puede suceder efectivamente mediante el uso de los Dones Espirituales. Si alguien desea vivir piadosamente, debe ser obediente. Si es cierto que vivir piadosamente consiste y solo puede existir en la obediencia, entonces como hijos del Altísimo, también debemos obedecer el mandato de "desead los dones espirituales" (1 Corintios 14:1).

La posesión y el uso de los Dones Espirituales en los creyentes son una necesidad absoluta para Cristo, porque "así como el cuerpo es uno, y tiene muchos miembros... así también Cristo" (1 Corintios 12:12, KJV). El apóstol Pablo nos dice en 1 Corintios 12:12-31 que son tan naturales para Dios en el cumplimiento de Sus propósitos presentes como nuestros brazos, piernas, manos y pies. Estos versículos afirman tan claramente como podría ser posible que, en lo que respecta a un ministerio de poder milagroso, el cuerpo de Cristo, sin los Dones del Espíritu, es como un cuerpo sin brazos, piernas, ojos, oídos, etc.

Los Dones del Espíritu operando a través de los hijos de Dios son como sentidos divinos y/o apéndices para el Señor. Somos sus hijos y miembros de su Cuerpo. Él elige usar a sus hijos. Los Dones son como ojos, oídos, pies, labios y manos para Él. "Como él es, así somos nosotros en este mundo" (1 Juan 4:17). Nosotros, como hijos de Dios, debemos preguntarnos: ¿Seríamos mejores tratando de encontrar nuestro camino en este mundo malvado usando un bastón, o como un hombre ciego que palpa sin saber lo que le va a suceder, o con sentidos plenamente funcionales, empoderados por Dios, viendo los peligros por delante y sabiendo exactamente hacia dónde nos está guiando el Espíritu de Dios? ¿Cuánta ayuda puede ofrecer un hombre ciego que está palpitando sin saber adónde va, a aquellos que necesitan discernimiento y dirección? Jesús, refiriéndose a esta situación exacta, dijo: "Dejadlos; son guías ciegos de ciegos; y si un ciego guía a otro ciego, ambos caerán en el hoyo" (Mateo 15:14). Si somos embajadores de Dios con un ministerio de reconciliación (2 Corintios 5:18-20), ¿cómo podemos hacer nuestro trabajo si somos guías ciegos de otros? Para evitar la calamidad de caer en el hoyo, Jesús nos dejó los preciosos Dones del Espíritu. Para ser embajadores de Cristo y cumplir con el ministerio de reconciliación, estos Dones del Espíritu son esenciales. Si intentamos ministrar sin usar sus sentidos divinos, no somos más que guías ciegos de otros, cuyo fin es la muerte.

Ahora, examinemos cuál es el propósito y el resultado final de estos Dones sobrenaturales del Espíritu. Comencemos leyendo 1 Corintios 12:12-27;

> Porque así como el cuerpo es uno, y tiene muchos miembros, pero todos los miembros del cuerpo, siendo muchos, son un solo cuerpo, así también Cristo. Porque por un solo Espíritu fuimos todos bautizados en un cuerpo, ya sean judíos o griegos, esclavos o libres; y a todos se nos dio a beber de un mismo Espíritu. Porque el cuerpo no es un solo miembro, sino muchos. Si dijera el pie: "Porque no soy mano, no soy del cuerpo", ¿por eso dejaría de ser parte del cuerpo? Y si dijera la oreja: "Porque no soy ojo, no soy del cuerpo", ¿por eso dejaría de ser del cuerpo? Si todo el cuerpo fuera ojo, ¿dónde estaría el oído? Si todo fuera oído, ¿dónde estaría el olfato? Pero ahora Dios ha colocado los miembros, cada uno de ellos, en el cuerpo según Él quiso. Si todos fueran un solo miembro, ¿dónde estaría el cuerpo? Pero ahora hay muchos miembros, pero un solo cuerpo. Y el ojo no puede decir a la mano: "No tengo necesidad de ti", ni tampoco la cabeza a los pies: "No tengo necesidad de vosotros". Más bien, los miembros del cuerpo que parecen más

débiles son indispensables. Y a los miembros que consideramos menos honrosos, a esos los vestimos con más honor, y a nuestros miembros menos presentables se les da más decoro. Pero nuestros miembros presentables no necesitan tal trato. Así que Dios compuso el cuerpo, dando más honra a la parte que carecía de ella, para que no haya divisiones en el cuerpo, sino que los miembros tengan igual cuidado unos por otros. Y si un miembro sufre, todos los miembros sufren con él; y si un miembro recibe honra, todos los miembros se regocijan con él. Ahora bien, vosotros sois el cuerpo de Cristo, y miembros individualmente.

Observa estas frases: el cuerpo es uno, por un solo Espíritu, hecho para beber en un solo Espíritu, sin embargo, es un solo cuerpo. El mismo mensaje aparece en los versículos iniciales de Efesios 4, donde se encuentran los Dones Administrativos del Espíritu.

"Así que yo, prisionero en el Señor, os ruego que andéis como es digno de la vocación con que fuisteis llamados, con toda humildad y mansedumbre, con paciencia, soportándoos unos a otros en amor, procurando mantener la unidad del Espíritu en el vínculo de la paz. Hay un solo cuerpo y un solo Espíritu, así como fuisteis llamados a una sola esperanza en vuestra vocación; un solo Señor, una sola fe, un solo bautismo; un solo Dios y Padre de todos, que está sobre todos, y por todos, y en todos vosotros."

Efesios 4:1-6

El énfasis en estos dos pasajes está claramente en la palabra recurrente "uno". La palabra "uno" aparece trece veces en los diecisiete versículos de 1 Corintios 12, y ocho veces en los primeros seis versículos de Efesios 4,

La lección enfatizada en estos pasajes es extremadamente sencilla de entender. Los Dones Espirituales emanan de una sola fuente; deben manifestarse en unidad; y deben producir unidad en aquellos que los poseen. ¿Pero cuál es el propósito final? El propósito final es que los hijos de Dios puedan llegar a la plenitud de Cristo. Porque la cooperación y la unidad inspiran a los hombres a mejorar sus condiciones (2 Reyes 6:1-3), fomentan la reforma (1 Crónicas 12:38), y ayudan en la realización de grandes obras poderosas para Dios (Nehemías 4:16-17). La cooperación también otorga poder adicional en la oración (Mateo 18:19), en la guerra espiritual (Deuteronomio 32:30, Marcos 6:7), y ayuda a traer hombres a Cristo (Marcos 2:3). La cooperación y la unidad nos convierten en un ejército invencible (Jueces 6), mucho más capaz de tener éxito en cualquier tarea que se nos presente (Génesis 11:6). La cooperación es esencial para el éxito (Nehemías 4); nos sostiene en tiempos de debilidad (Éxodo 17:12), nos da audacia para la batalla (1 Samuel 14:6), y nos otorga la victoria en la batalla (Jueces 20:11).

Somos una fuerza formidable cuando caminamos juntos en unidad y trabajamos juntos como uno solo, al igual que una manada de Alces de Alaska atacados por lobos hambrientos, se reúnen en grupos circulares, todos mirando hacia afuera con sus armas (cuernos) listas. Así pueden efectivamente defenderse de los depredadores que buscan sus vidas y las de la manada. En unidad, hacemos lo mismo. De la misma manera que un alce dejado solo frente a una horda de lobos voraces seguramente será presa fácil, y su expectativa de vida será corta, así nos ocurrirá a nosotros si nos dejamos solos frente a las artimañas de nuestro enemigo, el diablo. "Porque él, como león rugiente, anda alrededor buscando a quien devorar" (1 Pedro 5:8). Sin unidad y cooperación, somos exactamente como el alce solitario enfrentando la horda de lobos voraces. ¡Morimos!

Hasta ahora hemos visto la importancia de la unidad y la cooperación, pero ¿por cuánto tiempo debemos permanecer unidos? "Hasta que todos lleguemos a la unidad de la fe y del conocimiento del Hijo de Dios, a un varón perfecto, a la medida de la estatura de la plenitud de Cristo" (Efesios 4:13). ¿Por qué? Para que "ya no seamos niños fluctuantes, llevados por doquiera de todo viento de doctrina, por estratagema de hombres que para engañar emplean con astucia las artimañas del error" (Efesios 4:14). ¿Cómo se logrará esto? "Hablando la verdad en amor, crezcamos en todo hacia aquel que es la cabeza, esto es, Cristo, de quien todo el cuerpo, bien concertado y unido entre sí por todas las coyunturas que se ayudan mutuamente, según la actividad propia de cada miembro, recibe su crecimiento para ir edificándose en amor" (Efesios 4:15-16).

La lección de 1 Corintios 12, junto con su mensaje de unidad, también incluye una advertencia contra los cismas que resultan de la envidia y la competencia en el uso de los Dones del Espíritu. "Y los que reputamos menos honrosos, a éstos vestimos más abundantemente; y nuestros deshonrosos tienen más abundante honra. Pero nuestros hermosos no tienen necesidad; sino que Dios ordenó el cuerpo, dando más abundante honor al que le faltaba, para que no haya desavenencia en el cuerpo, sino que los miembros todos se preocupen los unos por los otros" (1 Corintios 12:23-25). El problema de los cismas, la envidia, la lujuria y el orgullo no era inusual en la iglesia de Corinto. Al examinar las Epístolas a los Corintios, vemos este mismo problema recurrente una y otra vez. Examine, por favor, 1 Corintios 1:10-31, 3:1-8, 6:1-6, 6:9-20, 12:23-25. Estas secciones de las Escrituras muestran por qué Pablo enfatizó "el mensaje de unidad basado en el fundamento del amor" en 1 Corintios 13; más sobre eso en un momento.

Pero por ahora, permítanme señalar una enseñanza falsa que circula en el cristianismo moderno con respecto al significado de la frase "... desead ardientemente los mejores dones" (1 Corintios 12:31, énfasis añadido). Muchos en el cristianismo creen que esta instrucción significa que no debemos buscar los Dones del Espíritu, sino solo buscar el mejor don, que es el amor. ¡Esta instrucción está totalmente equivocada! 1 Corintios 14:1 afirma categóricamente que hay una diferencia entre el amor y los Dones Espirituales, y nos instruye a buscar ambos.

Aunque Pablo sugiere en 1 Corintios 12:31 que hay diferentes niveles de grandeza en los Dones y que debemos "desead ardientemente los mejores dones" (en plural), él continúa diciendo "pero os muestro un camino aún más excelente". Noten por favor la palabra "camino", no es la palabra "dones". Pablo nunca sugiere que busquemos solamente el amor. Si hemos de creer como lo hacen nuestros hermanos equivocados, entonces debemos responder la pregunta del por qué. ¿Por qué Pablo, después de instruirnos sobre los beneficios y el uso de una larga lista de Dones Espirituales, decidió decirnos que no buscáramos esos Dones, sino que buscáramos solo el amor, que nuestros hermanos equivocados creen que es el mejor don (en singular)?

En este punto me gustaría aclarar un error. La Biblia nunca llama al amor un Don del Espíritu. El amor es un Fruto del Espíritu (Gálatas 5:22). El amor es la misma naturaleza de Dios (1 Juan 4:8). Cuando escuchamos a alguien referirse al "don del amor", están hablando de la gracia del amor, que nos trajo beneficios y bendiciones más allá de nuestra imaginación. Gracias como la salvación, la vida eterna, la misericordia, la paz, la comunión con Dios, la adopción, etc., pero no el amor en sí mismo. Recibimos Su amor cuando pedimos a Dios que entre en nuestros corazones, porque la naturaleza misma de Dios es el amor (1 Juan 4:8).

El significado de Pablo en 1 Corintios 12:31 es simplemente desear fervientemente los dones más útiles y excelentes, los más beneficiosos y edificantes, aquellos que son más provechosos para la Iglesia (ver 1 Corintios 14:12). La iglesia en Corinto, como se mencionó antes, estaba llena de divisiones que resultaban de la envidia y la competencia en el uso de los dones del Espíritu. Pablo, consciente de esto, dice que nos mostrará un camino más excelente, refiriéndose específicamente a la gracia del amor. Las gracias santificantes del Espíritu Santo son más excelentes que las milagrosas. La caridad, o el amor hacia Dios y nuestro prójimo, supera a los mejores dones, aunque estos sean extraordinarios, sobrenaturales y milagrosos. Por lo tanto, es deber del cristiano anhelar y desear más estas gracias, porque cuando los dones desaparezcan (1 Corintios 13:8), el comportamiento de la gracia nunca fallará, sino que permanecerá para siempre. Pablo nos está diciendo que hay una mayor excelencia en la gracia, particularmente en aquellas gracias que se encuentran en el amor de Dios.

Cuando a Jesús se le preguntó cuál era el mandamiento más grande, respondió con dos mandamientos de acción. "Amarás al Señor tu Dios con todo tu corazón, y con toda tu alma, y con toda tu mente. Este es el primero y grande mandamiento. Y el segundo es semejante: Amarás a tu prójimo como a ti mismo". En estos dos mandamientos dependen toda la ley y los profetas" (Mateo 22:35-40, KJV). Por favor, note que ambos mandamientos son demostraciones de amor: amar a Dios y amar al prójimo. Estas acciones son llamadas los dos mandamientos más grandes. Esto muestra claramente que el amor es el camino más excelente y que las gracias que resultan del amor son los mejores de todos los dones.

Una última nota, los textos para estudiar los Dones del Espíritu se encuentran principalmente en Efesios 4:11 y 1 Corintios 12 y 14. En medio de 1 Corintios 12 y 14 está el capítulo 13, conocido como el "Capítulo del Amor". Una de las reglas básicas para la correcta interpretación bíblica es entender que un texto sin contexto es un pretexto. En otras palabras, 1 Corintios 13 debe ser entendido dentro del contexto de 1 Corintios 12 y 14 para descubrir una interpretación adecuada.

Hermanos, lo que estoy a punto de decirles podría ser impactante. 1 Corintios 13 no es una disertación sobre el Amor como un Don. El tema de 1 Corintios 13 ni siquiera es el Amor en sí mismo; aunque, contiene una definición vívida y completa del amor. Permítanme terminar antes de que pongan este libro a un lado y comiencen a pensar que este escritor se ha desviado completamente. El tema de 1 Corintios 13 es el amor como la motivación, el poder y el propósito para buscar y usar los Dones Espirituales. 1 Corintios 13 no compara los Dones Espirituales con el Amor. No define al Amor como un Don Espiritual. ¡Compara los Dones Espirituales "sin" Amor y los Dones Espirituales "con" Amor! Muestra al amor como el combustible que hace que los Dones Espirituales operen (versículos 1-3).

Recuerden, solo podemos llegar a nuestro destino final por la puerta estrecha (Mateo 7:13). Solo podemos encontrar la puerta estrecha mediante el uso de los Dones Espirituales motivados, empoderados y dirigidos por el Amor. Todo el capítulo de 1 Corintios 13 trata sobre los Dones Espirituales empoderados, controlados y motivados por el amor. Así como todo el combustible del mundo sin un mapa, o el mejor mapa sin combustible, no nos permitirá llegar a donde vamos, lo mismo sucede con los Dones Espirituales sin amor o el amor sin los Dones Espirituales.

Como se mencionó antes, 1 Corintios 12 trata específicamente sobre los Dones Espirituales en relación con la unidad y la edificación en el Cuerpo de Cristo. ¿Por qué? Porque se habían desarrollado divisiones en la iglesia de Corinto sobre qué Don se estaba usando, quién los usaba, con qué frecuencia se usaban, cuál era el Don más grande, entre otras cuestiones. Estas divisiones obviamente estaban causando desunión y conflicto en la iglesia. Por eso, 1 Corintios 12:8-27 habla sobre los Dones en relación directa con la unidad en el cuerpo y la manera en que el cuerpo funciona como una unidad. Ahora, con esto en mente, queda claro lo que Pablo quiso decir cuando escribió 1 Corintios 12:31b: "Pero yo os muestro un camino aún más excelente" (énfasis añadido). ¿Un camino más excelente para qué? Un camino más excelente para buscar y usar los Dones Espirituales. No los busquen ni los usen por envidia, lujuria o orgullo, sino búsquenlos y úsenlos en el amor ágape.

Cualquier estudiante de primer año de la Biblia puede decirte que originalmente la Biblia no tenía divisiones en capítulos y versículos. Cada uno de los 66 libros fue originalmente escrito como documentos o cartas. Fueron compilados juntos para formar el libro que ahora llamamos la Biblia. Por lo tanto, aunque es mucho más fácil leer y estudiar la Biblia con el formato de capítulos y versículos, nunca debemos olvidar que originalmente una oración seguía directamente a otra. Dicho esto, veamos 1 Corintios 12:31 hasta 13:3.

> Y sin embargo, os muestro un camino aún más excelente. (1 Corintios 13:1) Aunque hable las lenguas de los hombres y de los ángeles [notad que el don de lenguas está en operación], si no tengo amor [sin Agape], he llegado a ser como metal que resuena o címbalo que retiñe. (2) Y aunque tenga el don de profecía, y entienda todos los misterios y todo conocimiento, y aunque tenga toda la fe, de manera que traslade los montes [de nuevo los Dones del Espíritu están en operación], si no tengo amor [de nuevo sin Agape], nada soy. (3) Y aunque reparta todos mis bienes para dar de comer a los pobres, y aunque entregue mi cuerpo para ser quemado, si no tengo amor, nada me aprovecha."

En pocas palabras, ¡sin amor, los dones del Espíritu no tienen ningún provecho!

Amor, como fundamento y fuerza motriz de los Dones Espirituales, los transforma de una desventaja en una tremenda ventaja, de un arma utilizada por el enemigo en un poderoso y invencible instrumento para destruir las obras del enemigo. Pero sobre todo, pueden transformarnos de un soldado herido y derrotado en un guerrero invencible que es más que vencedor (Romanos 8:37), mediante Cristo que nos fortalece (Filipenses 4:13). Por ello, Pablo enfatiza que debemos "Seguir el amor, y desear los dones espirituales" (1 Corintios 14:1).

¿Es el amor el mejor camino? ¡Absolutamente! Sin amor, los Dones Espirituales son como magníficos y poderosos caballos que están desbocados y sin domar, todos tirando en direcciones diferentes. El resultado es que el carro del rey no avanza rápidamente. El carro y sus caballos, por magníficos y hermosos que sean, se vuelven inútiles e ineffectivos para el viaje por delante. Pero una vez que estos magníficos caballos son ensillados al carro del Rey en amor, con las riendas aseguradas y puestas en las manos del Rey del amor, el carro que lleva la magnificencia del Rey de Reyes avanzará con esplendor, belleza, velocidad y poder, conquistando todo lo que se le ponga por delante.

La Iglesia de Jesucristo debe ser un hospital para los enfermos, un refugio en tiempos de tormenta, un hogar para los sin hogar y una fuente de fuerza para los débiles. Es un lugar de provisión para los pobres, un centro de liberación para los oprimidos, un lugar de vida para los muertos y un conservante para los moribundos. La iglesia es un lugar de fe para los incrédulos, esperanza para los desesperados, amor para los que no son amados. Es un lugar de conocimiento para los ignorantes y un faro para los que viajan en la oscuridad. Es una hoja de ruta para los perdidos, alimento para los hambrientos, agua para los sedientos y consuelo para los desconsolados. Es seguridad para los que tienen miedo, un terreno firme para aquellos que están siendo sacudidos de un lado a otro. Entonces, ¿cómo puede la Iglesia de Jesucristo tener éxito sin todo lo que Dios ha provisto para su uso? Solo puede tener éxito operando en los Dones del Espíritu, empoderados, controlados, dirigidos y impulsados por el puro amor Ágape de Dios, la fuerza divina y motivadora.

Preguntas Del Capítulo
Para Ayudar A Tu Estudio

1. Cada uno de estos grupos contiene dones.
2. El cuarto grupo se puede encontrar en Efesios 4:11. Se les conoce como los _____.
3. ¿Cuántos dones contiene este grupo? Enuméralos.
4. ¿Se nos ordena "deseo de los Dones Espirituales"? Sí o No
5. ¿Cuál es el propósito y el resultado final de estos Dones sobrenaturales?

LOS PROPIOS DONES

Ahora que se ha realizado el trabajo preparatorio, comenzaremos a examinar los propios dones. Sin embargo, antes de empezar, cubramos primero algunos hechos importantes sobre el ministerio y los dones, y luego refresquemos nuestra memoria sobre algunos hechos importantes acerca de los dones del Espíritu. Estos hechos, cuando se entienden completamente, nos darán una mayor comprensión y aprecio por los propios dones, un mejor dominio sobre su uso y una fe más profunda en Dios, lo que nos permitirá servir mejor al cuerpo de Cristo y mantener nuestro caminar en Cristo.

Primero, permítanme compartir una hermosa verdad. ¡Cada cristiano está llamado al ministerio! Con demasiada frecuencia, el clero es visto como los ministros profesionales y cada aspecto del ministerio les pertenece exclusivamente a ellos. La responsabilidad de los laicos se limita a asistir a la iglesia, cantar y escuchar mensajes que a menudo están diseñados para agradar al oído. Esta noción es absolutamente contraria a la enseñanza bíblica fundamental. La verdad es que el ministerio es responsabilidad de todos. Mi oración es que este libro despierte al masivo ejército de creyentes y los entusiasme con el ministerio, y sirvan a Dios lo mejor que puedan.

¿Qué es exactamente el ministerio? Es el servicio de ayudar a otros en el nombre del Señor. Este servicio o ministerio (diakonos en griego) fue utilizado por Jesús cuando dijo a sus discípulos: "...El que quiera hacerse grande entre vosotros, será vuestro servidor [diakonos]" (Mateo 20:26). Si vamos a ser cristianos, lo que literalmente significa semejantes a Cristo, ¡Jesús debe ser nuestro ejemplo!

> No busque cada uno su propio interés, sino también el interés de los demás. Haya, pues, en vosotros este sentir que hubo también en Cristo Jesús: Quien, siendo en forma de Dios, no estimó el ser igual a Dios como cosa a que aferrarse, sino que se despojó a sí mismo, tomando forma de siervo, hecho semejante a los hombres.
>
> Filipenses 2:4-7

Nuestro propósito al asistir a la iglesia ha sido distorsionado debido a la falta de enseñanza bíblica verdadera en relación con el verdadero propósito de los laicos y de la Iglesia. Con demasiada frecuencia, nuestro propósito es egoísta. Vamos a la iglesia por hábito, crianza, un sentido de moralidad, o cuando tenemos un problema, o cuando estamos pasando por dificultades, o porque disfrutamos del ministerio, del pastor, de la música, del edificio e incluso de los sermones. Sin embargo, el hecho es que la iglesia no es para esas cosas aunque ayuden a la asistencia. El propósito de la Iglesia no es ser un club social o un buen día con la familia; debe ser un campo de entrenamiento, un campamento de entrenamiento, por así decirlo, para preparar al ejército de Dios para luchar una buena batalla, para enfrentar las artimañas del enemigo, para ser vencedores, para ser sal y luz en un mundo perdido y moribundo. Este mundo no puede permitirse solo unos pocos creyentes que hagan todo el trabajo mientras la mayoría de los cristianos se sientan y observan. Si necesitas pruebas de que esto es cierto, solo mira a tu alrededor. ¿Está la Iglesia cambiando al mundo o el mundo está cambiando a la Iglesia? Es la solemne tarea del liderazgo de la Iglesia entrenar al ejército de Dios. Deben entrenarlos para cumplir la tarea que Él nos ha encomendado. ¿Cuál es esa tarea?

"d por todo el mundo y predicad el evangelio a toda criatura. El que creyere y fuere bautizado será salvo; mas el que no creyere será condenado. Y estas señales seguirán a los que creen: En mi nombre echarán fuera demonios; hablarán nuevas lenguas; tomarán serpientes en las manos; y si bebieren cosa mortífera, no les hará daño; sobre los enfermos pondrán sus manos, y sanarán."

Marcos 16: 15-18

¿Cuántas veces tiene que darnos Dios la misma orden para que obedezcamos? ¡Dos veces, tres veces, ¿qué tal cinco?! Esta comisión se repite al final de cada uno de los Evangelios y de nuevo en el primer capítulo del libro de los Hechos. ¿Notaste también el uso de los Dones en esta Gran Comisión? La simple mención de estos Dones en esta Gran Comisión nos muestra su importancia en relación con el ministerio y cuán vital es no solo entender la importancia de los Dones del Espíritu, sino implementar su uso.

Ahora, teniendo eso en mente, repasemos estos hechos una vez más.

1. Estos dones son un encargo confiado a hermanos específicos, para beneficio de todos, no para el honor, prestigio o beneficio de aquellos a quienes se les otorgan.

2. Los dones pertenecen a Dios y son dados libremente a cada creyente (1 Pedro 4:11).

3. Los dones del Espíritu son dados a cada creyente sobre la base de la fe, no de obras.

4. Las principales razones por las cuales los dones del Espíritu se usan tan limitadamente en la Iglesia actual son la incredulidad, la complacencia y el miedo.

5. Las lenguas, en relación con el Bautismo del Espíritu Santo encontrado en Hechos 2, son distintas y separadas del Don de lenguas descrito en 1 Corintios 12.

6. Los dones pueden categorizarse fácilmente en cuatro grupos. Los primeros tres grupos contienen tres dones y el cuarto grupo contiene cinco.

   Los cuatro grupos son:
   A. Dones de Revelación.
   B. Dones de Poder.
   C. Dones de Inspiración.
   D. Dones de Administración.

7. Los dones son sobrenaturales; no hay ningún elemento natural en ninguno de ellos. Todos están más allá e independientes de cualquier conocimiento o habilidad humana.

8. Estos dones son para la glorificación del Padre y la edificación y unificación de los santos. Durarán hasta que todos lleguemos a la unidad de la fe y del conocimiento del Hijo de Dios, a un varón perfecto, a la medida de la estatura de la plenitud de Cristo; para que ya no seamos niños fluctuantes, llevados por doquiera de todo viento de doctrina, por estratagema de hombres... (Efesios 4:13-14).

9. Los dones del Espíritu son dones de Dios, para que Dios los use como Él quiera. Son para glorificar a Dios a través de las personas que Dios elige usar. Solo somos los recipientes que Dios elige usar, nada más. Dios reparte todos los dones, como Él quiere, entre varios cristianos. Deberían fluir a través de los canales del llamado especial y único del cristiano hacia los flujos comunes de uso público o eclesiástico. Luego, finalmente regresan al gran océano de Su gloria de donde originalmente vinieron, exactamente como el vapor de agua se eleva del mar, se reúne en una nube. Esa nube luego cae dividida en muchas gotas distintas y separadas. Esas gotas, cuando se unen, forman arroyos de agua, que al juntarse forman ríos, y esos ríos regresan al mar del cual vinieron. Así sucede con los dones del Espíritu.

LOS DONES DE REVELACIÓN

L a revelación significa descubrir o apartar el velo de la oscuridad, que cubre el misterio y el propósito de Cristo. Esta revelación comunica el conocimiento de Dios y la expresión de la voluntad de Dios para el hombre, con el propósito específico de instruir y guiar a la Iglesia y a sus miembros.

Una Palabra de Sabiduría. Desde temprano en nuestra vida cristiana, nos enseñaron que Dios es Omnisciente —Él conoce todas las cosas— y que Dios es Omnipresente —Él siempre está ahí. En otras palabras, Dios no está restringido por la dimensión del espacio o el tiempo. Él existe en todas partes en el pasado, presente y futuro al mismo instante. Por lo tanto, es lógico concluir que si Dios existe en una dimensión más allá del pasado, presente y futuro al mismo tiempo; podemos entender que Dios está profundamente consciente de todos los hechos en el pasado, presente y futuro.

Este entendimiento constituye Su Sabiduría infinita. Dado que Dios está siempre consciente de todas las cosas presentes y eventos futuros, también debe estar consciente de aquellos sucesos presentes que efectivamente transforman el presente en el futuro. Esta comprensión divina de lo que sucederá en el futuro cuando se toma cualquier acción en el presente es lo que llamamos la presciencia de Dios. Cuando Dios, en su soberana misericordia, le da al hombre una palabra o un vistazo de algún evento que aún no ha ocurrido, realmente le está revelando al hombre su protección, plan y propósito infinitos. Esto es lo que llamamos una Palabra de Sabiduría.

La Palabra de Sabiduría es una revelación sobrenatural por el Espíritu de Dios acerca del propósito divino y plan de Dios que aún no ha sido realizado por el hombre. La Palabra de Sabiduría siempre se refiere a eventos futuros. No es un don para desplegar la voluntad revelada de Dios, que ya está escrita en Su Palabra. Es para desplegar Su voluntad no revelada y la declaración de Sus propósitos ocultos, aparte de Su Palabra. Sin embargo, nunca contradirá lo que Su palabra escrita ya ha revelado. Sin embargo, nos dará una pequeña visión del futuro. Por lo tanto, se clasifica como un Don de Revelación y no de expresión.

Aquí hay algunos ejemplos bíblicos de cómo se usó la Palabra de Sabiduría.

1. Noé acerca del juicio futuro. Por mandato de Dios, Noé construyó un arca ciento veinte años antes de que Dios destruyera la tierra con un diluvio universal (Génesis 6:13-18).

2. Dios informó a Samuel sobre la pronta llegada de Saúl y su nombramiento como rey sobre Israel (1 Samuel 9:15-16). Además, Samuel relató los eventos que Saúl encontraría al regresar a casa (1 Samuel 10:1-8).

3. Dios instruyó a Samuel para informar a Saúl que el reino sería quitado de él debido a su pecado de desobediencia (1 Samuel 15:10-29).

4. Dios envió al profeta Natán a hablar con el rey David acerca de la muerte de su hijo nonato y los eventos futuros y la caída final de su familia, como resultado del pecado de David con Betsabé (2 Samuel 12:10-12).

5. El profeta Ágabo habló a la iglesia en Antioquía acerca de una próxima hambruna (Hechos 11:27-28).

6. El profeta Ágabo habló a Pablo acerca de su encarcelamiento en Jerusalén (Hechos 21:10-11).

7. Pablo recibió una palabra de parte de Dios acerca del próximo naufragio y la salvación de la tripulación (Hechos 27:10-24).

8. Aquí hay un ejemplo moderno de una Palabra de Sabiduría. Nuestra familia asistió hace varios años a una pequeña iglesia en el Bronx, Nueva York. En esa iglesia había una hermana bendecida en el Señor, que tenía una verdadera relación con Jesús. Un día, de regreso a casa desde el trabajo, el Señor habló a esta hermana (llamémosla María) y le dijo que caminara hacia casa en una dirección diferente a la que había tomado antes porque la espera el peligro. María cuestionó al Señor sobre esa extraña instrucción. Después de todo, había estado caminando en esta comunidad y por este mismo camino a casa toda su vida. La única respuesta fue: "camina a casa de manera diferente de como lo has hecho antes". La duda llenó el corazón de María y no obedeció; sintió que había entendido mal. Se preguntaba por qué el Señor, después de tantos años de caminar a casa de esa manera particular, le pediría que lo hiciera en otra dirección. Llena de preguntas y dudas, María desobedeció y caminó a casa en la misma dirección de siempre. Cruzando la calle frente a su casa, María fue atropellada por un auto. Como resultado del accidente, a María le tuvieron que amputar el pie desde el tobillo hacia abajo. Ahora María camina con un tobillo y pie protésicos.

Dios, sabiendo el futuro porque ya está allí, advirtió a María sobre un evento próximo que mantendría a Su amada hija a salvo del peligro. Aunque María desobedeció la instrucción de Dios, no cambia el hecho de que Dios, a través de una Palabra de Sabiduría, reveló Su presciencia de un evento peligroso y dañino en la vida de María.

Ten cuidado en este punto de no limitar la definición de la Palabra de Sabiduría. No es exclusivamente para predecir eventos futuros. Sin embargo, es Dios revelando Su presciencia al hombre. Esta revelación de la presciencia de Dios está diseñada para protección, dirección, instrucción o corrección, no solo para proporcionar información. Aquí tienes algunos ejemplos de los diferentes usos de la Palabra de Sabiduría.

1. Como se muestra anteriormente en la historia de nuestra hermana María, es para advertir o guiar al pueblo de Dios sobre peligros o juicios futuros.
   A. Como se mostró anteriormente, Noé fue advertido de un diluvio que destruiría el mundo (Génesis 6).
   B. Lot fue advertido para escapar de Sodoma debido a la ira de Dios, que destruiría Sodoma y Gomorra (Génesis 19).

2. La Palabra de Sabiduría se usa para revelar el plan de Dios a aquellos que Él va a utilizar.
   A. José recibió una palabra de Dios para informar a Faraón sobre los próximos siete años de abundancia y siete años de sequía (Génesis 41). Esta Palabra de Sabiduría resultó en que José fuera nombrado segundo al mando de Egipto por Faraón, y salvó a dos naciones al mismo tiempo.

3. Una Palabra de Sabiduría se usó para asegurar a un hombre de Dios de su llamado divino.
   A. A través del arbusto ardiente en el monte Horeb, Dios habló a Moisés diciéndole que estaba llamado a liberar al pueblo de Dios (Éxodo 3).

4. La Palabra de Sabiduría se utiliza para instruir al pueblo de Dios acerca de los lugares a los que ir y las personas a ver para un testimonio efectivo.
   A. Dios le dijo a Pedro que testificara a los gentiles. Ve a la casa de un hombre llamado Cornelio y da testimonio (Hechos 10).

5. La Palabra de Sabiduría se usa para revelar las bendiciones y maldiciones de Dios, las cuales están directamente basadas en la obediencia o desobediencia a sus mandamientos y ordenanzas.

    A. Dios dio sus instrucciones de "harás" y "no harás" a Moisés y a los hijos de Israel (Deuteronomio 28).

6. La Palabra de Sabiduría se usa para dar seguridad de bendiciones futuras.

    A. Dios le habló a Abraham que heredaría la tierra de Canaán (Génesis 12).

    B. Dios le habló a David que heredaría el trono de Israel (1 Samuel 16).

7. La Palabra de Sabiduría se usa para declarar los misterios ocultos de Dios.

    A. Todo el libro del Apocalipsis es un ejemplo de ello.

Por maravillosa y ordenada por Dios que sea la Palabra de Sabiduría, también debemos reconocer que, según Dios la revela, no está escrita en piedra. El resultado puede cambiar. Aquí hay algunos ejemplos de cómo el corazón de Dios fue cambiado, y así también el resultado de la declaración de Dios.

1. En cuanto a la próxima muerte del rey Ezequías (2 Reyes 20:1-6).

"En aquellos días Ezequías cayó enfermo de muerte. Y vino a él Isaías, hijo de Amoz, profeta, y le dijo: Así dice Jehová: Ordena tu casa, porque morirás, y no vivirás. Entonces volvió él su rostro a la pared, y oró a Jehová, diciendo: Oh Jehová, te ruego que te acuerdes ahora que he andado delante de ti en verdad y con corazón íntegro, y que he hecho lo que ha sido agradable delante de tus ojos. Y lloró Ezequías con gran llanto. Y aconteció que antes que Isaías hubiese salido hasta la mitad del patio, vino palabra de

Jehová a Isaías, diciendo: Vuelve, y di a Ezequías, príncipe de mi pueblo: Así dice Jehová, Dios de David tu padre: He oído tu oración, y he visto tus lágrimas; he aquí que yo te sano; al tercer día subirás a la casa de Jehová. Añadiré a tus días quince años, y te libraré a ti y a esta ciudad de la mano del rey de Asiria; y ampararé esta ciudad por amor a mí mismo, y por amor a David mi siervo."

En este pasaje, vemos que Isaías entregó el mensaje de Dios al rey Ezequías. El mensaje era que Ezequías pronto moriría. Ezequías se arrepintió inmediatamente. El corazón de Dios fue cambiado debido al arrepentimiento de Ezequías, y Dios envió a Isaías de vuelta al rey con el mensaje de que Dios había escuchado su oración. Por el corazón arrepentido de Ezequías, Dios cambió de parecer y le dio quince años más de vida al rey. Si Ezequías no se hubiera arrepentido de inmediato, seguramente habría muerto en pocos días.

2. En cuanto a Jonás, el profeta, y su mensaje de destrucción para la ciudad de Nínive (Jonás 1:2, 3:4-10).
    "Levántate, ve a Nínive, aquella gran ciudad, y predica contra ella; porque ha subido su maldad delante de mí. Y Jonás comenzó a entrar por la ciudad, camino de un día, y predicaba diciendo: ¡De aquí a cuarenta días Nínive será destruida! Entonces los hombres de Nínive creyeron a Dios, y proclamaron ayuno, y se vistieron de cilicio desde el mayor hasta el menor de ellos. Y llegó la noticia hasta el rey de Nínive, y se levantó de su trono, y se despojó de su vestido, y se cubrió de cilicio y se sentó sobre ceniza. E hizo proclamar y anunciar en Nínive, por mandato del rey y de sus grandes, diciendo: Hombres y animales, bueyes y ovejas, no gusten cosa alguna; no se les dé alimento, ni beban agua; sino cúbranse de cilicio hombres y animales, y clamen a Dios fuertemente; y conviértase cada uno de su mal camino, de la rapiña que hay en sus manos. ¿Quién sabe si se volverá y se arrepentirá Dios, y se apartará del ardor

de su ira, y no pereceremos? Y vio Dios lo que hicieron, que se convirtieron de su mal camino; y se arrepintió del mal que había dicho que les haría, y no lo hizo."

Una Palabra de Conocimiento. Esta es la revelación sobrenatural por el Espíritu de Dios de hechos pasados o presentes. Estos hechos no son algo que el poseedor del don ya haya aprendido. Son completamente desconocidos en el momento en que son revelados. Proceden directamente del conocimiento infinito de Dios a la mente finita del santo que posee este don. Mientras que la Palabra de Sabiduría siempre concierne a eventos futuros, la Palabra de Conocimiento siempre concierne a hechos pasados o presentes. Es la revelación de eventos pasados o presentes que puede influir en eventos presentes y futuros.

a Palabra de Conocimiento y la Palabra de Sabiduría, aunque completamente diferentes, trabajan juntas. A veces se usan en el mismo mensaje, entrelazadas entre sí, lo que a veces las hace difíciles de distinguir. Por ejemplo, mira Apocalipsis 1-4. Jesús se aparece a Juan el amado en la isla de Patmos y le habla sobre la condición de las siete iglesias de Asia Menor. Las condiciones de estas iglesias fueron reveladas mediante la Palabra de Conocimiento. Luego, el Señor procedió a darle a Juan una Palabra de Sabiduría para cada iglesia. Dios instruyó a Juan para que informara a las siete iglesias de Asia Menor sobre lo que estaban haciendo y lo que deberían hacer en el futuro para cumplir los planes y propósitos que Él había establecido para ellos. Por favor, observa Apocalipsis 3:1-6 como un ejemplo.

> Y al ángel de la iglesia en Sardis escribe: "Estas cosas dice el que tiene los siete Espíritus de Dios y las siete estrellas: Conozco tus obras, que tienes nombre de que vives, pero estás muerto. Sé vigilante, y afirma las cosas que quedan, que están para morir; porque no he hallado tus obras perfectas delante de Dios.

Recuerda, por tanto, cómo has recibido y oído; guárdalo, y arrepiéntete. Así que, si no velas, vendré sobre ti como ladrón, y no sabrás en qué hora vendré sobre ti. Sin embargo, tienes unos pocos nombres en Sardis que no han manchado sus vestiduras; y andarán conmigo en vestiduras blancas, porque son dignos. El que venciere será vestido de vestiduras blancas; y no borraré su nombre del libro de la vida, y confesaré su nombre delante de mi Padre, y delante de sus ángeles. El que tiene oído, oiga lo que el Espíritu dice a las iglesias."

En esta sección de las Escrituras, la Palabra de Sabiduría y la Palabra de Conocimiento están entrelazadas. Sin un estudio cuidadoso, es difícil separar los dos dones utilizados en este pasaje. A continuación se enumeran las Palabras de Conocimiento

1. "Conozco tus obras, que tienes nombre de que vives, pero estás muerto."
2. "Sé vigilante, y afirma las cosas que quedan, que están para morir, porque no he hallado tus obras perfectas delante de Dios."
3. "Tienes unos pocos nombres en Sardis que no han manchado sus vestiduras."

Ahora las Palabras de Sabiduría contenidas en los mismos versículos. Observa cómo las palabras de sabiduría y conocimiento están entrelazadas, donde una comienza y la otra termina.

1. "Por tanto, si no velas, vendré sobre ti como ladrón, y no sabrás en qué hora vendré sobre ti."
2. "El que venciere será vestido de vestiduras blancas, y no borraré su nombre del libro de la vida; y confesaré su nombre delante de mi Padre, y delante de sus ángeles."

Aquí tienes algunos ejemplos bíblicos de la Palabra de Conocimiento, que te ayudarán a entender cómo se usa y con qué propósito.

1. Dios dio una Palabra de Conocimiento a Eliseo acerca de un siervo hipócrita (2 Reyes 5:20-27). Gehazí siguió a Naamán porque codiciaba el pago después de que su maestro Eliseo se negara a recibirlo por sanar a Naamán de la lepra. Eliseo recibió la Palabra de Conocimiento de Dios sobre lo que Gehazí había hecho, y Gehazí contrajo la lepra de Naamán. Dios usó la Palabra de Conocimiento para proteger la reputación y el ministerio de un hombre de Dios, y para revelar el pecado en un líder del ministerio, para que el ministerio permaneciera santificado y santo delante de Dios.

2. Dios habló a Eliseo y reveló los planes del rey de Siria para destruir a Israel (2 Reyes 6:9-12). En esta historia, el rey de Siria seguía haciendo planes para hacer guerra contra el pueblo de Dios. Dios informó a Eliseo acerca de los planes del rey sirio. Eliseo luego informó al rey de Israel, quien rápidamente frustró los planes del rey sirio.

3. Dios informó a Samuel dónde se escondía Saúl (1 Samuel 10:22). Samuel consultó al Señor si el hombre debía salir, y el Señor le dio una Palabra de Conocimiento al decirle exactamente dónde Saúl estaba escondido. Al revelar dónde estaba Saúl, Dios confirmó una vez más a Samuel que Saúl sería rey.

4. Jesús habló a la mujer en el pozo de Sicar (Juan 4:18-29). Este encuentro salvó el alma de la mujer. Jesús sabía todo lo que ella había hecho y le reveló parte de ello, lo que la llevó a creer. Esta nueva fe en Cristo llevó a toda una ciudad a creer.

5. Pedro habló sobre la corrupción en la iglesia primitiva (Hechos 5:1-17). Ananías y Safira, su esposa, intentaron

mentir al Espíritu Santo. Dios se lo reveló a Pedro y ambos fueron reprendidos y murieron inmediatamente. No se puede mentir al Espíritu de Dios sin sufrir consecuencias.

6. Ananías fue informado por Dios sobre la conversión de Saulo y su ceguera (Hechos 9:10-17). Dios reveló a Ananías exactamente dónde se hospedaba Saulo de Tarso y que Ananías debía ir allí y orar por él. También se le informó que Saulo había sido convertido. Saulo fue confirmado ante el cuerpo de Cristo como una nueva creación en Cristo y un hombre llamado por Dios.

7. Ahora compartiré un ejemplo moderno de la Palabra de Conocimiento. Mientras ministraba en una pequeña iglesia en Mount Vernon, Nueva York, el Señor me informó que algunos ministros de alabanza y adoración que recientemente habían comenzado a venir a la iglesia estaban allí para separar a los miembros de la congregación porque acababan de comenzar su propia iglesia y necesitaban miembros. El pastor fue informado inmediata y discretamente de esta Palabra de Conocimiento. Sin embargo, debido a la necesidad de la iglesia de un ministerio de música, la Palabra fue ignorada. La explicación dada fue: "Voy a orar al respecto y ver qué dice el Señor que debemos hacer al respecto". Tan espiritual y apropiado como suena, fue incorrecto porque el pastor lo usó como un gesto condescendiente. Durante el retraso de un mes, los miembros de la congregación fueron "robados" y surgió el partidismo entre los miembros restantes. Después de un mes viendo lo que estaba sucediendo, el pastor les pidió a los líderes de alabanza y adoración que se fueran, lo cual hicieron, después de haberse llevado consigo a un buen número de miembros a su iglesia recién fundada.

Una última palabra sobre la Palabra de Conocimiento: la revelación que trae nunca se refiere al futuro, sino solo al pasado o al presente. La revelación de eventos y/o hechos pasados o presentes es de tremendo beneficio para la Iglesia, porque a través de ella el Cuerpo de Cristo puede y será purificado. La aflicción será consolada. Los santos serán alegrados. Se encontrarán cosas perdidas. Los planes del enemigo serán revelados y frustrados. El pueblo de Dios será liberado, y las almas serán salvas. Sin embargo, lo más importante es que el Señor Jesucristo será glorificado.

Discernimiento de espíritus. Este don completa el grupo que llamamos los Dones de Revelación. Por favor, nota cómo se llama el don: Discernimiento de espíritus. En contraste con la Palabra de Conocimiento y la Palabra de Sabiduría, que tienen un rango ilimitado de tiempos y circunstancias dentro de sus límites de operación, el discernimiento de espíritus tiene un rango mucho más limitado. Al igual que un gran telescopio que está sincronizado en sus movimientos con la revolución de un solo planeta o estrella, en lugar de con todo el universo, así es el discernimiento de espíritus. Sus poderes de revelación están restringidos a una sola clase de objetos: los espíritus, ya sean de Dios, del maligno o nuestro propio espíritu.

El discernimiento de espíritus no es el don de discernimiento como muchos han llegado a interpretarlo. El discernimiento de espíritus es la capacidad dada por Dios para distinguir los espíritus que operan en cualquier situación dada. Discernimiento significa distinguir, o separar para investigar. También significa examinar, escudriñar o cuestionar. Eso está bien en sí mismo, pero es incorrecto dejarlo ahí. Recuerda que el don se llama Discernimiento de espíritus. La definición debería ser correctamente, distinguir, o separar para investigar, examinar, escudriñar o cuestionar el tipo de espíritu que está influenciando las acciones tomadas por una persona, personas, iglesia o ministerio. Este don incluye reconocer los espíritus que influyen en ciudades enteras, estados, naciones o países también. Como todos somos conscientes, hay tres tipos de espíritus operando en el mundo hoy: el espíritu humano, llamado la voluntad, el satánico, aquellos espíritus echados del cielo porque se encontró maldad en ellos, y los espíritus divinos, como los ángeles y el Espíritu Santo.

Aquí tienes algunos ejemplos de la operación del Don de Discernimiento de espíritus que podrían ayudar a aclararlo aún más. Estábamos ministrando en Tyler, una pequeña ciudad en Texas. Tyler está a noventa millas al este de Dallas. Nuestro ministerio nos llevó a las calles para la evangelización callejera. Durante semanas, no estábamos haciendo ningún progreso notable, así que el equipo decidió ayunar y orar por dirección. Durante ese tiempo, el Señor nos informó que estábamos combatiendo espíritus religiosos controladores, que debían ser atados antes de continuar. El equipo evangelístico pasó las siguientes semanas ayunando y orando para que los espíritus religiosos que controlaban el área fueran quebrantados y las personas liberadas de su influencia. Una vez más salimos a las calles, pero esta vez con resultados notables. La gente estaba receptiva al mensaje. Otros fueron sanados, liberados y muchos fueron salvos.

Otro incidente notable ocurrió en Nueva York. Una tarde, mientras estábamos ministrando con un evangelista compañero en una iglesia en Mount Vernon, la evangelista nos dijo que había visto un espíritu de enfermedad, llamado epilepsia, adherido a un joven en el servicio. Este joven no era conocido para ella. La evangelista le pidió al joven que subiera para recibir oración, y él respondió. Nos informó que durante la mayor parte de su vida sufría convulsiones incontrolables. Había sido visto por muchos médicos y probado muchos medicamentos diferentes sin éxito. Los médicos lo clasificaron como epiléptico. Oramos por él como el Espíritu de Dios nos instruyó. Llamamos al espíritu de la epilepsia. El joven cayó inmediatamente al suelo en una convulsión epiléptica. Continuamos orando, llamando al espíritu maligno. Después de unos diez minutos, el espíritu maligno emitió un grito fuerte y las convulsiones cesaron inmediatamente. El joven permaneció completamente tranquilo por un tiempo, con una expresión serena en su rostro. Cuando el joven se levantó del suelo después de unos quince minutos, estaba completamente liberado del espíritu de la epilepsia.

Mantuvimos contacto con el joven durante varios años después de ese incidente, y nos alegra informar que no había vuelto a tener otra convulsión epiléptica desde ese encuentro. Ya no estaba tomando ningún medicamento recetado y ahora podía obtener una licencia de conducir, lo cual nunca se le permitió debido a la epilepsia. En este caso, el don dado por Dios del Discernimiento de espíritus, operando en conjunción con la omnipotencia de Dios, liberó a este joven de una enfermedad que lo había aquejado toda su vida. ¡Demos toda la gloria a Dios, porque Él es digno!

En resumen, el Discernimiento de espíritus no es perspicacia psicológica, ni lectura de mentes. No es el poder para discernir defectos, la habilidad para examinar el carácter de una persona, o para exponer los pensamientos del corazón. Tampoco es discernir personas, porque todas estas acciones están prohibidas en las Escrituras. "No juzguéis, para que no seáis juzgados" (Mateo 7:1, KJV). El Don se llama Discernimiento de espíritus y trata con los espíritus que operan en el ámbito espiritual. Para no ser redundante, permítanme señalar que el Don del Discernimiento de espíritus no se limita al discernimiento de espíritus malignos. Es una percepción sobrenatural del mundo espiritual. Trata con espíritus que existen en el reino espiritual, ya sean humanos, satánicos o divinos. Estas diferentes fuerzas espirituales nos influencian para manifestar ciertas características, ya sean buenas o malas, normales o anormales.

Los usos del Don del Discernimiento de espíritus son evidentes, y los usos en la actualidad son los mismos que a lo largo de la historia bíblica.

1. El Discernimiento de espíritus ayuda en liberar a los afligidos, oprimidos y atormentados. La posesión y opresión demoníaca son responsables hoy en día de más casos de trastornos mentales de los que la mayoría de la gente se da

cuenta. Las mentes todavía son destrozadas y conducidas por "espíritus crueles y tormentosos" (Marcos 5:5; Lucas 9:39), donde las personas son impulsadas a arrebatos de ira, forzadas a actos de violencia que parecen incomprensibles, o alentadas a cometer los mayores actos de autodestrucción. Los corazones juveniles son impulsados por "espíritus inmundos" (Hechos 5:16) hacia conversaciones repugnantes y comportamientos obscenos que resultan en enfermedades incurables. El poder de la palabra es robado por "espíritus mudos", la luz del día es oscurecida por "espíritus ciegos", y las voces de amigos queridos son acalladas por "espíritus sordos" (Mateo 12:22; Marcos 9:17, 25). Cuerpos enteros o miembros individuales son distorsionados y retorcidos por "espíritus de enfermedad" (Lucas 13:11, 16). Estas no son solo enfermedades que los médicos o psicoterapeutas están equipados para manejar. Cualquier creyente que posea el Don del Discernimiento de espíritus y que esté operando en el poder de Dios no solo está equipado para manejar a aquellos bajo el poder de Satanás, sino que se le ordena hacerlo y, al obedecer a Dios, curarlos.

Algunos de ustedes pueden estar preguntándose ahora mismo: "¿Está diciendo este predicador que todas las enfermedades son debido a espíritus malignos?" ¡No, para nada! Las Escrituras dejan muy claro que muchas lo son. El Don del Discernimiento de espíritus trabajando en conjunto con los otros Dones del Espíritu sirven para distinguir cuáles lo son y cuáles no lo son. Solo a través del Don del Discernimiento de espíritus podemos decir si una enfermedad es el resultado de un componente que no funciona, opresión demoníaca o el juicio de Dios. Por ejemplo, un oído sordo puede ser causado por un tímpano roto, daño severo al nervio acústico, o puede ser que se tenga un sistema acústico saludable y bien funcionante que esté cautivo en las garras de un espíritu opresor maligno, o podría ser como resultado del juicio de Dios (Números 12).

Toda enfermedad, ya sea de la mente o del cuerpo, está representada en las Escrituras como opresión. Opresión simplemente significa ejercer control sobre algo, ya sea que ese control sea ejercido por Dios, lo que llamamos juicio de Dios (Números 12; Hechos 12:21-25), o controlado por el diablo (Hechos 10:38; Lucas 13:16). Este control puede ser sobre las acciones que causan una enfermedad o sobre la enfermedad misma. Por ejemplo, todos saben lo adictivo que puede ser fumar, eso es opresión. El cáncer de pulmón, resultado natural del tabaquismo, no necesariamente es obra de un demonio opresor, sino más bien debido a la práctica poco saludable de fumar.

La diabetes es otro ejemplo de esto. En nuestro ministerio, al igual que en otros ministerios llenos del Espíritu, hay muchos casos documentados de personas con diabetes que son liberadas de un espíritu de diabetes. Por otro lado, tenemos la obesidad, que se debe al consumo descontrolado e indisciplinado de alimentos (que es una opresión maléfica) y que puede causar diabetes. Una vez que se controla el consumo de alimentos y se siguen los procedimientos médicos adecuados, la diabetes a menudo disminuye. Hermanos, ya sea que la opresión sea la causa o el efecto, debemos entender que el Espíritu Santo tiene autoridad sobre todas las áreas del ser humano, ya sea espiritual, física o psicológica. El Discernimiento de espíritus nos permite saber sobre qué área está controlando el demonio. Como resultado de ese conocimiento, sabemos exactamente cómo implementar una cura.

2. El Discernimiento de espíritus ayuda a descubrir un siervo del diablo (Hechos 13:8-12). Imagina estar en el trabajo o en la iglesia y hay una persona que, cuando se acerca, sientes opresión. Inmediatamente se va tu alegría cuando

esa persona está cerca. Además, es la que más problemas te causa y siempre está en tu cara cuando cometes un error. Esta persona podría ser tu jefe, un compañero de trabajo o incluso un miembro de la familia. ¿No sería una bendición entender exactamente qué está provocando que esta persona actúe de esa manera? ¿No sería más fácil orar y liberar a esa persona si supieras qué espíritu maligno está obrando en él? ¿No sería una bendición reconocer un espíritu maligno en funcionamiento en tu iglesia? ¿O tal vez hay espíritus malignos que están trabajando para restringir la alabanza y adoración, o incluso el funcionamiento de los Dones mismos? ¿Qué tal la bendición de poder reconocer falsos Cristos, falsos profetas, falsos maestros, falsos apóstoles o falsos hermanos? Cuando el Don de Discernimiento de espíritus está en funcionamiento, la capacidad de reconocer estos falsos y engañosos espíritus nos permitirá no ser llevados por doquier por cualquier viento de doctrina. A través del Don de Discernimiento de espíritus, los siervos del diablo son reconocibles.

3. El Discernimiento de espíritus ayuda a verificar los planes del adversario. En Hechos 16:16-18, es interesante notar que el término griego para el "espíritu de adivinación" (Hechos 16:16) es "píton", que era un oráculo representado por una pitón. La adivinación es la adivinación o la brujería. Estos demonios inspiran la idolatría. Observa a quién llama Apocalipsis 12:9 la serpiente. "Y fue lanzado fuera el gran dragón, la serpiente antigua, que se llama diablo y Satanás, el cual engaña al mundo entero; fue arrojado a la tierra, y sus ángeles fueron arrojados con él". El diablo mata y destruye; todos lo sabemos. Entonces, ¿cómo se evitarán los intentos de Satanás de destruirnos? Los evitamos mediante el Don de Discernimiento de espíritus. A través de este Don, podemos reconocer al atacante y detener sus ataques en sus primeras etapas.

4. El Discernimiento de espíritus ayuda a desenmascarar a los obradores de milagros demoníacos (2 Tesalonicenses 2:9). Dondequiera que haya poder y verdad de Dios, debe haber "señales y prodigios mentirosos" satánicos. El éxito del engaño está en su semejanza con lo verdadero. Aparte de los Dones de Discernimiento de espíritus, los propios elegidos serían engañados por "espíritus de demonios que hacen señales" (ver Apocalipsis 16:14).

Un ejemplo de señales satánicas y prodigios mentirosos se puede encontrar en Éxodo 7 y 8. Los primeros tres milagros que Dios realizó a través de Moisés, la vara de Moisés convirtiéndose en serpiente, el agua convirtiéndose en sangre y la plaga de ranas, fueron todos duplicados por los magos del faraón. No fue hasta la cuarta plaga, la plaga de piojos, que los magos se dieron cuenta e informaron al faraón que estas señales eran obra del único Dios vivo y verdadero. La revelación llegó cuando los magos no pudieron duplicarla ni detenerla con sus encantamientos y poderes mágicos. "Los magos intentaron con sus encantamientos sacar los piojos, pero no pudieron. Así que hubo piojos tanto en personas como en animales. Entonces los magos dijeron a Faraón: 'Esto es el dedo de Dios'. Pero el corazón de Faraón se endureció, y no los escuchó, tal como el Señor había dicho" (Éxodo 8:18-19).

5. El Discernimiento de espíritus también nos ayuda a exponer errores en la doctrina (1 Timoteo 4:1, 2 Pedro 2:1). "Espíritus seductores" y "espíritus mentirosos" son responsables de las "doctrinas de demonios" y "herejías perniciosas". Muchos de estos "espíritus mentirosos" y "doctrinas de demonios" provienen de hombres y mujeres vestidos con ropas y parados en púlpitos por todo el mundo. Se nos advirtió que esto sucedería. 2 Timoteo 4:3-4 dice: "Porque vendrá tiempo cuando no sufrirán la sana doctrina, sino que teniendo comezón de oír, se amontonarán maestros

conforme a sus propias concupiscencias, apartarán de la verdad el oído y se volverán a las fábulas". Muchos apartarán el oído de la verdad y se volverán a las fábulas. ¿Por qué? Porque están satisfechos siendo perezosos. Prefieren que alguien en una túnica, parado en un púlpito, les diga qué es la verdad en lugar de tomar el tiempo y el esfuerzo necesarios para estudiar correctamente la Palabra de Dios. ¿Por qué crees que se nos da el mandato de "esforzarte por presentarte a Dios aprobado, como obrero que no tiene de qué avergonzarse, que usa bien la palabra de verdad" (2 Timoteo 2:15)?

Hubo un hombre que conocí que amaba debatir la Biblia; una vez me dijo que nunca la había estudiado y no estaba seguro de si lo que yo le decía sobre ella era verdad. Le di referencias bíblicas para que las buscara, las cuales demostrarían que yo le decía la verdad. Objetó diciendo que no las buscaría porque entonces sería responsable del conocimiento. Cuando le pedí que explicara qué quería decir, me dijo que en su religión el sacerdote era responsable de decirle la verdad. Su responsabilidad era obedecer al sacerdote, eso era todo. Si el sacerdote se equivocaba, entonces él sería responsable de haberse dejado llevar por mal camino. Sin embargo, si buscaba las referencias, primero, desobedecería al sacerdote y, segundo, sería responsable de lo que descubriera. Por lo tanto, prefería dejar que el sacerdote le dijera qué es la verdad, de esa manera Dios no podría responsabilizarlo por ningún error. ¡Suena absurdo, ¿verdad?! Hoy en día, muchos cristianos hacen lo mismo, quizás sin darse cuenta. ¿Cuándo fue la última vez que dedicaste tiempo suficiente a estudiar, no solo leer, sino estudiar realmente la Biblia? ¿Cuándo fue la última vez que buscaste en la Biblia para comprobar la veracidad de la información que tu sacerdote o pastor te estaba entregando?

Un amigo nuestro pastor, que tenía una gran iglesia en Beaumont, Texas, nos contó que el Señor le ordenó a él y a sus ancianos hacer un ayuno de veintiún días. En el último día del ayuno, se les instruyó celebrar una reunión de oración durante todo el día en la iglesia. En esa reunión de oración, el pastor y los ancianos de la iglesia recibieron una visión similar, que él nos relató. La visión mostraba a un hombre corriendo a través de un lago de fuego, alcanzando a agarrar a las personas por el cabello y levantándolas de las llamas. Luego miraba sus rostros y las arrojaba de nuevo al fuego. Llenos de horror y conmoción, el pastor y los ancianos comenzaron a buscar fervientemente el rostro del Señor para la interpretación de la visión. El Señor les respondió diciéndoles que el hombre que corría a través de las llamas era un feligrés de una iglesia, buscando a su pastor que lo había guiado por el mal camino.

La moraleja de estas historias es que no podemos depender de nadie, excepto de Cristo a través del Espíritu Santo, para guiarnos a toda la verdad. Esto no quiere decir que no debamos buscar verdaderos pastores y líderes temerosos de Dios, porque Dios nos manda a reunirnos (Hebreos 10:25) bajo líderes ordenados por Dios. Recuerden que los apóstoles, profetas, evangelistas, pastores y maestros son dones enviados por Dios para cuidar del cuerpo de Cristo (ver Efesios 4:12-16). Si nos volvemos perezosos o permitimos que la incredulidad, la complacencia y el miedo nos impidan buscar la revelación de la verdad, ya sea mediante el estudio en oración o a través de líderes ordenados por Dios, se abre la puerta a "espíritus mentirosos" y "doctrinas de demonios." Recuerden que el diablo puede aparecer como un ángel de luz (2 Corintios 11:14). Si no oramos por el don de "Discernimiento de espíritus," que nos permite reconocerlo y entender su "modus operandi" (su modo de operación), merecemos el mismo destino que el hombre corriendo por las llamas buscando al pastor que lo guió por el mal camino.

En este punto, sugiero que lean 2 Timoteo 2:15 y 2 Timoteo 4:3-4 nuevamente y descubran lo que dicen estas Escrituras. ¿Estás dependiendo de alguien más para que te diga lo que él o ella piensa que es la verdad, o estás estudiando para presentarte aprobado ante

Dios, dejando que Dios te diga exactamente cuál es la verdad? No estamos diciendo que nunca debas asistir a la iglesia o escuchar al pastor, ¡Dios no lo quiera! (Lee Romanos 10:14 y Hebreos 10:25). Lo que estamos diciendo es que nunca debemos dar por sentado que todo lo que sale del púlpito, ya sea en nuestra iglesia, en la televisión o en la radio, debe ser tomado al pie de la letra. Lo que se predica debe ser examinado y estudiado por su validez como verdad. Jesús dijo que el Espíritu Santo nos guiará a toda la verdad (Juan 10:13-14). Ora sobre cada mensaje que escuches y deja que el Espíritu Santo confirme lo que se proclama como verdad.

Si más cristianos buscaran fervientemente a Dios para la operación del don de Discernimiento de espíritus, imaginen cuántas almas se salvarían del error, a raíz de personas como Teudas en Hechos 5:36, Jim Jones (Jonestown), David Koresh (Waco, Texas), Sun Myung Moon (la Iglesia de la Unificación), Joseph Smith Jr. (mormonismo), Charles Taze Russell (Testigos de Jehová), Mary Baker Eddy (Ciencia Cristiana), Herbert W. Armstrong (El Mundo de Mañana), y muchos otros.

Amados, la mera existencia del Don de Discernimiento de espíritus prueba más allá de toda duda razonable, la realidad presente de los espíritus malignos. Están arruinando y torturando vidas humanas tan cruelmente como en los días del Señor. Miren el periódico o vean la televisión, y con demasiada frecuencia verán el mal que los hombres hacen. Las crueldades inhumanas infligidas a otros por hombres, mujeres y niños malvados son todas influenciadas y dirigidas por espíritus malignos. Hasta que Jesús regrese, estamos en una guerra mortal y sin fin por las almas eternas de los hombres. Esta guerra, librada por espíritus mentirosos y seductores, ya ha destruido y está destruyendo a incontables millones. Si no se nos abren los ojos como al siervo de Eliseo en Dotán (2 Reyes 6:13-17), todos sufriremos pérdidas tremendas y devastadoras.

Debemos, ante todo el mal que nos rodea, buscar fervientemente dones como estos que liberarán a los esclavizados y atormentados por el poder del diablo. ¡Son aquellos por quienes Cristo murió! Es la incredulidad, la complacencia, el miedo y el deseo abrumador de paz lo que mantiene a la cristiandad en un estado de falsa tranquilidad y comodidad, al mismo tiempo que no permite que sus ejércitos salgan y rescaten a los que están siendo retenidos tras las puertas del infierno. ¿Acaso no saben, hermanos, que las puertas del infierno no prevalecerán contra "nosotros" (Mateo 16:28b)? "Y que Dios nos ha dado las llaves del reino de los cielos, y todo lo que atemos en la tierra será atado en el cielo, y todo lo que desatemos en la tierra será desatado en el cielo" (Mateo 16:29). No nos dio esta autoridad para quedarnos de brazos cruzados y no hacer nada. Por lo tanto, dejémonos…,

> Pónganse toda la armadura de Dios para que puedan hacer frente a las artimañas del diablo. Porque no luchamos contra carne y sangre, sino contra principados, contra potestades, contra los gobernantes de las tinieblas de este siglo, contra huestes espirituales de maldad en las regiones celestes. Por lo tanto, tomen toda la armadura de Dios para que puedan resistir en el día malo, y habiendo acabado todo, estar firmes"
>
> Efesios 6:11-13

En este grupo particular de Dones, Dios a través del Espíritu revela información que es beneficiosa para la instrucción y guía. Esta información abarca una amplia variedad de áreas, tales como espiritual, física, emocional y psicológica. La información que se revela al conocimiento finito del hombre proviene directamente de la sabiduría infinita y la presciencia de Dios y puede referirse al pasado, presente o futuro. Esta información puede ser general (respecto a un grupo, iglesia, ciudad, estado, nación, etc.) o específica (respecto a un individuo). Señor, permite que tu amor nos impulse a desear desesperadamente estos Dones. No para nuestro propio beneficio, sino para todos aquellos afligidos por el mal. ¡Amén!

Esto completa nuestro estudio sobre los Dones de Revelación. Dios revela, a través de la Palabra de Conocimiento, cierta información respecto al pasado y presente, a través de la Palabra de Sabiduría se da información concerniente al futuro, y por medio del Discernimiento de espíritus tenemos la capacidad de detectar y reconocer espíritus, lo cual nos permite operar con seguridad en el ámbito espiritual.

Preguntas Del Capítulo
Para Ayudar A Tu Estudio

1. ¿Cuál es la cosa más importante que recordar sobre los Dones Espirituales?

2. La Palabra de Sabiduría siempre concierne eventos futuros que rodean a una persona o personas, un lugar o lugares, o una cosa o cosas. Verdadero o Falso

3. La Palabra de Sabiduría es para la revelación de Su voluntad no revelada y la declaración de Sus propósitos ocultos aparte de Su Palabra. Verdadero o Falso

4. La Palabra de Sabiduría, sin embargo, nos dará una pequeña visión del futuro. No es un don de expresión, sino de _____.

5. Da algunos ejemplos bíblicos de la Palabra de Sabiduría.

6. La Palabra de Sabiduría, una vez pronunciada, no está escrita en piedra, el resultado puede cambiar. Verdadero o Falso

7. La Palabra de Conocimiento siempre concierne hechos pasados o presentes. Verdadero o Falso

8. La Palabra de Conocimiento y la Palabra de Sabiduría, aunque totalmente diferentes, pueden trabajar juntas. Verdadero o Falso

9. Da algunos ejemplos bíblicos de la Palabra de Conocimiento.

10. "Discernimiento de espíritus" posee un rango mucho más limitado que los otros dos. Verdadero o Falso

11. "Discernimiento de espíritus" no es una percepción psicológica, ni es leer la mente. No es el poder de discernir faltas, el carácter o los pensamientos del corazón; ni siquiera es el discernimiento de personas. Verdadero o Falso

12. Da algunos usos para el Don de Discernimiento.

LOS DONES DE PODER

Ahora hemos llegado al segundo grupo de Dones Espirituales, "Los Dones de Poder." Entre estos están la Sanidad, los Milagros y la Fe. Se les llama los Dones de Poder porque crean, generan o producen algo. Son de origen sobrenatural y van mucho más allá de cualquier habilidad del hombre.

1. Los Dones de Sanidad (Hechos 3:1-9).
    Ahora Pedro y Juan subieron juntos al templo a la hora de la oración, la novena hora. Y un cierto hombre cojo de nacimiento era llevado, a quien ponían cada día a la puerta del templo que se llama la Hermosa, para pedir limosna de los que entraban en el templo; quien, al ver a Pedro y a Juan por entrar en el templo, les pidió limosna. Entonces Pedro, con Juan, fijando los ojos en él, dijo: "Míranos." Y él les prestó atención, esperando recibir algo de ellos. Pero Pedro dijo: "No tengo plata ni oro, pero lo que tengo te doy: En el nombre de Jesucristo de Nazaret, levántate y anda." Y tomándolo por la mano derecha, lo levantó, y al instante sus pies y tobillos recibieron fuerza. Y levantándose de un salto, se puso en pie y anduvo, y entró con ellos en el templo, andando, saltando y alabando a Dios. Y todo el pueblo lo vio andar y alabar a Dios.

Ninguna habilidad del hombre podría haber dado inmediatamente suficiente fuerza a los pies y huesos del tobillo del hombre, para que por primera vez en toda su vida pudiera caminar y saltar al aire sin ninguna práctica previa.

2. El Don de los Milagros (Josué 10:12-14).

El SEÑOR entregó a los amorreos delante de los hijos de Israel, y dijo en presencia de Israel: "Sol, detente sobre Gibeón, y tú, Luna, en el valle de Ayalón". Así que el sol se detuvo y la luna se paró hasta que la gente tomó venganza de sus enemigos. ¿No está escrito esto en el libro de Jaser? Y el sol se detuvo en medio del cielo y no se apresuró a ponerse durante casi un día entero. Y no ha habido día como ese, ni antes ni después de él, en que el SEÑOR haya escuchado la voz de un hombre, porque el SEÑOR peleó por Israel.

Aún en esta era de avances tecnológicos ilimitados, no poseemos la capacidad de hacer que el sol se detenga o hacer que la luna se detenga en su órbita. Esto fue verdaderamente un milagro realizado por el poder de un Dios omnipotente, que escuchó la oración de su fiel siervo Josué.

3. El Don de la Fe (Daniel 3:13-18).

Entonces Nabucodonosor, lleno de ira y furia, dio la orden de traer a Sadrac, Mesac y Abednego. Así que trajeron a estos hombres delante del rey. Nabucodonosor les habló, diciendo: "¿Es verdad, Sadrac, Mesac y Abednego, que no sirven a mis dioses ni adoran la imagen de oro que he levantado? Ahora bien, si cuando oigan el sonido del cuerno, la flauta, la arpa, la lira, el laúd, la gaita y toda clase de música, están dispuestos a postrarse y adorar la imagen que he hecho, bien. Pero si no la adoran, en ese mismo instante serán echados en medio del horno de fuego ardiendo. ¿Y qué dios será el que los libre de mis manos?" Sadrac, Mesac y Abednego respondieron al rey: "Oh Nabucodonosor, no tenemos necesidad de responderte en este asunto. He aquí, nuestro Dios a quien servimos puede librarnos del horno de fuego ardiendo, y nos librará de tu mano, oh rey. Pero si no, sepas, oh rey, que no serviremos a tus dioses ni adoraremos la imagen de oro que has levantado..

Sadrac, Mesac y Abednego tuvieron una fe sobrenatural para creer que su Dios los salvaría del horno de fuego ardiente de una forma u otra. Salieron del horno de fuego sin ninguna lesión. Ni siquiera olían a humo, algo que muchos Cristianos hoy en día no pueden decir.

Ahora que se ha dado un ejemplo de cada uno, examinemos más a fondo los Dones de Poder.

Los Dones de Sanidades.

Primero, debemos notar la importante pluralidad en su título. No es el Don de Sanidad; son los Dones de Sanidades. En 1 Corintios 12, el idioma original pone los dos sustantivos "Dones y Sanidades" en forma plural (versículos 9, 28, 30). Por lo tanto, serán referidos como tales a lo largo de este estudio. La razón por la cual estos dos sustantivos están en plural no se encuentra en ningún lugar de las Escrituras. Muchos colegas destacados con un ministerio de sanidad creen que existen diferentes dones para diferentes tipos de enfermedades. Han observado que tienen relativamente buen éxito sanando ciertos tipos de enfermedades, mientras que tienen poco o ningún éxito en sanar otras. Un ejemplo de ello se puede encontrar en el ministerio de Smith Wigglesworth. Sabemos que este hombre de Dios fue utilizado para resucitar al menos a tres personas. Se dijo de él por su amigo cercano y compañero de ministerio, Charles Duncombe, que cada vez que encontraba a alguien afligido con bocio, el Sr. Wigglesworth se emocionaba mucho porque tenía un gran éxito con ese tipo de aflicción, ya que nunca vio un bocio que no pudiera sanar. Otro ejemplo similar es Kenneth E. Hagin, quien escribió en su libro sobre el Espíritu Santo y los Dones que:

> ...en mi propio ministerio, las rupturas, crecimientos, hernias o bultos de cualquier tipo casi siempre se sanan cuando oro por las personas. Una vez llevé un registro en cada reunión que tuve

durante varios años. Y en noventa y nueve casos
de cada cien, este tipo de aflicciones finalmente
fueron todas sanadas.[14]

Aunque no hay explicación en las Escrituras sobre por qué
las palabras "dones" y "sanidades" están en plural, algo se sabe
acerca de los Dones, y es que son para la curación sobrenatural de
enfermedades sin medios naturales. Son manifestaciones milagrosas
del Espíritu de Dios para la eliminación de todos los males humanos,
ya sean orgánicos, funcionales, nerviosos, agudos o crónicos, y
estos Dones de Sanidades se dan libremente a todos los creyentes.

El Señor mismo destacó los Dones de Sanidades con sus
innumerables actos de sanación y otros trabajos (Juan 21:25).
Hizo que "sanar a los enfermos" fuera parte del gran mandamiento
(Marcos 16:15-18). También les dijo a sus discípulos que "sanar a los
enfermos" debería acompañar la predicación del Evangelio (Mateo
10:7-8) y que la predicación del Evangelio sería confirmada por los
Dones de Sanidades, así como por otras señales (Marcos 16:18-20).

Aquí están algunos otros propósitos de los Dones de Sanidades.

1. Destruir las obras del diablo en el cuerpo humano (Mateo
   8:3-7; Hechos 10:38).
2. Establecer las afirmaciones de Jesús sobre quién es Él (Juan
   10:36-38).
3. Establecer la resurrección (Hechos 3:15-16).
4. Acercar a las personas a Jesús (Juan 6:2).
5. Traer gloria a Dios (Marcos 2:12, Lucas 13:17).

Los Dones de Sanidades pueden verse operando de varias
maneras diferentes.

1. Por la fe del ministro (Mateo 8:16, 9:25; Marcos 5:21-43;
   Lucas 4:18). Esto puede incluir la unción con aceite y la
   imposición de manos.

2. Por la fe del individuo (Mateo 9:27-29; Marcos 5:24-34; Lucas 18:35-43). Esto puede incluir acciones individuales como extender un brazo marchito (Mateo 12:10-13), levantarse y andar (Juan 5:1-9), lavarse en un río (2 Reyes 5:1-10) o en una piscina (Juan 9:1-11).

3. Intercesión; la Oración de Fe (Mateo 8:5-13, 9:18-22; 15:22-28; Marcos 2:1-5, 9:20-22; Santiago 5:15-16).

4. Uso de objetos inanimados como la sombra de Pedro (Hechos 5:13-15) o el pañuelo de Pablo (Hechos 19:11-12).

Los Dones de Sanidades son administrados por hombres que están ungidos por el Espíritu Santo. Un elemento esencial en el ministerio de los Dones de Sanidades es la fe. La fe es el combustible indispensable en la sanidad, y es importante señalar que los Dones no funcionan indiscriminadamente a voluntad del poseedor. No todo ciego, sordo o enfermo puede ser sanado a voluntad. Los pórticos de Betesda estaban llenos de enfermos, y todos creían en la sanidad divina, ya que todos esperaban a un ángel para agitar las aguas y recibir su milagro de sanidad (Juan 5). El ministro en esa ocasión fue el Señor mismo, el que estaba supremamente dotado con el poder del Espíritu para sanar. Sin embargo, solo uno fue sanado realmente, el que entró en contacto con el Maestro mismo. En otras palabras, todas las sanidades son por el Espíritu como Él quiere y cuando Él quiere (1 Corintios 12:1-12). Esto también se confirma en 1 Corintios 12, donde seis veces en los primeros doce versículos se dice que el Espíritu Santo es quien da y opera los Dones como Él quiere, cuando quiere y a quien quiere..

Un último punto, no todos reciben los Dones de Sanidades. Son, nuevamente, según la voluntad del Espíritu. Observa 1 Corintios 12:27-30.

"Ahora bien, vosotros sois el cuerpo de Cristo, y miembros cada uno en particular. Y a unos puso Dios en la iglesia, primeramente apóstoles, luego profetas, lo tercero maestros; luego los que hacen milagros, después los que tienen dones de sanidad, los que ayudan, los que administran, los que hablan diversas lenguas. ¿Son todos apóstoles? ¿Son todos profetas? ¿Son todos maestros? ¿Hacen todos milagros? ¿Tienen todos dones de sanidad? ¿Hablan todos lenguas? ¿Interpretan todos?"

Obviamente, la respuesta a la que Pablo aludía era no. No todos eran apóstoles, profetas o maestros. Por lo tanto, lógicamente se sigue que no todos realizan milagros o tienen dones de sanidad. Solo somos vasos que el Espíritu Santo usa, si estamos disponibles para ser usados. Es un hecho bien conocido que Dios no busca habilidad sino disponibilidad. Si deseas ser usado por Dios en cualquier área, incluyendo esta, tiene sentido que primero debes creer, segundo debes estar disponible y tercero debes recibir el don mismo.

¿Cómo sabe alguien si posee los dones de sanidad? Podrías pensar que la respuesta a esta pregunta comúnmente formulada es extremadamente complicada y está llena de numerosas pruebas y pasos a seguir. Algunos ministros llegan incluso a vender libros explicando la respuesta a esta pregunta. Incluso te dan un formato paso a paso para seguir. Sin embargo, la respuesta verdadera no es complicada; no hace falta un libro entero lleno de pruebas y pasos a seguir para saber si tienes este don. Por el contrario, es bastante simple.

"Ir por todo el mundo y predicar el evangelio a toda criatura. El que creyere y fuere bautizado será salvo; mas el que no creyere será condenado. Y estas señales seguirán a los que creen: En mi nombre echarán fuera demonios; hablarán nuevas lenguas; tomarán en las manos serpientes, y si bebieren cosa mortífera no les hará daño; sobre los enfermos pondrán sus manos, y sanarán." (Marcos 16:15-18, KJV).

Observa las dos secciones en cursiva de este pasaje. Tomadas juntas, nos dicen que estas señales siguen a la obediencia, y una de esas señales es la sanidad. ¿Estás en obediencia fervorosa a este mandato? Si es así, ¿ves cómo Dios te usa para sanar a aquellos por los que oras? ¿Vives tu vida en un estado perpetuo de disponibilidad para Dios y encuentras que Dios te hace consciente agudamente de extraños con enfermedades? ¿Encuentras la valentía para orar por ellos y son sanados? Entonces es una buena posibilidad que tengas los Dones de Sanidades. Por otro lado, si no estás en obediencia fervorosa a este mandato, ¿cómo puedes saber si lo tienes o no? El apóstol Ron Miller de la Red del Pacto de Sal dijo una vez: "Si una persona quiere ver lo milagroso, debe ir. ¡Si no va, lo milagroso no va!"

El Funcionamiento de los Milagros.

Antes de que podamos abordar claramente cualquier estudio sobre el Funcionamiento de los Milagros, y antes de intentar siquiera una definición precisa, debemos examinar cuidadosa y exhaustivamente la palabra "milagro" en sí misma. El profesor T. H. Huxley expresó la necesidad de una definición precisa cuando escribió:

> El primer paso en esto, como en todas las demás discusiones, es llegar a una comprensión clara del significado del término empleado. La argumentación sobre si los milagros son posibles, y si lo son, si son creíbles, es simplemente dar golpes en el aire hasta que los argumentadores hayan acordado qué entienden por la palabra "milagro."[15]

La idea general es que un milagro es algo maravilloso o inusual, un evento, experiencia o descubrimiento tan singular y extraño como para despertar en uno el sentimiento de asombro. Por ejemplo, fenómenos naturales e incluso eventos históricos a menudo se etiquetan como "milagros". Si un amigo escapa de la muerte en un accidente de avión o automóvil, solemos decir: "fue un milagro que no haya sido matado". A menudo se hace referencia al curso ordinario de la naturaleza como un milagro de Dios. El uso de la palabra "milagro" para definir eventos como estos ha depreciado la profundidad del significado de la palabra.

¿Cuál es exactamente la definición de la palabra "milagro"? Un milagro es una obra realizada por un poder divino, con un propósito divino, por medios que están más allá de la comprensión y habilidad del hombre. Los milagros son obras que van en contra de las leyes de la naturaleza. La definición de Webster de un milagro es clara y concisa: "un evento o efecto en las leyes físicas de la naturaleza, o que trasciende nuestro conocimiento de estas leyes, un evento extraordinario, anómalo o anormal causado por una agencia superhumana" (Énfasis añadido).[16] Herbert Lockyer definió un milagro diciendo: "La concepción bíblica de un milagro es la de una obra extraordinaria de la deidad que trasciende los poderes ordinarios de la naturaleza y realizada en conexión con los fines de la revelación"[17] (Énfasis añadido). Harold Horton también da una definición de milagro.

> Un milagro es un acto soberano del Espíritu de Dios, independientemente de las leyes o sistemas. Un milagro no exige, como dicen algunos incrédulos cínicos, la existencia de una ley no descubierta para explicarlo. Un milagro no tiene otra explicación que el poder soberano del Señor. Dios no está limitado por Sus propias leyes. Dios actúa como quiere, ya sea dentro o fuera de lo que entendemos como leyes, ya sean naturales o sobrenaturales. Cuando en un acto repentino y soberano Dios sale del círculo por el cual Sus criaturas o creación están limitadas, lo llamamos un milagro. Así lo hace Dios en las Escrituras.[18]

Ahora llevemos nuestra definición de milagro un paso más allá. En cualquier fase del estudio bíblico, un examen detenido de las palabras utilizadas en el idioma original es de suma importancia para una comprensión más completa del significado de cualquier texto o palabra. Por esta razón, ahora consideraremos tres palabras que se utilizan para referirse a los milagros en sus idiomas originales, en un intento por iluminar con verdadera claridad y profundidad la definición de un milagro y, de esta manera, ayudar a definir aún más el Don del "Funcionamiento de los Milagros.

Teras. "Maravillas"

Esta palabra indica el estado mental producido en los testigos oculares por la visión de los milagros. No los milagros en sí, sino el estado mental producido por el milagro. En otras palabras, maravillarse, experimentar asombro o estar en reverencia. El carácter extraordinario de un milagro demuestra a todos los que lo presencian la realidad y la cercanía de Dios con Su pueblo. Contemplar tal exhibición de poder va en contra de las expectativas previas y contradice cualquier ley natural con la que las personas estén familiarizadas. Sin embargo, estos milagros no deben considerarse simplemente como "maravillas" que producen un asombro momentáneo, sino para que la atención se dirija al autor del milagro, a su propósito y a su apelación espiritual interna. Frederic Louis Godet, teólogo bíblico del siglo XX, expresó su opinión sobre su propósito al decir;

> Los milagros de Jesús no son meros prodigios (en griego, teras) destinados a impresionar la imaginación. Existe una estrecha relación entre estos hechos maravillosos y la persona de aquel que los realiza. Son emblemas visibles de lo que Él es y de lo que viene a hacer, imágenes que surgen como rayos del milagro permanente de la manifestación de Cristo.[19]

Una palabra de advertencia debe ser dada en este punto. Aunque la palabra "teras" o "maravillas" se usa trece veces en el Nuevo Testamento, solo nueve veces se refiere a la manifestación divina y la operación de Dios. Cuatro veces se refiere a la manifestación y operación del diablo a través de agentes humanos (Mateo 24:24, Marcos 13:22 y 2 Tesalonicenses 2:9-10). Estas manifestaciones y operaciones se llaman señales y maravillas mentirosas. Muchos seguirán estos milagros falsos porque, como explica 2 Tesalonicenses 2:10b, "no recibieron el amor de la verdad para ser salvos". (Ver Éxodo 7:11, 22; 8:7; 2 Juan 7; Apocalipsis 13:11-16; 16:12-14; 19:20). ¿Cómo puedes saber qué es de Dios y qué no lo es? La respuesta simple es: Conoce a Dios, conoce la verdad; no conoce a Dios, no conoce la verdad. La Biblia nos dice que el Espíritu de Dios nos guiará a toda verdad (Juan 16:13). El Espíritu Santo viene solo cuando se le invita a venir. Llama a Dios, por lo tanto, arrepiéntete de tus pecados (Hechos 17:13), invita a Cristo a tu vida y vive en rectitud (Apocalipsis 3:20), y el Espíritu Santo de Dios dará testimonio de la verdad (Romanos 8:6). Luego, ora y estudia la palabra de Dios para encontrar la verdad. Jesús dijo: "Santifícalos en tu verdad; tu palabra es verdad" (Juan 17:17). (Ref. 2 Timoteo 3:16-17.)

Semeion. "Señales"

Aquí tenemos una palabra que lleva consigo una referencia particular al significado de los milagros, nuevamente, no el milagro en sí mismo, sino el significado producido como resultado del milagro. La diferencia entre una señal y una maravilla es que una señal está destinada a apelar al entendimiento, mientras que una maravilla apela a la imaginación. Las señales son sellos o credenciales mediante los cuales Dios se autentica como el obrador de milagros. Una señal debe ser vista como un símbolo o indicación de la cercanía y acción de Dios, así como prueba de Su autenticidad y de Su revelación. Por ejemplo, el arco iris que Dios colocó en el cielo fue dado a Noé como señal eterna o sello de un pacto perpetuo en el cual Dios prometió nunca más destruir la tierra con un diluvio (Génesis 9:12-14). Cada vez que vemos un arco iris, entendemos que Dios está reafirmando Su pacto eterno. La circuncisión es otra señal de este tipo (Génesis 17:10-11).

Los milagros de Cristo fueron señales, marcas o garantías que indicaban que alguien más grande que las señales mismas existía. Isaías 7:11 dice: "Pide para ti señal de Jehová tu Dios, demandándola ya sea de abajo en lo profundo, o de arriba en lo alto". Isaías 38:7 dice: "Y esta será para ti la señal de parte de Jehová, de que Jehová hará esto que ha dicho". Las señales son actos legítimos, mediante los cuales el obrador de milagros podría reclamar ser representante de Dios.

> Cuando los hombres llegaron a Él, dijeron: "Juan el Bautista nos ha enviado a ti, diciendo: '¿Eres tú el que ha de venir, o esperamos a otro?'" En esa misma hora, Jesús sanó a muchos de enfermedades, plagas y espíritus malignos, y a muchos ciegos les dio vista. Jesús les respondió: "Id y contad a Juan lo que habéis visto y oído: que los ciegos ven, los cojos andan, los leprosos son limpiados, los sordos oyen, los muertos son resucitados, y a los pobres se les predica el evangelio.
>
> Lucas 7:20-22

Romanos 15:19 dice: "con señales y prodigios, y con el poder del Espíritu de Dios; de manera que desde Jerusalén, y por los alrededores hasta Ilírico, he llenado del evangelio de Cristo."

1 Corintios 2:4-5 afirma: "Mi palabra y mi predicación no consistieron en palabras persuasivas de sabiduría humana, sino en demostración del Espíritu y de poder, para que vuestra fe no esté fundada en la sabiduría de los hombres, sino en el poder de Dios."

Dunamis. "Poderes"

Dunamis se traduce como "milagros" así como "poderes" a lo largo del Nuevo Testamento. Es el poder o la capacidad intrínseca de origen sobrenatural usado para hacer obras por encima y totalmente separadas de las habilidades naturales del hombre. Los milagros manifiestan el poderoso poder de Dios, que estaba inherente en Cristo mismo, "el gran poder de Dios" (Hechos 8:10). En pocas palabras, la palabra "teras" o "Maravillas" se refiere al estado mental producido en los testigos por la vista de los milagros, o el asombro o admiración que sienten los testigos. Semeion se refiere al significado producido como resultado del milagro. Los signos otorgan autoridad o credenciales a quien presenta los milagros, mientras que dunamis señala la fuente sobrenatural del milagro, Dios mismo. Dunamis se traduce como "obras maravillosas" en Mateo 7:22, "obras poderosas" en Mateo 11:20; Marcos 6:14; y Lucas 10:13, o "milagros" en Hechos 2:22, 19:11; 1 Corintios 12:10, 28: y Gálatas 3:5.

Los tres de estas palabras examinadas anteriormente se usan en un versículo: Hechos 2:22. Consideremos este versículo para entender claramente cuál es el propósito exacto de los milagros.

> "Hombres de Israel, escuchad estas palabras: Jesús de Nazaret, varón acreditado por Dios entre vosotros con milagros [dunameσin], prodigios [terasiσn] y señales [semeiois], que Dios hizo por medio de él en medio de vosotros, como vosotros mismos sabéis.".

Observen cuidadosamente a qué apuntan estas tres palabras como el único propósito de los milagros. Ese propósito es acreditar, certificar y verificar, ante todo el mundo, que Jesucristo de Nazaret es el único medio que Dios ha dado a la humanidad para la salvación de sus almas. Lean el resto de Hechos 2 y también 1 Timoteo 2:5-6 para mayor clarificación: "Porque hay un solo Dios, y un solo mediador entre Dios y los hombres, Jesucristo hombre, el cual se dio a sí mismo en rescate por todos, de lo cual se dio testimonio a su debido tiempo."

Antes de concluir nuestra discusión sobre el don del "Trabajo de Milagros", debemos considerar primero, ¿cuáles son las divisiones de los milagros? Y segundo, ¿cuáles son los usos de los milagros?

1. ¿Cuáles son las divisiones de los milagros?
    A. Poder sobre la Naturaleza.
        -   Partida del Mar Rojo (Éxodo 14).
        -   Flotación de la cabeza de un hacha de hierro (2 Reyes 6:5-6).
        -   Llamado de fuego del cielo en el monte Carmelo (1 Reyes 18).
        -   Detención del sol en el cielo, por un día (Josué 10:12-13).
        -   Caminar sobre el agua (Mateo 14).
        -   Calmar la tormenta (Mateo 8:26-27).

    B. Poder sobre las Enfermedades.
        -   Sanación de la lepra (Mateo 8:3).
        -   Sanación del paralítico (Mateo 9:2~).
        -   Abrir ojos ciegos (Lucas 7:20-22.)
        -   Abrir oídos cerrados (Marcos 9:25).
        -   Sanar a los mudos (Mateo 15:31, Marcos 9:25).
        -   Sanación de una mano seca (Lucas 6:6-10).

    C. Poder sobre la Muerte.
        -   Enoc fue arrebatado (Génesis 5:21-24).
        -   Elías fue arrebatado (2 Reyes 2:11).
        -   Muerte de Nadab y Abiú (Levítico 10:1-2).
        -   Lázaro resucitó de entre los muertos (Juan 11:38-44).

- Muerte de Ananías y Safira (Hechos 5:1-10).
- Jesús resucitó de entre los muertos (Mateo 28:1-7).

D. Poder sobre los Demonios.
  - Niño con espíritu mudo (Marcos 9:17~)
  - María Magdalena (Lucas 8:2~).
  - Hombre en los sepulcros de los Gerasenos (Mateo 8:28~).
  - Hombre ciego y mudo (Mateo 12:22~)
  - Niño lunático (Lucas 9:38~)
  - Hombre poseído en la sinagoga (Lucas 4:31~).

2. ¿Cuáles son los usos de los milagros?
   A. Para Liberación Divina.
     - Escapar de Egipto (Éxodo 3~)

   B. Provisión para los necesitados.
     - Alimentación de la multitud (Mateo 14:13)

   C. Para llevar a cabo el juicio divino.
     - Nadab y Abiú (Levítico 10:1-2)
     - Ananías y Safira (Hechos 5:1-10)

   D. Para confirmar la Palabra predicada de Dios.
     - Elimas el mago (Hechos 13:8-12)
     - Marcos 16:20.

   E. Para liberación de situaciones inevitables de peligro.
     - Tempestad repentina en el mar (Mateo 8:23)

   F. Para resucitar a los muertos.
     - Lázaro (Juan 11:38-44)
     - El hijo de la viuda de Naín (Lucas 7:11-14)

G. Para mostrar el poder y la magnificencia de Dios.
- Jesús (Mateo 11:1-5; Juan 5:36-38, 10:25)
- El profeta Elías (2 Reyes 1:9~)
- El profeta Eliseo (2 Reyes 18:18)

El Don de la Fe.

El "Don de la Fe" es sin duda el más grande y confuso de los tres Dones de Poder. Una razón es que el "Don de la Fe" es solo uno de los cuatro tipos de fe que se encuentran en las Escrituras. Otra razón es que la palabra griega utilizada para todos estos cuatro "fe" es la misma, "Pistis". Esto hace que el estudio de estos tipos de fe sea muy difícil. Muchos creyentes no comprenden qué tipo de fe se está usando en cierto pasaje y confunden dónde termina una fe y comienza la otra. Por ejemplo, aunque una persona pueda tener fe para creer en la Biblia, no necesariamente significa que tenga fe salvadora. Y aunque una persona tenga fe salvadora, que solo puede venir como un don de Dios, no necesariamente significa que tenga el "Don de la Fe" descrito en 1 Corintios 12. Con eso en mente, es esencial que identifiquemos y aclaremos las diferencias entre estos cuatro Tipos de Fe.

Los cuatro tipos de fe son:

1. Fe Natural o General
2. Fe Salvadora
3. El "Fruto de la Fe" o Fidelidad
4. El "Don de la Fe"

1. Fe Natural o General.

La Fe Natural es dada por Dios (Romanos 12:3), de la misma manera que la sabiduría natural. Esta Fe Natural o General es bastante distinta de cualquier forma de fe divina, ya sea milagrosa o no milagrosa. La Fe Natural es la que el agricultor ejerce cuando siembra semillas, y el campesino utiliza cuando espera el fruto precioso de la tierra. Es la misma fe que ejercemos cada noche cuando nos acostamos a dormir después de hacer planes para el día siguiente. Nos dormimos creyendo plenamente que veremos el próximo día, aunque Dios nos dice: "Venid ahora los que decís: Hoy o mañana iremos a tal ciudad, y estaremos allá un año, y traficaremos, y ganaremos. Y no sabéis lo que será mañana. Porque ¿qué es vuestra vida? Ciertamente es neblina que se aparece por un poco de tiempo, y luego se desvanece" (Santiago 4:12-14).

La Fe Natural o General es el tipo de fe que toda persona tiene dentro de sí. No salva, incluso cuando recibe los hechos de la vida y muerte de Jesús. Es la fe que se encuentra en la mente a través de la repetición y el conocimiento: mientras que la fe salvadora es del corazón. Creer en el testimonio que Dios dio de su Hijo (1 Juan 5:10) significa no solo asentir mentalmente, sino pasar más allá de la fe natural al ámbito del compromiso; o lo que se llama "Fe Salvadora". La Fe Salvadora demanda un compromiso las 24 horas del día, los 7 días de la semana, con Cristo y su Palabra.

Déjame ilustrar este punto. Hace varios años, un hombre colocó una cuerda floja sobre las Cataratas del Niágara. Este acto atrajo mucha atención de los medios. El primer día, el hombre procedió a caminar sobre las cataratas en la cuerda floja usando una larga vara de madera para mantener el equilibrio. El segundo día, para asombro de la multitud, caminó sobre las cataratas sin la larga vara de madera. El tercer día, con la multitud asombrada, procedió a cruzar las Cataratas del Niágara empujando una carretilla. Cada día, antes de demostrar su maravilloso talento, preguntaba a la multitud si creían que podía hacerlo. La multitud respondía con un rotundo ¡sí! El cuarto día, el hombre colocó doscientas libras de arena en la carretilla. Preguntó nuevamente a la multitud si creían que podría cruzar las cataratas. Una vez más, la multitud respondió con un sonoro ¡sí, creemos! El último día de esta maravillosa exhibición, el hombre preguntó a la multitud si creían que podía poner a una persona en la carretilla y cruzar las cataratas. La multitud respondió entusiastamente ¡sí! Sin embargo, cuando pidió a la multitud de espectadores que se habían reunido en los días anteriores un voluntario, ninguna persona se ofreció para subirse a la carretilla.

Este es un ejemplo perfecto de la diferencia entre la Fe Natural o General y la Fe Salvadora. Creemos en nuestra mente, pero no estamos dispuestos a arriesgar nuestras vidas por lo que creemos y actuar según lo que decimos creer.

La Fe Natural o General es el tipo de fe que la mayoría de las personas que asisten a la iglesia hoy tienen en Cristo. Creen que Él es quien dice ser. Creen que murió por ellos. Incluso creen en el cielo, y en su mayor parte, creen en el infierno. Pero este tipo de fe no trae salvación. Recuerden que los demonios tienen este tipo de fe a la perfección. "Creen y tiemblan" (Santiago 2:19). Tienen una convicción que llega a una certeza positiva acerca de las cosas en las que la mayoría de las personas que asisten a la iglesia creen, por eso tiemblan. Sin embargo, los demonios, al igual que muchas personas que asisten a la iglesia, no están salvados. Tener Fe Salvadora sería equivalente a subirse a la carretilla.

2. "Fe Salvadora."

La fe salvadora es cuando voluntariamente pones tu vida en las manos de Dios, permitiendo que Cristo viva a través de ti. En otras palabras, uno debe dar credibilidad y autoridad a la convicción moral de las verdades religiosas, o a la veracidad de Dios. Sobre todo, significa confiar totalmente en Cristo para la salvación y ser consistente en esa profesión. Dios llama a esa consistencia "fidelidad."

Aunque es cierto que la Fe Salvadora es un don de Dios y la misma palabra griega se usa en 1 Corintios 12 para el Don de Fe, es distinta de la Fe Salvadora. La fe salvadora es un don divino necesario antes y fundamental para la salvación. Por otro lado, el Don de Fe es de naturaleza milagrosa y produce señales y milagros sobrenaturales. ¡Es solo para los creyentes! Solo puede recibirse después de la salvación..

La fe salvadora es lo que Pablo describe en Romanos 10:13-17 KJV. Observa que la fe salvadora viene solo al escuchar la Palabra de Dios.

> Porque todo aquel que invoque el nombre del Señor será salvo. ¿Cómo, pues, invocarán a aquel en quien no han creído? ¿Y cómo creerán en aquel de quien no han oído? ¿Y cómo oirán sin predicador? ¿Y cómo predicarán si no fueren enviados? Como está escrito: ¡Cuán hermosos son los pies de los que anuncian la paz, de los que anuncian buenas nuevas! Pero no todos obedecieron al evangelio. Porque Isaías dice: "Señor, ¿quién ha creído a nuestro mensaje?" Así que la fe viene por el oír, y el oír, por la palabra de Dios.

3. El "Fruto de la Fe." "Fidelidad"

La Fe Salvadora, cuando se desarrolla, se convierte en el Fruto de la Fe. Se encuentra en Gálatas 5:22 y a menudo se traduce como "Fidelidad" (Versiones Internacional Standard y American Standard). "Pero el fruto del Espíritu es amor, gozo, paz, paciencia, benignidad, bondad, fidelidad." La diferencia entre la Fe Salvadora y el Fruto de la Fe es que la Fe Salvadora aún no ha pasado por el proceso de santificación. Los hijos de Dios que tienen el Fruto de la Fe creen en Dios y ya están seguros de su salvación. Han llevado su Fe Salvadora al siguiente nivel al creer en Dios de tal manera que obedecen sus mandamientos. Esto se llama santificación y es el proceso en desarrollo que produce la fidelidad. "Así también la fe, si no tiene obras, es muerta en sí misma. Pero alguno dirá: Tú tienes fe, y yo tengo obras. Muéstrame tu fe sin tus obras, y yo te mostraré mi fe por mis obras" (Santiago 2:17-18, KJV).

Por cierto, la palabra griega usada para "Fe" en la lista de Frutos de Gálatas y en la lista de Dones de 1 Corintios es la misma palabra griega (pistis). La Fe—el Fruto del Espíritu, encontrada en Gálatas 5:22, significa fidelidad y se refiere al carácter de uno, mientras que la Fe—el Don del Espíritu, encontrada en 1 Corintios 12:9, se refiere al acto sobrenatural de creer.

Resumamos esta sección: La Fe Natural o General es un consentimiento filosófico o psicológico a nivel natural. La Fe Salvadora viene antes de la salvación y solo viene a través del oír la Palabra de Dios. La Fe, el Fruto a menudo llamado fidelidad, se produce después de la salvación por el proceso de santificación. A medida que la Fe Salvadora pasa por todas las pruebas de la vida cristiana, se refina y se desarrolla en el Fruto de la Fe o la Fidelidad. Estos cristianos probados y fieles ya no necesitan más de la Fe Salvadora, porque está siendo refinada y transformada en una caminata diaria de obediencia y confianza en el Todopoderoso, una caminata de Fidelidad (Gálatas 5:22). Estos cristianos fieles ya están seguros de que son hijos de Dios y que el Cielo es su hogar. Una vez que la Fe Salvadora se manifiesta, el escritor de Hebreos les anima a:

> acerquémonos con corazón sincero, en plena certidumbre de fe, purificados los corazones de mala conciencia, y lavados los cuerpos con agua pura. Mantengamos firme la profesión de nuestra esperanza, porque fiel es el que prometió."
>
> Hebreos 10:22-23 ESV

Ahora que hemos examinado de cerca los otros tres tipos de fe que se ven en las Escrituras, dirijamos nuestra atención al tercero de los Dones de Poder, el 'Don de Fe'.

4. El 'Don de Fe', o como lo presenta la Biblia Amplificada, 'Fe que obra Milagros'.

Los creyentes que tienen el Don de Fe creen en Dios de tal manera que Dios honra su palabra como si fuera la suya propia, y trae milagrosamente a la realidad lo que dicen. Jesús en Marcos 11:23c, Reina-Valera 1960 dice: 'Cree que recibirá lo que pida.' El escritor de 2 Reyes 2:22 escribe: 'y las aguas quedaron sanas hasta hoy, conforme a la palabra que Eliseo había dicho.' Santiago 5:17 revela esta verdad al decir: 'Elías era hombre sujeto a pasiones semejantes a las nuestras, y oró fervientemente para que no lloviese, y no llovió sobre la tierra por tres años y seis meses.' Finalmente, en Josué 10:12, Josué escribió: 'Entonces Josué habló a Jehová el día en que Jehová entregó al amorreo delante de los hijos de Israel, y dijo en presencia de los israelitas: Sol, detente en Gabaón, y tú, luna, en el valle de Ajalón.'

Para los lectores que podrían pensar que el Don de Fe se parece mucho a la Operación de Milagros, debemos enfatizar que el Don de Fe es muy diferente de la Operación de Milagros. Los milagros son más activos que pasivos; el Don de Fe es más pasivo que activo. El poder de los milagros hace cosas por el Espíritu; el Don de Fe recibe cosas por el Espíritu. Por ejemplo, si Daniel en el foso de los leones hubiera matado a las temidas bestias con un gesto, habría sido el Don de Milagros. En este caso particular, sin embargo, Daniel sabía absolutamente que su destino estaba en manos de Dios, y por el Don de Fe, descansó indemne en presencia de los leones. La Operación de Milagros fue Daniel durmiendo indemne en presencia de los hambrientos leones. Mientras que el Don de 'Fe que obra Milagros' fue el medio que permitió a Daniel recibir el milagro y dormir indemne en medio de los leones hambrientos.

Otro ejemplo es el de Sadrac, Mesac y Abed-nego en medio del horno de fuego ardiente, que se encuentra en Daniel 3:13-18.

> Entonces Nabucodonosor, lleno de ira y furia, mandó traer a Sadrac, Mesac y Abed-nego. Así que trajeron a estos hombres ante el rey. Nabucodonosor les habló, diciendo: '¿Es verdad, Sadrac, Mesac y Abed-nego, que no sirven a mis dioses ni adoran la imagen de oro que he erigido? Si ahora, cuando

oigáis el sonido del cuerno, la flauta, el arpa, el sacabuche, el salterio y la zampoña, y de toda clase de música, os postráis y adoráis la imagen que he hecho, bien; pero si no la adoráis, en el mismo instante seréis echados en medio del horno de fuego ardiente. ¿Y qué dios será el que os libre de mis manos?' Sadrac, Mesac y Abed-nego respondieron al rey: 'Oh Nabucodonosor, no es necesario que te respondamos en este asunto. He aquí nuestro Dios, a quien servimos, puede librarnos del horno de fuego ardiente; y de tu mano, oh rey, nos librará. Pero si no, sepas, oh rey, que no serviremos a tus dioses, ni tampoco adoraremos la imagen de oro que has levantado."

El Don de Fe se puede ver claramente en la respuesta de Sadrac, Mesac y Abed-nego ante el rey Nabucodonosor.

"Si es así, nuestro Dios, a quien servimos, puede librarnos del horno de fuego ardiente, y nos librará de tu mano, oh rey. Y si no lo hace, sepas, oh rey, que no serviremos a tus dioses ni adoraremos la imagen de oro que has erigido."
Daniel 3:17-18

El milagro se puede ver en Daniel 3:25-26.

'Entonces respondió y dijo: He aquí, veo cuatro varones sueltos, que se pasean en medio del fuego sin sufrir ningún daño; y el aspecto del cuarto es semejante a hijo de los dioses. Entonces Nabucodonosor se acercó a la puerta del horno de fuego ardiente, y dijo: Sadrac, Mesac y Abed-nego, siervos del Dios Altísimo, salid y venid acá.

Entonces Sadrac, Mesac y Abed-nego salieron de
en medio del fuego!

En resumen, el Don de la Fe es un don sobrenatural impartido
por el Espíritu de Dios mediante el cual cualquier palabra hablada
por Dios o Su siervo se cumplirá sin vacilación ni duda. Esta fe
sobrenatural produce resultados inmediatos en forma de milagros.
Su operación es como la de un catalizador o un medio utilizado
para producir un milagro.

El Don de la Fe mencionado en 1 Corintios 12 a menudo es
erróneamente considerado como la base de todos los demás Dones
del Espíritu. Aunque es cierto que se necesita fe para operar todos
los Dones del Espíritu, no es verdad que el Don de la Fe sea el que
los opera. De la misma manera que todos los Dones se operan
mediante la fe, así también lo hace el gran Don de la Fe. Piénselo
de esta manera: todos los automóviles y camiones funcionan con
algún tipo de gasolina, incluso los grandes camiones de dieciocho
ruedas que transportan la gasolina.

¿Qué es esa fe que opera los Dones, incluido el Don de la Fe,
y es el fundamento de todo en la vida cristiana, desde el nuevo
nacimiento hasta la plena redención en Su Gloria? Es el desarrollo
de la Fe Salvadora. La Fe Salvadora solo puede venir al oír la Palabra
de Dios y es un don de Dios (Romanos 12). La Fe Salvadora como
semilla salva, pero cuando se somete al proceso de santificación
se convierte en el fruto de la Fe o Fidelidad. Cuando Dios toma
esta fidelidad y la capacita por encima de la capacidad del creyente
para creer, se convierte en el Don de la Fe, que produce un poder
operativo maravilloso.

Ahora, antes de cerrar nuestra discusión sobre el Don de la
Fe, debemos considerar una vez más algunos usos bíblicos del
Don de la Fe.

1. El Don de la Fe se empleó para bendecir sobrenaturalmente
   al pueblo de Dios mediante el uso de la expresión humana.

A. Así que "Por Fe" Isaac bendijo a Jacob respecto a cosas por venir (Hebreos 11:20, Génesis 27:28).

B. Balaam bendijo a Israel (Números 23:5~)

2. Para protección personal en circunstancias peligrosas.
   A. Daniel en el foso de los leones (Daniel 6).
   B. Sadrac, Mesac y Abed-nego (Daniel 3).

3. Para sustento sobrenatural en tiempos de hambre o ayuno.
   A. La viuda de Sarepta en medio de la hambruna (1 Reyes 17).
   B. Elías en un ayuno de 40 días (1 Reyes 19).
   C. Jesús en un ayuno de 40 días (Mateo 4).

4. Para recibir las asombrosas promesas de Dios.
   A. La unción de Elías a Eliseo (2 Reyes 2:23-24).

5. Para victoria sobrenatural en la lucha.
   A. La victoria de Israel sobre los amalecitas (Éxodo 17:11).

6. Para ayudar en problemas domésticos e industriales.
   A. Una mujer salvando a sus hijos de los acreedores (2 Reyes 4:1-7).

7. Para resucitar a los muertos.
   A. Lázaro sale de la tumba (Juan 11).
   B. El hijo de la viuda de Naín (Lucas 7).

8. Para expulsar espíritus malignos.
   A. Liberación mediante un pañuelo empapado en oración (Hechos 19:12).
   B. La hija de la mujer sirofenicia (Marcos 7:25-30).

Permítanme dar un último ejemplo del Don de la Fe; Smith Wigglesworth dijo que "si das un paso de fe ordinaria, cuando llegues al final de esa fe, muchas veces este don sobrenatural de fe especial tomará el control. Una razón por la cual la mayoría de las personas no ven la manifestación de la fe especial operando en sus vidas es que primero no utilizan la fe que ya tienen."[20]

Bajo el ministerio de Smith Wigglesworth, al menos tres personas diferentes fueron resucitadas de entre los muertos; probablemente más. Una instancia de una persona que fue resucitada de entre los muertos fue un hombre llamado Sr. Mitchell, a quien Wigglesworth conocía personalmente.

> Un día, al regresar a casa después de una reunión al aire libre, Wigglesworth se enteró de que su esposa, Polly, estaba en casa del Sr. Mitchell. El día anterior, cuando Wigglesworth había visitado al Sr. Mitchell, el hombre enfermo estaba al borde de la muerte. Al apresurarse hacia la casa del Sr. Mitchell, escuchó gritos procedentes de la casa. En el camino hacia la habitación del Sr. Mitchell, pasó junto a la Sra. Mitchell llorando: "¡Se ha ido! ¡Se ha ido!"
>
> Wigglesworth relató su experiencia: "Acababa de pasar junto a la Sra. Mitchell y entré en la habitación, y de inmediato vi que Mitchell se había ido. No podía entenderlo, pero comencé a orar. Mi esposa siempre tenía miedo de que fuera demasiado lejos, y ella me agarró y dijo: '¡No, papá! ¿No ves que está muerto?' Pero yo seguí orando. Llegué hasta donde pude con mi propia fe, y luego Dios me tomó de la mano. Oh, fue un agarre tan firme que podía creer por cualquier cosa. La fe del Señor Jesús me tomó de la mano y una paz sólida entró en mi corazón. ¡Grité: '¡Él vive! ¡Él vive! ¡Él vive!' Y hoy él sigue viviendo.[21]

¿No es hora de que el Cuerpo de Cristo empiece a tomar en serio los Dones del Espíritu? ¿No deberíamos comenzar a buscar seriamente su operación en la iglesia? Si el mundo y la iglesia no están listos hoy para recibir a un hombre de Dios en quien los Dones estén operando, no sabemos cuándo estarán listos. Que todos nosotros en los próximos meses y años pidamos, busquemos y golpeemos la puerta para la manifestación de estos Dones en nuestras vidas. Recuerden que Jesús dijo en Mateo 7:7-8: "Pedid, y se os dará; buscad, y hallaréis; llamad, y se os abrirá. Porque todo aquel que pide, recibe; y el que busca, halla; y al que llama, se le abrirá."

Preguntas Del Capítulo
Para Ayudar A Tu Estudio

1. ¿Por qué se llama al segundo grupo de Dones Espirituales los Dones de Poder?
2. ¿Verdadero o falso? El primero se llama los Dones de Sanidades.
3. ¿Cuáles son algunos propósitos de los Dones de Sanidades?
4. Los Dones de Sanidades pueden operar de varias maneras diferentes, menciona tres.
5. Un elemento esencial al ministrar los Dones de Sanidades es _____
6. No a todos se les da los Dones de Sanidades. ¿Verdadero o falso?
7. ¿Cuál es la definición de Webster de un milagro?
8. ¿Cuáles son otros tres términos usados para referirse a los milagros?
9. Da tres divisiones de milagros.
10. Da cinco usos de los milagros.
11. ¿Cuál es el más grande de los tres Dones de Poder?
12. Menciona los cuatro tipos de fe.
13. Da algunos usos de los Dones de Fe.

EL DON DE LA INSPIRACIÓN

El tercer grupo de Dones Espirituales se llama "Los Dones de Inspiración". Este grupo, al igual que los otros, contiene tres Dones diferentes.

1. Profecía
2. Diversos Géneros de Lenguas
3. Interpretación de Lenguas

Profecía

La palabra griega "profecía" (propheteia) se encuentra en una forma u otra a lo largo del Nuevo Testamento y simplemente significa "hablar por otro". En el contexto de 1 Corintios 12, significa uno que habla por Dios, Su "portavoz" o Su "boca". Fue y sigue siendo la declaración de aquellas cosas que por medios naturales no pueden ser conocidas excepto por la mente de Dios. Profecía es el nombre que damos a las declaraciones que Dios pone dentro de nosotros para revelar. El contenido de esas declaraciones puede describirse como Palabras de Conocimiento o Palabras de Sabiduría..

El significado general de la palabra hebrea más común para profecía, "Naba", es "fluir, o burbujear como una fuente"[22]. Aunque gran parte de la profecía del Antiguo Testamento era predictiva (Ref. Miqueas 5:2), la profecía no es necesariamente, ni principalmente, predictiva por naturaleza, ni es una prognosis o adivinación. El Don de Profecía es "declarar", lo que significa revelar o desvelar. Es Dios, por Su gracia, revelando Su voluntad para la humanidad a través de un vaso escogido y entregado, declarando el juicio y la voluntad de Dios para Su pueblo o para la humanidad en general. Este juicio se basa en la reacción del hombre a Sus mandatos divinos. Esa revelación puede concernir acciones tomadas en el pasado, en el presente y los resultados de esas acciones en el futuro. (Para ejemplos, véase Génesis 20:7, Deuteronomio 18:18 y Apocalipsis 10:11, 11:3).

La profecía, a diferencia de las lenguas, que es la declaración sobrenatural del Espíritu Santo en una lengua desconocida, es la declaración sobrenatural del Espíritu Santo en una lengua conocida. La profecía no tiene la intención de abrir el futuro a la curiosidad ociosa; tiene un propósito mucho más elevado. Proporciona la iluminación divina de Dios a aquellos cuya fe necesita ser confirmada. Por favor, presten atención a lo que se acaba de decir. Proporciona la iluminación divina de Dios a aquellos cuya fe necesita ser confirmada. Cualquiera que haya recibido el bautismo en el Espíritu Santo puede ser usado para profetizar. Sin embargo, Dios es quien elige a quién usará. "Porque todos podéis profetizar uno por uno, para que todos aprendan y todos sean exhortados" (1 Corintios 14:31 KJV).

Cuando miramos pasajes como 1 Corintios 14:1-3, 24-25, podemos ver fácilmente que el propósito de la Profecía es edificar, consolar y alentar a los creyentes, mientras que su efecto sobre los incrédulos es mostrar que los secretos del corazón de un hombre son conocidos por Dios, para convencer del pecado y moverlos a la adoración. Con demasiada frecuencia, los cristianos ingenuos y sin conocimientos buscan equivocadamente la profecía para obtener orientación. Cuando las profecías se buscan de esta manera, a menudo llevan a malentendidos, errores y, a menudo, tragedias. A veces, Dios usa la profecía para confirmar lo que ya ha revelado a través de Su Palabra o de la oración a la Iglesia o a un individuo. Esta acción edifica, consuela y alienta al creyente.

La voluntad humana y la fe desempeñan un papel activo en la profecía, pero no el intelecto humano. La proclamación, por lo tanto, lleva la misma autoridad y poder divino, sin importar quién la entregue. No importa si el proclamador es un hombre instruido o simplemente un bebé en Cristo; es la autoridad y el poder divino de Dios utilizando a un individuo dispuesto y entregado. La palabra operativa aquí es "utilizando". Dios está "utilizando" un vaso que Él quiere usar. Las decisiones de Dios no siempre son lo que consideramos más lógico. Por ejemplo, mire al burro de Balaam; seguramente Dios podría haber hecho una mejor elección para un portavoz. Santos, no debemos cuestionar la elección de vasos de Dios. "Porque mis pensamientos no son vuestros pensamientos, ni vuestros caminos mis caminos, dice Jehová. Como son más altos los cielos que la tierra, así son mis caminos más altos que vuestros caminos, y mis pensamientos más que vuestros pensamientos" (Isaías 55:8-9). Nuevamente; el vaso que Dios elige no es más que un "portavoz" para la expresión de la Palabra divina de Dios, y no debe ser cuestionado o juzgado. Lo que debe ser juzgado, sin embargo, es la profecía en sí misma. Solo debemos juzgar si el contenido de esa palabra hablada está de acuerdo con la Palabra de Dios.

Para medir la importancia del Don, un verdadero estudioso de la Palabra de Dios solo tiene que notar que alguna forma de la palabra griega para "profecía" (propheteia) aparece veintidós veces en 1 Corintios 11-14. La frecuencia de la palabra sugiere no solo la importancia del Don, sino la urgente necesidad de su uso. Pero al igual que cualquier herramienta poderosa, su manejo debe ser respetado. Recuerden, ¡la Profecía es completamente sobrenatural! Por esa razón, debe usarse con extrema precaución, "porque la palabra de Dios es viva y eficaz, y más cortante que toda espada de dos filos, y penetra hasta partir el alma y el espíritu, las coyunturas y los tuétanos, y discierne los pensamientos y las intenciones del corazón" (Hebreos 4:12).

Muchos cristianos han experimentado "falsas profecías" o, como las llama un amigo pastor nuestro, "profeci-mentiras", y han descubierto que estas "profeci-mentiras" pueden ser dolorosas, engañosas y destructivas. Estos cristianos, más veces de las que no, buscan la "herramienta" de Dios para obtener ayuda, en lugar de buscar a Dios mismo. La verdadera profecía es una manifestación del Espíritu de Dios, y no de la mente humana (1 Corintios 12:7). No tiene más que ver con los poderes humanos de pensamiento o razonamiento que la sanación del hombre en la Puerta Hermosa tiene que ver con las habilidades médicas o quirúrgicas de Pedro y Juan. Era de naturaleza sobrenatural.

Para examinar más de cerca el Don de Profecía, ahora comenzaremos a examinar cuatro errores comunes que lo rodean. Luego observaremos seis propósitos del Don de Profecía.

El Don de Profecía es lo mismo que la Oficina Profética.

Este es probablemente el más común de todos los errores. Aunque tanto el Don Espiritual de Profecía como la "Oficina de un Profeta" se llaman Dones (Efesios 4:8, 11; 1 Corintios 12:28, 30), el "Don de Profecía" es dado por el Espíritu Santo a un individuo (1 Corintios 12 y 14), mientras que la "Oficina" de un Profeta es dada a la Iglesia. También es importante notar que tanto el poseedor del "Don de Profecía" como el poseedor de la "Oficina de un Profeta" son llamados profetas (1 Samuel 10:10-14; Hechos 21:9-10). Sin embargo, hay una diferencia que se puede ver claramente en Hechos 21:9-10, donde las cuatro hijas de Felipe, "que profetizaban", se ponen en un contraste deliberado con "un cierto profeta llamado Ágabo". Quien, siendo inspirado por el Espíritu Santo, mostró lo que le sucedería a Pablo si iba a Jerusalén. En pocas palabras, no todos los que profetizan tienen la oficina de un Profeta, pero todos los que tienen la oficina de un Profeta, profetizan.

La Oficina Profética y el Don de Profecía son diferentes por las siguientes razones:

1. La Oficina de un Profeta es una "posición" preparada para un individuo por Dios el Padre para Su Iglesia universal; esta posición es de elección de Dios (Marcos 10:35-40). La

persona a quien Dios coloca en esa posición no puede ser separada de su oficina designada (Efesios 4:1), mientras que el Don de Profecía es solo un "instrumento o herramienta" que puede ser usado por muchas personas (1 Corintios 12:10). (Estudiaremos más sobre la oficina de un Profeta en un capítulo posterior). Fíjese también en 1 Corintios 14:1, en el cual Pablo nos dice que busquemos el "Don" de Profecía, no la "Oficina de un Profeta". Además, las Escrituras nos prohíben buscar oficinas (Marcos 10:35-40, Santiago 3:1). Mientras que, por otro lado, las Escrituras nos dicen que busquemos Dones Espirituales (1 Corintios 14:1).

2. Aunque las revelaciones específicas de cosas fuera del alcance de la Palabra de Dios (por ejemplo, direcciones, advertencias, eventos contenidos en el pasado oculto, presente o futuro, etc.) están diseñadas para la corrección y la dirección, y son necesarias para la Oficina Profética, no necesariamente están incluidas en el alcance del Don Espiritual de Profecía. 1 Corintios 14:3 4 limita claramente el Don de Profecía a la edificación, exhortación y consuelo para los hombres y a hablar edificación a la Iglesia.

A. Además, 1 Corintios 14:5 compara el Don de Profecía con el Don de Lenguas más Interpretación. Esta comparación sugiere una correspondencia exacta en valor entre el Don de Profecía y el Don de Lenguas más Interpretación. Además, en ninguna parte de las Escrituras se llama a alguien que posea el Don de Lenguas con Interpretación un Profeta o un Vidente.

El Don de Profecía es lo mismo que Predicción.

El Don de Profecía no es el poder de predecir el futuro. Observa 1 Corintios 14:3, en el cual Pablo dice: "el que profetiza habla a los hombres para edificación, exhortación y consolación". El diccionario bíblico de Lingers define la profecía como el mensaje oral o escrito del que profetiza.[23]

Don Basham, en su libro, Tongues, Interpretation, and Prophecy, define la profecía de esta manera: "La profecía es declarar el mensaje de Dios a Su pueblo."[24] Continúa diciendo que el mensaje en sí, en muchos, si no en la mayoría de los casos, no contendrá predicción sobre el futuro. Note cómo se separan la declaración y el mensaje en sí. William Smith en su Diccionario Bíblico dice: "Es seguro que ni la presciencia ni la predicción están implícitas en el término en hebreo, griego o inglés."[25] "Profecía" simplemente significa "uno que habla por otro, un portavoz o un intermediario." Cualquier revelación de eventos futuros (predicción) solo puede venir a través del Don de la Palabra de Sabiduría. Una "Palabra de Sabiduría" puede acompañar a la profecía y, por lo tanto, la profecía en sí misma se confunde con una declaración profética, pero el Don de Profecía simplemente es un don que utiliza al hombre como una herramienta que expresa lo que Dios tiene en mente. La información contenida dentro de ella puede clasificarse como Palabras de Conocimiento o Palabras de Sabiduría, no como la profecía en sí misma. Para usar una metáfora simple que ilustre claramente las diferencias, imagina el Don de Profecía como el micrófono a través del cual Dios está hablando, y lo que Dios está diciendo como una Palabra de Conocimiento o una Palabra de Sabiduría.

La Profecía está destinada para la Guía.

La guía no está indicada como uno de los usos de la profecía en la definición completa en 1 Corintios 14:3. No está destinada a reemplazar el sentido común y el juicio natural. Observa lo que dice el salmista sobre la guía en el Salmo 32:9a, "No seáis como el caballo, o como el mulo, sin entendimiento," o lo que el mismo Señor Jesús dijo en Lucas 12:57, "¿Y por qué no juzgáis por vosotros mismos lo que es justo?" Nuevamente, reitero lo que se dijo anteriormente, el Don de Profecía no es el poder de predecir el futuro. Nota nuevamente 1 Corintios 14:3, que define los usos de la profecía como "edificación, exhortación y consolación a los hombres." ¡No guía!

El Don es lo mismo que Predicar.

La palabra para "predicar" en griego es kerusso, que es diferente a la palabra utilizada para "profetizar" (propheteia). En griego, hay muchas palabras traducidas como "predicar," ninguna de las cuales es prof-ate-yoo'-o, lo que hace que predicar y profetizar sean completamente diferentes. Los significados de las palabras griegas traducidas como "predicar" son proclamar, anunciar o clamar. Entonces, ¿qué se debe proclamar, anunciar o clamar? El Evangelio (Marcos 16:15). Nuevamente, profetizar simplemente significa "hablar por otro," un "portavoz" o un "intermediario." Profetizar no es predicar y predicar no es profetizar. En la verdadera predicación, la mente natural es operada por el Espíritu. En profetizar, la mente del Espíritu habla a través de los órganos del habla naturales de un creyente. Predicar es divinamente inspirado, pero no es sobrenatural. Profetizar es completamente sobrenatural y totalmente inspirado por Dios.

A continuación se enumeran seis propósitos del Don de Profecía.

1. La profecía es para que Dios hable al hombre sobrenaturalmente (1 Corintios 14:3).
2. La profecía es para la edificación de la Iglesia (1 Corintios 14:3-4). El significado de "edificación" es construir espiritualmente, emocionalmente y físicamente.
3. La profecía es para la exhortación de la Iglesia (1 Corintios 14:3). La palabra "exhortación" en el griego original significa "un llamado cercano, consuelo o estímulo." El Espíritu Santo nos llama a acercarnos a la dulce presencia amorosa del Padre. ¿No nos anima eso a hacer lo que Pablo nos dice

en 1 Corintios 14:1? "Seguid el amor y procurad los dones espirituales, pero sobre todo que profeticéis."

4. La profecía es para el consuelo de la Iglesia (1 Corintios 14:3, 31). La palabra griega para "consuelo" significa "consolación, alivio, consuelo en prueba o angustia." Es la misma palabra que se traduce repetidamente como "consuelo" en 2 Corintios 1:4. "El cual nos consuela en todas nuestras tribulaciones, para que nosotros podamos consolar a los que están en cualquier tribulación, con el consuelo con que nosotros mismos somos consolados por Dios."

5. La profecía ayuda en el aprendizaje de asuntos espirituales (1 Corintios 14:31). "Porque todos podéis profetizar uno por uno, para que todos aprendan y todos sean exhortados,"

6. La profecía se utiliza para convencer al creyente así como al no creyente y manifestar los secretos del corazón (1 Corintios 14:22-25). La profecía sirve principalmente a los creyentes (versículo 22), sin embargo, dado que se entiende por la mente, también puede servir como un mensaje directo de Dios para los no creyentes (versículos 24-25)

Cerrando este estudio sobre la Profecía, recordemos algunos hechos bíblicos.

1. Se nos manda expresamente desear este don (1 Corintios 14:1).

2. La profecía es mayor que las lenguas cuando las lenguas no van acompañadas de la interpretación de lenguas (1 Corintios 14:5). Pero las lenguas y la interpretación de lenguas juntas son iguales en valor a la profecía.

3. La profecía es una manifestación del Espíritu de Dios (1 Corintios 12:7, 11).

4. El don de profecía no debe reemplazar la Palabra escrita de Dios, porque solo la Palabra escrita de Dios es infalible.

La profecía debe ser juzgada por su precisión y fallibilidad, por la Palabra de Dios y otros profetas (1 Corintios 12:7, 11, 13:8, 14:29; 1 Pedro 1:25).

5. El poseedor del don es responsable de su uso, mal uso, supresión o control (1 Corintios 14:29, 32-33, 40).

6. Finalmente, debemos recordar que el diablo tiene un plan; está concebido de manera astuta y ejecutado fanáticamente, para destruir el aspecto sobrenatural de la adoración. El aspecto sobrenatural de la adoración frustra y obstaculiza sus planes (1 Juan 4:4). Por lo tanto, el punto focal de su ataque es nuestra fe. Si puede destruir nuestra fe en el uso de los dones espirituales, puede destruir los dones en sí mismos. A Timoteo se le advirtió que no descuidara su don espiritual (1 Timoteo 4:14). Se le exhortó a avivar los dones dentro de él, para que su ministerio no se viera limitado por el miedo, y la voz del Espíritu no se silenciara por negligencia (2 Timoteo 1:1-7). Eso es lo que el diablo desea lograr.

Diversos Tipos de Lenguas

"Diversos tipos de lenguas" es una expresión sobrenatural en una lengua desconocida, nunca aprendida por el hablante ni comprendida por el oyente. De los nueve Dones del Espíritu discutidos hasta ahora, siete son comunes tanto en el Antiguo como en el Nuevo Testamento, mientras que los dos restantes han entrado en operación desde Pentecostés. Estos dos son los más estrechamente relacionados de todos los Dones. Son "Lenguas" e "Interpretación de Lenguas".

Ya hemos discutido en el capítulo sobre "Lenguas en relación con el Bautismo del Espíritu Santo" la naturaleza personal del Don y cómo beneficia al creyente. Sin embargo, los tres dones que estamos estudiando ahora, Profecía, Lenguas e Interpretación de Lenguas, no son personales, sino que están diseñados para ser utilizados en las reuniones de los creyentes. Tenga en cuenta que el propósito escritural de todos los Dones del Espíritu es la edificación, la exhortación y el perfeccionamiento de todo el cuerpo de creyentes (1 Corintios 14:5, 12-13, 26).

En la devoción privada de una persona, puede usar Lenguas en relación con el Bautismo del Espíritu Santo para edificarse a sí mismo libremente. Sin embargo, en las reuniones públicas, debe guardar silencio a menos que haya alguien presente que posea el Don complementario, "Interpretación de Lenguas". Porque al hablar en lenguas sin un intérprete, uno habla solo para sí mismo y para Dios, y no beneficia a los demás en el cuerpo de Cristo.

> Por lo tanto, que el que habla en lengua ore para que pueda interpretar. Porque si oro en lengua, mi espíritu ora, pero mi entendimiento queda sin fruto. ¿Qué conclusión sacaré entonces? Oraré con el espíritu, pero también oraré con el entendimiento; cantaré con el espíritu, pero también cantaré con el entendimiento. De otra manera, si bendices con el espíritu, ¿cómo dirá el que ocupa el lugar de los no instruidos Amén a tu acción de gracias, ya que no entiende lo que dices? Porque tú a la verdad bien das gracias, pero el otro no es edificado. Doy gracias a mi Dios, que hablo en lenguas más que todos vosotros; pero en la iglesia prefiero hablar cinco palabras con mi entendimiento, para enseñar también a otros, que diez mil palabras en lengua... Pero si no hay intérprete, calle en la iglesia, y hable para sí mismo y para Dios (1 Corintios 14:13-19, 28).

Por esta razón, nuestro estudio debe ahora dirigirse al Don complementario de Lenguas, la "Interpretación de Lenguas". Estos dos Dones, cuando se usan juntos, son (como se mencionó anteriormente) para la edificación, exhortación y perfeccionamiento del Cuerpo de Cristo.

Interpretación de Lenguas

La Interpretación de Lenguas es la manifestación sobrenatural por el Espíritu del significado de una declaración en lenguas no entendida ni por el hablante ni por los oyentes, de modo que la Iglesia, así como el poseedor del Don, puedan ser edificados (1 Corintios 14:5). Esta interpretación no proviene de la operación de la mente del intérprete, sino de la mente del Espíritu de Dios. El intérprete no comprende la lengua que escucha, pero a través del Espíritu de Dios interpreta lo que ha sido pronunciado en un discurso comprensible. No es su tarea proporcionar términos exactos y frases para las palabras sobrenaturales y desconocidas que escucha. Un creyente que posee el Don de Interpretación de Lenguas no debe prestar atención a las lenguas en sí mismas porque son totalmente desconocidas. Su única comisión es buscar a Dios por su significado, de la misma manera que el hablante de la lengua desconocida mira a Dios en total ignorancia y dependencia total, para lo que debe hablar.

Por ejemplo, la Palabra de Dios fue traducida de los idiomas originales hebreo y griego. En contraste, José interpretó los sueños del panadero y el copero al traer a la luz sus significados (Génesis 40). Jesús dio una interpretación de la parábola de la cizaña cuando transpuso los términos del mundo natural al mundo espiritual (Mateo 13:24-30 y 36-43). Usemos otro ejemplo para ilustrar aún más la diferencia. En español, la frase "Dios es Amor", traducida al inglés es "God is Love". Pero cuando una persona interpreta la frase "Dios es Amor", podría decir: "Nuestro Padre celestial, a quien llamamos Elohim o Dios Todopoderoso, es la personificación total de la expresión y carácter perfectos del inefable afecto que Él es".

Por ejemplo, la Palabra de Dios fue traducida de los idiomas originales hebreo y griego. En contraste, José interpretó los sueños del panadero y el copero al traer a la luz sus significados (Génesis 40). Jesús dio una interpretación de la parábola de la cizaña cuando transpuso los términos del mundo natural al mundo espiritual (Mateo 13:24-30 y 36-43). Usemos otro ejemplo para ilustrar aún más la diferencia. En español, la frase "Dios es Amor", traducida al inglés es "God is Love". Pero cuando una persona interpreta la frase "Dios es Amor", podría decir: "Nuestro Padre celestial, a quien llamamos Elohim o Dios Todopoderoso, es la personificación total de la expresión y carácter perfectos del inefable afecto que Él es."

Tanto la traducción como la interpretación de la frase "Dios es Amor" nos dan el significado; sin embargo, una es una traducción exacta, la otra una interpretación. La interpretación es diferente porque incorpora no solo el significado de las palabras, sino también la personalidad y el carácter de la persona que interpreta.

En 1 Corintios 14:26-33, hay varias observaciones y directrices para el uso del Don de Lenguas y su interpretación que nos ayudarán a comprender mejor su funcionamiento en el cuerpo de Cristo.

1. Dios no desea silenciar a aquellos que hablan en lenguas, sino que desea que disfruten de una mayor libertad en el ejercicio de su Don dado por Dios (1 Corintios 14:27). Por eso, antes en el capítulo, Pablo instruye a quienes hablan en otras lenguas a orar por la interpretación (1 Corintios 14:13).

2. Cuando el Don de Lenguas está en operación en la asamblea, ¡alguien debe interpretar! La razón de esto se explica en 1 Corintios 14:33a, donde Pablo explica que "Dios no es Dios de confusión, sino de paz". Una lengua desconocida sin interpretación solo puede traer confusión.

3. Hay un límite numérico de dos o como máximo tres para las operaciones del Don (versículo 29).

4. Cada Don debe ser juzgado para determinar si proviene de Dios, por el cuerpo de creyentes (versículo 29).

5. Estos Dones están bajo el control del creyente (versículo 32).

Estos Dones Espirituales trajeron consigo problemas. Vemos muchos de los mismos problemas en la Iglesia moderna también. Por lo tanto, es prudente examinar cómo el Apóstol Pablo los abordó. Muchos creyentes corintios estaban entrando al servicio con el propósito expreso de hablar en nombre de Dios. Se había vuelto tan malo que se estaba produciendo competencia entre los creyentes sobre quién podía ser más usado. Estos bebés en Cristo, por orgullo, estaban usando excesivamente y superponiendo los Dones hasta el punto del desorden e incluso la destrucción del servicio. Esto estaba causando que muchos incrédulos se marcharan y muchos creyentes no instruidos tropezaran. Por eso Pablo tuvo que instruirles sobre su uso adecuado.

> Entonces, ¿qué es, hermanos? Cuando os reunís, cada uno de vosotros tiene salmo, tiene doctrina, tiene lengua, tiene revelación, tiene interpretación. Hágase todo para edificación. Si alguno habla en lengua desconocida, sea por dos, o a lo más tres, y por turno; y uno interprete. Pero si no hay intérprete, calle en la iglesia, y hable para sí mismo, y para Dios.
>
> 1 Corintios 14:26-28 (KJV)

El dolor y la destrucción causados por el mal uso de estos Dones es la razón por la cual el apóstol Pablo en los versículos 27-28 da instrucciones claras y fáciles de entender sobre su uso adecuado. Les instruye que no más de dos o tres personas deben hablar en lenguas y no todas al mismo tiempo, sino en sucesión, una después de otra. Incluso esto no debería hacerse a menos que haya alguien que interprete.

Veamos un poco más de cerca la primera de las pautas. "Hágase todo para edificación" (1 Corintios 14:26b). ¿Cómo puede el exceso, la superposición y el mal uso de los Dones edificar? ¡No puede! Por lo tanto, piense más allá de usted mismo. Estos Dones fueron dados para la edificación de todo el cuerpo. Debemos usarlos de manera que edifiquen a los demás. Luego, en el versículo 27 se nos instruye que "...si alguno habla en lengua, que sean dos o a lo más tres, y esto por turno; y que uno interprete". Cuando un creyente opera en el Don de hablar en otras lenguas, ¡alguien debe interpretar! Note la palabra "uno" al final del versículo 27, no es un numeral como las palabras dos y tres que se encuentran en el mismo versículo; es un pronombre, que significa "alguien". No significa que la persona que habla en otras lenguas exclusivamente haga la interpretación. Con demasiada frecuencia en nuestras asambleas, eso ha sido así. ¡Esto es incorrecto! Si la persona que habla en lenguas tiene el Don de interpretación, que permanezca en silencio por un corto tiempo para permitir que otros que están adorando tengan la oportunidad de participar. "Si algo le fuera revelado a otro que está sentado, calle el primero" (1 Corintios 14:30, RVR1960). Si no hay interpretación después de un breve período de tiempo, que aquel que habló en lenguas dé la interpretación. Si el que habla en lenguas no tiene el Don de Interpretación, que calle a menos que sepa que hay un intérprete en la congregación (versículo 28).

Para mayor clarificación, pongamos el versículo 27 con el versículo 30: "si alguno habla en lengua, que sean dos o a lo más tres, y esto por turno; y que uno interprete... pero si algo le fuera revelado a otro que está sentado, calle el primero". Al combinar estos versículos, vemos una afirmación del propósito de todo este pasaje. El egoísmo, el orgullo y la búsqueda de prestigio deben evitarse. El objetivo es el orden y la edificación de todos.

En otras palabras, aunque puede haber dos o tres en la congregación que tienen el Don de interpretación, cada uno debe primero ceder al otro antes de interpretar. Amados, tengan en cuenta los tres principios que atraviesan todo este capítulo. El primero es que estos dones espirituales provienen del amor. Segundo, son para la edificación de creyentes e incrédulos, y tercero, "porque Dios no es Dios de confusión, sino de paz, como en todas las iglesias de los santos... hágase todo decentemente y con orden" (1 Corintios

14:33, 40 KJV). Con ese fin, que todo creyente bendecido con estos dones sea plenamente consciente de estos tres principios y actúe en consecuencia, para que el cuerpo de Cristo sea edificado, enseñado, exhortado y consolado, y lo más importante, para que Cristo sea glorificado en nuestras vidas y en nuestras reuniones.

En conclusión, dar un mensaje en otras lenguas e interpretarlo uno mismo no es anti-bíblico. Sin embargo, la abundancia de evidencia bíblica está del lado del uso corporativo y no individual del ministerio espiritual de los Dones. Por lo tanto, hermanos, si están tan ricamente bendecidos con el Don de lenguas, esperen antes de interpretar, piensen primero en los demás.

Preguntas Del Capítulo
Para Ayudar A Tu Estudio

1. ¿La profecía, en su forma más simple, es una declaración divinamente inspirada y ungida? Verdadero o Falso

2. ¿La profecía está destinada a dar luz a aquellos cuya fe necesita confirmación? Verdadero o Falso

3. ¿La voluntad humana y la fe son activas en la profecía? Verdadero o Falso

4. ¿La profecía simplemente significa qué?

5. Menciona cuatro errores comunes que rodean al Don de Profecía.

6. ¿Predicar y profetizar son totalmente distintos? Verdadero o Falso

7. Da los seis propósitos del Don de Profecía.

8. El Don de Profecía NO debe ocupar el lugar de la Palabra escrita de Dios. Verdadero o Falso

9. El poseedor de los Dones es responsable de su

10. ¿El Don de Diversas clases de Lenguas, o hablar en lenguas, es una declaración sobrenatural por el Espíritu Santo en idiomas nunca aprendidos por el hablante y no comprendidos por el oyente? Verdadero o Falso

11. ¿Cuál es el fin escritural de todos los dones del Espíritu mencionados en 1 Corintios 14?

LOS DONES
ADMINISTRATIVOS

Ahora comenzaremos nuestro estudio de los "Dones Administrativos" o los "Dones de la Santísima Trinidad." A menudo se les llama los "Dones de la Ascensión" porque fueron dados después de que el Señor ascendió a los cielos y se sentó a la diestra del Padre (Efesios 1:20, 4:10). Aunque no se les menciona como "Dones Administrativos" en ningún lugar de la Escritura, los estudiosos de la Biblia los han denominado así. Para este estudio, también usaré esa designación. Estos Dones Administrativos fueron dados al Cuerpo de la Iglesia para la operación y cumplimiento del plan ordenado por Dios para Su Cuerpo, la Iglesia. En contraste, los Dones del Espíritu fueron dados exclusivamente a individuos para edificación, exhortación y consuelo.

Estos "Dones de la Santísima Trinidad" también se han llamado los dones ministeriales de la "Mano" de la Iglesia, o la "Mano" del Cuerpo de Cristo. La mano es la parte del Cuerpo de Cristo que puede extenderse y tocarse a sí misma y a otros. Es la parte del cuerpo que puede limpiar, vestir, alimentar, ayudar, apoyar y dirigir. Puede cuidar completamente el cuerpo en todos los aspectos de su carácter. Estos Dones son como los dedos. Pueden funcionar como un instrumento afinado que puede realizar las funciones más delicadas, como enhebrar una aguja, por ejemplo, o pueden funcionar con la máxima fuerza y resistencia, como agarrar y sostener grandes pesos. Usemos esta metáfora para ayudarnos a entender la operación de cada uno de estos ministerios de "Mano" del Cuerpo de Cristo.

El Apóstol ha sido comparado con el pulgar porque, a diferencia de los otros dedos, es oponible, lo que significa que es el único dedo de la mano humana capaz de girar hacia atrás contra los otros cuatro dedos y así permite que la mano refine su agarre y sostenga objetos con una fuerza superior, que de otra manera no podría hacer. El pulgar oponible ha proporcionado a la raza humana una destreza física y mental mucho superior. También se piensa que ha conducido directamente al desarrollo de herramientas.

Esto también es cierto de los apóstoles, en el sentido de que el Apóstol trabaja fácilmente en conjunto con otros ministerios. A menudo se necesitan para colaborar con otros ministerios para llevar a cabo la tarea extremadamente difícil de salvar a un mundo perdido y moribundo. Los apóstoles hacen que el Cuerpo de Cristo sea consciente de nuevas áreas, técnicas, herramientas y programas que pueden ayudar a otros ministerios a enfrentar mejor los problemas encontrados en diferentes culturas alrededor del mundo. El ministerio del Apóstol ha dado al Cuerpo de Cristo fuerza adicional, inteligencia, habilidad, pericia, sabiduría y capacidad que superan con creces a todos los otros ministerios combinados. El Cuerpo de Cristo sin el Apóstol es tan limitado en su alcance y función como una mano humana sin el pulgar.

El dedo índice se asemeja al Profeta porque es el dedo que señala. El ministerio del verdadero Profeta siempre señala al Cuerpo de Cristo, ya sea el cuerpo universal o el local, hacia el camino que Dios desea que siga. ¡Esa dirección siempre conduce hacia Dios! El Profeta señala problemas, peligros, desvíos e incluso caminos incompletos e invisibles que se encuentran por delante. Estas percepciones dan al Cuerpo de Cristo la capacidad de funcionar adecuada y eficientemente sin perderse, quedarse varado, atascado o sufrir pérdida de vida. Así como un dedo índice señala un mapa, el Profeta señala a la Iglesia hacia el mapa divino de Dios.

El dedo medio, generalmente el más largo, se asemeja al Evangelista porque tiene el ministerio de mayor alcance. Verdaderamente son los arquitectos de Hechos 1:8: "Pero recibirán poder cuando el Espíritu Santo descienda sobre ustedes; y serán mis testigos en Jerusalén, en toda Judea y Samaria, y hasta los confines de la tierra."

El cuarto dedo, o dedo del anillo de bodas, se asemeja al Pastor. La responsabilidad del pastor es presentar a la novia, la Iglesia, pura y sin mancha, a Cristo cuando Él regrese. El anillo de bodas significa propiedad del alma. La Iglesia es de Cristo, y es solamente suya. El dedo meñique, el más corto de todos, se asemeja al Maestro porque tiene el alcance más corto de todos los ministerios. Un maestro, en su mayor parte, se queda cerca de casa. El meñique es el único de los dedos capaz de llegar hasta el oído para limpiarlo y abrirlo, permitiendo que la Palabra de vida sea recibida más fácilmente. El maestro presenta la instrucción de la Palabra de Dios, y es a través de oír que desarrollamos y maduramos nuestra fe. "Así que la fe viene por el oír, y el oír, por la palabra de Dios" (Romanos 10:17).

Sea cual sea el nombre que prefieras dar a los Dones Administrativos o si estás de acuerdo o en desacuerdo con la metáfora dada, no importa, siempre y cuando entiendas que son Dones. Como Dones, no hay nada que podamos hacer para ganarlos. ¡O nos son dados o no lo son! En el caso de todos los Dones del Espíritu, son nuestros para usar y administrar según los deseos del Espíritu. Además, dado que hay responsabilidades que vienen con los Dones, debemos ser conscientes de que existe el potencial de abuso o mal uso.

Pablo dijo en el versículo inicial de Efesios 4: "Yo, pues, preso en el Señor, os ruego que andéis como es digno de la vocación con que fuisteis llamados" (Efesios 4:1, énfasis añadido). Observa que fuiste "llamado". "Llamado" simplemente significa "invitado". La misma palabra se usa para referirse a ser llamado o invitado a participar en la redención, que Cristo dio libremente. Pablo continuó diciendo: "Pero a cada uno de nosotros fue dada la gracia conforme a la medida del don de Cristo. Por lo cual dice: Subiendo a lo alto, llevó cautiva la cautividad, y dio dones a los hombres" (versículos 7-8).

Permíteme enfatizar una vez más que estos son Dones a los que has sido llamado o invitado a poseer. Además, según Efesios 4:1, también se nos instruye a "andar como es digno de esa vocación". Esto significa simplemente que debemos vivir nuestras vidas con reverencia y usar nuestros dones con cuidado prudente, temor piadoso, comprensión y sabiduría, no para mal usarlos en beneficio personal impío.

Por favor, observa las palabras exactas utilizadas en Efesios 4:11. "Y él mismo constituyó a unos, apóstoles; a otros, profetas; a otros, evangelistas; a otros, pastores y maestros". Hay cuatro palabras muy importantes al principio de este versículo que debemos notar y entender. Ellas son: "Él mismo constituyó a unos". "Él mismo" se refiere a Jesús mismo, "constituyó"; no debido a obras, género, color o edad, sino que "constituyó" estos Dones según su propia voluntad. Él mismo solo dio estos Dones a "algunos". ¡No a todos! En otras palabras, Jesús libremente, sin ninguna recompensa debida a esfuerzo, nos invitó a participar en su llamado y luego dio estos Dones a la humanidad. Estos Dones fueron dados solo a algunos de su pueblo, no a todos. Todos pueden y deben ser bendecidos por ellos, pero no todos los poseen.

Según Efesios 4:11, los Dones Administrativos son: apóstoles, profetas, evangelistas, pastores y maestros. Deben ser apreciados y sus beneficios aceptados con gratitud por todos porque fueron dados con un propósito divino. Su propósito divino está declarado en los versículos siguientes.

> Para el perfeccionamiento de los santos, para la obra del ministerio, para la edificación del cuerpo de Cristo, hasta que todos lleguemos a la unidad de la fe y del conocimiento del Hijo de Dios, a un varón perfecto, a la medida de la estatura de la plenitud de Cristo; para que ya no seamos niños fluctuantes,

llevados por doquiera de todo viento de doctrina, por estratagema de hombres que para engañar emplean con astucia las artimañas del error, sino que siguiendo la verdad en amor, crezcamos en todo en aquel que es la cabeza, esto es, Cristo, de quien todo el cuerpo, bien concertado y unido entre sí por todas las coyunturas que se ayudan mutuamente, según la actividad propia de cada miembro, recibe su crecimiento para ir edificándose en amor.

Efesios 4:12-16

Permíteme enumerar todos los aspectos del propósito divino para un mejor reconocimiento.

1. Equipar a los santos para la obra del ministerio.
2. Edificar el cuerpo de Cristo.
3. Establecer la unidad de la fe.
4. Hasta que alcancemos el conocimiento del Hijo de Dios.
5. Para que podamos llegar a ser hombres perfectos, a la medida de la estatura de Cristo.
6. Para que no seamos llevados de un lado a otro por nuestras creencias.
7. Hasta que hablemos la verdad en amor.
8. Hasta que crezcamos en todas las cosas en Él, en Cristo.
9. Crecimiento y edificación del cuerpo de Cristo en amor.

APÓSTOLES

Q ué es un Apóstol? ¿Cuál es el rol, el ministerio, la carga, la visión y el carácter de un Apóstol? Y finalmente, ¿hay Apóstoles hoy en día?

Primero, debemos comprender que Dios nos creó para tener comunión con Él. Su objetivo final es habitar en medio de Su pueblo (Ver Ezequiel 43:7-9; Zacarías 2:10-11). Nuestro llamado supremo es ser una morada para Dios!

> Ahora, pues, ya no sois extranjeros ni advenedizos, sino conciudadanos de los santos y miembros de la familia de Dios, edificados sobre el fundamento de los apóstoles y profetas, siendo la principal piedra del ángulo Jesucristo mismo, en quien todo el edificio, bien coordinado, va creciendo para ser un templo santo en el Señor, en quien vosotros también sois juntamente edificados para morada de Dios en el Espíritu.
>
> Efesios 2:19-22

Apóstoles, "apostolos" en griego, simplemente significa "uno que es enviado." Son dados a la Iglesia como maestros constructores llamados y comisionados para ayudar a edificar la morada de Dios. Para una mejor comprensión del ministerio apostólico, veamos las funciones principales del apóstol en la iglesia del primer siglo. Estas funciones principales fueron:

1. Predicar el Evangelio en áreas no alcanzadas. Romanos 15:20 dice: "Y de esta manera me esforcé en predicar el evangelio, no donde Cristo ya había sido nombrado, para no edificar sobre el fundamento de otro" (énfasis añadido). Esta debería ser la pasión dominante del Apóstol.

2. Plantar iglesias sobre el fundamento que es Cristo. 1 Corintios 3:10-11: "Conforme a la gracia de Dios que me fue dada, yo, como perito arquitecto, puse el fundamento, y otro edifica encima; pero cada uno mire cómo sobreedifica. Porque nadie puede poner otro fundamento que el que está puesto, el cual es Jesucristo." El ministerio apostólico incluye ayudar a establecer iglesias que se mantendrán firmes en la verdad del Evangelio en todo el mundo (Gálatas 1:6-10, 3:1-3).

3. Nombrar y entrenar líderes una vez plantada la Iglesia. Tito 1:5: "Por esta causa te dejé en Creta, para que corrigieses lo deficiente, y establecieses ancianos en cada ciudad, así como yo te mandé." Pablo dice en Hechos 14:21-23: "Y después de anunciar el evangelio a aquella ciudad y de hacer muchos discípulos, volvieron a Listra, a Iconio y a Antioquía, confirmando los ánimos de los discípulos, exhortándoles a que permaneciesen en la fe, y diciéndoles: Es necesario que a través de muchas tribulaciones entremos en el reino de Dios. Y constituyeron ancianos en cada iglesia, y habiendo orado con ayunos, los encomendaron al Señor en quien habían creído.

4. Lidiar con problemas, falsas doctrinas o pecados en la Iglesia. Los libros completos de 1 y 2 Corintios son un ejemplo de esta función apostólica.

5. Promover la unidad en el cuerpo de Cristo. Consulte Efesios 4:1-16 y Filipenses 4:2. Además de tratar de desarrollar la unidad en las asambleas locales, Pablo también desempeñó el papel apostólico de desarrollar la unidad en la Iglesia Universal (Hechos 11:27-30; Romanos 15:25-27; 1 Corintios 16:14; 2 Corintios 8-9).

6. Demostrar e impartir lo sobrenatural a todos los santos. Hechos 4:33: "Y con gran poder los apóstoles daban testimonio de la resurrección del Señor Jesús, y abundante gracia era sobre todos ellos." No solo los apóstoles mostraron el poder de Dios, sino que también lo impartieron de maneras especiales a otros creyentes (Hechos 8:4-20, 10:44-46, 19:1-6; 2 Timoteo 1:6-7).

Aunque los apóstoles del primer siglo cumplieron estas seis funciones generales, el rol apostólico fue llevado a cabo de manera bastante única por cada uno de los apóstoles descritos en el Nuevo Testamento; cada uno tenía su propia área especial de experiencia. Por ejemplo, Pedro estaba particularmente dotado para alcanzar a los perdidos. Tres mil se salvaron después de su primer sermón. Pablo parecía sobresalir en la enseñanza y en la edificación de los creyentes a la imagen de Cristo. Pablo probablemente fue el mayor maestro, aparte de Jesús, que jamás haya existido. Dos tercios de las epístolas del Nuevo Testamento son enseñanzas escritas por Pablo. Juan era un apóstol con un corazón profético. Su pasión era que el pueblo de Dios caminara rectamente y en relaciones de amor, tanto con el Señor como entre ellos. Santiago, el medio hermano de Jesús, también fue reconocido como apóstol (1 Corintios 15:7), aunque su ministerio aparentemente fue más pastoral y principalmente localizado en Jerusalén.

Tener un ministerio apostólico no significa automáticamente que el apóstol tenga el derecho de ejercer plena autoridad en todas las situaciones en cada iglesia. Era un ministerio basado en relaciones y no solo en el llamado. Pablo les dijo a los corintios: "¿No soy apóstol? ¿No soy libre? ¿No he visto a Jesús el Señor nuestro? ¿No sois vosotros mi obra en el Señor? Si para otros no soy apóstol, para vosotros ciertamente lo soy; porque el sello de mi apostolado sois vosotros en el Señor" (1 Corintios 9:1-2).

También es crucial notar que el corazón de Pablo no era establecer una cadena de iglesias "somos de Pablo", sino ver a cada iglesia funcionar bajo el señorío de Cristo (Colosenses 1:18; Hechos 20:32; 2 Corintios 11:2-3). La verdadera visión apostólica, o el objetivo final si se quiere, es ver a aquellos que se unieron al Señor convertirse en semejantes a Cristo en cada aspecto de sus vidas. Cualquier verdadera visión espiritual no es algo que uno decide que es piadoso; la visión y el llamado deben originarse en Dios mismo. Noten cómo Pablo describe su visión para él mismo y sus hijos espirituales: "Con Cristo estoy juntamente crucificado, y ya no vivo yo, mas vive Cristo en mí; y lo que ahora vivo en la carne, lo vivo en la fe del Hijo de Dios, el cual me amó y se entregó a sí mismo por mí" (Gálatas 2:20). El profeta Hageo lo dijo así: "La gloria postrera de esta casa será mayor que la primera" (Hageo 2:9). No dijo que la casa sería mayor, sino que la gloria en ella sería mayor. Es por esto que la Gran Comisión no fue hacer conversos, sino hacer discípulos. La carga es hacer que todos los santos estén centrados en Cristo y no en el hombre. Nosotros, como cristianos, debemos comprender la realidad de que el Señor no existe para la Iglesia, sino que la Iglesia existe para el Señor. Cuanto más centrada en el hombre o centrada en la Iglesia se vuelve la Iglesia, más rápido caerá en la apostasía profetizada.

El objetivo apostólico no se centra tanto en la casa como en la gloria de aquel que habita en la casa. La visión apostólica está centrada en Cristo, no en la Iglesia. Muchas personas son atraídas a la iglesia por la belleza del templo, el canto, la atmósfera o el programa, y nunca llegan a conocer a Cristo. Sin embargo, si los hombres fueran llevados a Cristo por la realidad del verdadero significado de Su obra expiatoria, inevitablemente terminarían en la verdadera Iglesia de Dios. Pregúntate a ti mismo, ¿de qué sirve el templo más glorioso del mundo si el Señor no está en él? Cualquiera que sea el estado físico de tu templo, ¿no sería más glorioso si el Señor estuviera allí en toda Su gloria y esplendor?

Mira la gran oración apostólica de Pablo que se encuentra en Efesios 1:18-19.

> Alumbrando los ojos de vuestro entendimiento, para que sepáis cuál es la esperanza a que él os ha llamado, y cuáles las riquezas de la gloria de su herencia en los santos, y cuál la supereminente grandeza de su poder para con nosotros los que creemos, según la operación del poder de su fuerza.

Pablo no ora para que lleguemos a conocer algo que sea nuestro, sino solo para que lleguemos a conocer lo que es de Él. Esta es verdaderamente la visión apostólica y revela perfectamente el carácter de un hombre con el llamado de apóstol. Los apóstoles están llamados a ser los maestros constructores de la morada de Dios. Si, por lo tanto, observamos el carácter de cada maestro constructor, podemos reconocer fácilmente a aquellos llamados a ser apóstoles.

Por ejemplo, de Moisés, el primero en construir una morada para Dios, se dijo:

> Por la fe Moisés, hecho ya grande, rehusó llamarse hijo de la hija de Faraón, escogiendo antes ser maltratado con el pueblo de Dios, que gozar de los deleites temporales del pecado, teniendo por mayores riquezas el vituperio de Cristo que los tesoros de los egipcios; porque tenía puesta la mirada en el galardón.
>
> Hebreos 11:24-26

Moisés eligió sufrir aflicción con el pueblo de Dios, considerando los sufrimientos de Cristo como mayores riquezas que todos los tesoros de Egipto. De manera similar, Pablo caminó en continua persecución, peligros y reveses, viendo todos ellos como un medio de mayor autoridad y oportunidad para el Evangelio (Filipenses 3). Pablo era miembro de la aristocracia del imperio más grande del mundo, sin embargo, consideraba cada título y privilegio como "estiércol" (Filipenses 3:8).

La visión de Pablo, como la de Moisés, tenía su fundamento basado en la recompensa espiritual. A menudo se dice que algunas personas son tan espirituales que no son de ninguna utilidad terrenal. Para algunos eso puede ser cierto, sin embargo, para el resto de aquellos sobre quienes se dice esto, son los que son candidatos adecuados para el ministerio apostólico. ¿Ha habido algún hombre que haya caminado por la tierra desde Jesús, que haya sido más espiritual que los apóstoles? Un problema abrumador en el ministerio hoy es que la mayoría de los ministros están demasiado centrados en lo terrenal para ser de algún bien espiritual. "Porque se sostuvo como viendo al Invisible" (Hebreos 11:27). La verdadera visión espiritual exige que lo que vemos con los ojos de la fe sea más real que lo que vemos con nuestros ojos naturales.

¿Qué pasa hoy? ¿Se necesitan apóstoles hoy en día? ¿Acaso no terminó el llamado apostólico cuando murió el último de los doce originales? Estas preguntas se pueden responder mejor volviendo a mirar la lista de funciones de un apóstol.

1. Penetrar áreas no alcanzadas.
   Todavía existen miles de grupos de personas no alcanzadas que, debido al aislamiento geográfico o lingüístico, nunca han oído hablar de Jesucristo.

2. Plantación de iglesias y establecimiento de fundamentos.
   Se necesitan desesperadamente plantadores de iglesias ungidos por Dios en América y en todo el mundo.

3. Nombrar y capacitar líderes una vez plantada la iglesia.
   Ya sea que nuestros ministros asistan o no a un colegio bíblico o seminario, es poco probable que los jóvenes líderes de hoy reciban el tipo de capacitación personal y desarrollo de carácter que Timoteo recibió de Pablo. Sin duda, todavía necesitamos desesperadamente verdaderos padres espirituales ungidos (1 Corintios 4:14-17).

4. Abordar problemas no resueltos.
   Todavía necesitamos líderes capaces de aplicar valientemente la Palabra de Dios a áreas de pecado, desequilibrio, falsas doctrinas y división.

5. Promover la unidad.
   La unidad es muy necesaria en la Iglesia hoy en día, y solo aquellos con perspicacia y autoridad apostólica tienen los dones necesarios para lograrla de manera significativa.

6. Demostrar e impartir lo sobrenatural.
   Hoy más que nunca, debido al creciente interés de nuestra sociedad en el satanismo, el ocultismo y las prácticas de la Nueva Era, la Iglesia necesita poder mostrar y dispensar el verdadero poder de Dios (1 Corintios 2:4-5).

Examinemos un último pensamiento respecto a las preguntas. ¿Se necesitan apóstoles hoy en día? ¿Y no terminó el llamado apostólico cuando murió el último de los doce originales? Responderemos a estas preguntas con otra pregunta. ¿Qué pensarías si alguien sugiriera que los pastores, maestros y evangelistas ya no son ministerios válidos de la iglesia hoy en día? ¿No pensarías que están equivocados según las Escrituras? Sin embargo, a menudo nos hemos permitido ser despojados de los ministerios de apóstoles y profetas debido a doctrinas y creencias falsas. Recuerda que los apóstoles y profetas se encuentran en la misma lista de ministerios que los pastores, maestros y evangelistas (véase Efesios 4:11).

Necesitamos más personas que funcionen con impacto apostólico y profético y menos personas preocupadas por tener los títulos, especialmente aquellos individuos que tienen o desean el título sin el llamado o el don. Pablo lo dijo mejor cuando confrontó este deseo injusto: "¿Qué, pues, es Pablo? ¿Y qué es Apolos? Servidores por medio de los cuales habéis creído; y eso según lo que a cada uno concedió el Señor. Yo planté, Apolos regó; pero el crecimiento lo ha dado Dios. Así que ni el que planta es algo, ni el que riega, sino Dios, que da el crecimiento" (1 Corintios 3:5-7)."

Los apóstoles, al igual que los profetas, evangelistas, pastores y maestros, son el don de Dios, el llamado de Dios y la obra de Dios para el ministerio de Dios. Necesitamos desear Su plenitud, considerándonos a nosotros mismos como muertos. Solo entonces la Iglesia crecerá en Él. En el reino de Dios, toda autoridad proviene de quién eres en Cristo, no de tu título. Tu ministerio es tu función, no tu rango. A los ojos de Dios, el rango se gana amando a tu prójimo como a ti mismo y sirviendo a Dios con absoluta humildad. Cuanto más amamos a los demás, mayor es nuestro rango. Un feligrés que ama más tiene un mayor rango con Dios que el pastor que ama menos. En el momento en que comenzamos a ver a los demás a través del reflejo de nuestro propio orgullo, nos volvemos ciegos y sordos al Espíritu de Dios. Mirar al cuerpo de Cristo con los ojos de la humildad te hará grande en el reino de Dios (Mateo 23:11-12).

Cuando ponemos nuestra fe en Jesús como nuestro Salvador, Él viene a vivir dentro de nosotros. Luego, trabaja para transformarnos, reemplazando nuestro egoísmo con la semejanza de Cristo. A medida que crecemos en gracia y en nuestro conocimiento de Dios, nuestros pensamientos, palabras y acciones se vuelven más como los de nuestro Señor.

A.J. Gordon, el ministro, educador y autor estadounidense del siglo XIX, nos dio un ejemplo de este proceso en la naturaleza.

> Dos pequeños arbolitos crecieron uno al lado del otro. A través de las acciones del viento, se cruzaron entre sí. Poco a poco, cada uno se fue hiriendo por la fricción. La savia comenzó a mezclarse hasta que un día tranquilo se unieron. Luego, el más fuerte comenzó a absorber al más débil. Se hizo más grande y más grande, mientras que el otro se marchitó y declinó hasta que finalmente se cayó y desapareció. Y ahora hay dos troncos en la parte inferior y solo uno más arriba. La muerte se ha llevado a uno; la vida ha triunfado en el otro.[26]

Preguntas Del Capítulo
Para Ayudar A Tu Estudio

1. ¿Qué otro nombre se utiliza para los Dones Administrativos?
2. Tres palabras importantes aparecen en Efesios 4:11. ¿Cuáles son y qué significan para ti?
3. Nombra algunas cosas que los Dones Administrativos están dados para lograr, según Efesios 4:12-16.
4. ¿Qué significa la palabra griega para Apóstol?
5. Nombra cuatro funciones de un Apóstol.
6. ¿Cuál es la verdadera visión apostólica o el objetivo final de un Apóstol?
7. La visión espiritual requiere que veamos a través de los ojos de nuestra_____.

PROFETAS

Y él mismo dio a unos, apóstoles; a otros, profetas;
a otros, evangelistas; a otros, pastores y maestros.

Efesios 4:11

La palabra griega para Profetas es "Profetes", que en Efesios 4:11 es un sustantivo griego masculino. Un sustantivo masculino es uno que identifica a una persona específica, alguien que está específicamente llamado a hablar o proclamar abiertamente un mensaje divino. Este uso de la voz masculina muestra que estos oficios son para "algunos" o para "personas específicas" que los posean. ¡No son para todos!

En la Septuaginta, que es la traducción griega de las Escrituras del Antiguo Testamento, a menudo se refiere a un profeta como un vidente, que es la palabra hebrea Roeh (1 Samuel 9:9). Roeh sugiere que el profeta es alguien que tiene una relación íntima con Dios, alguien que puede ver y tocar el corazón de Dios. La Septuaginta también traduce la palabra Nabhi como profeta. Esta palabra significa alguien en quien el mensaje de Dios brota o surge, o alguien a quien se le puede comunicar cualquier cosa en secreto. Por lo tanto, el profeta es aquel sobre quien reposa el Espíritu de Dios (Números 11:17-19), y también aquel a quien y a través de quien Dios habla (Números 12:2; Amós 3:7-8).

Un profeta tiene una tremenda responsabilidad de hablar el mensaje de Dios, pero solo en verdad divina. La verdad divina debe emanar del amor divino de la naturaleza de Dios o no es verdad divina. No hay duda de que el mensaje de un profeta puede originarse del Todopoderoso y ser presentado en verdad, pero presentado fuera de la expresión amorosa de la naturaleza de Dios, y este mensaje verdaderamente divino no será atendido. Si el mensaje de Dios no se entrega con el corazón de Dios en el centro, no se convertirá en verdad para quienes lo escuchen. Proverbios 13:17 (RV) dice que "Un mensajero malvado cae en el mal: pero un embajador fiel es salud." La Versión Estándar Revisada lo pone de esta manera: "Un mal mensajero hunde al hombre en problemas, pero un enviado fiel trae sanidad." Un profeta necesita saber más que qué decir. ¡También necesita entender cómo decirlo! Ningún verdadero profeta de Dios quiere usar un martillo cuando una simple matamoscas será suficiente.

Dios también proclama Sus mensajes de diferentes maneras. Mira Hebreos 1:1, que dice que "Dios, que en diversos tiempos y de muchas maneras habló en el tiempo pasado a los padres por los profetas" (Énfasis añadido). Dios habla con mayor frecuencia con gentileza y amabilidad (1 Reyes 17:11-13), pero a veces también habla con disciplina y reprensión (Números 20:11-12, Ezequiel 33:2-9). Un profeta de Dios debe saber cómo hablar el mensaje de Dios tanto como saber qué mensaje hablar. Será responsable tanto de lo que dice como de cómo lo dice (Jeremías 23, Ezequiel 13).

Por lo tanto, un profeta debe ser un hombre de oración. Solo a través de la oración constante un hombre de Dios puede obtener la mente de Cristo. Un profeta también debe ser un hombre de la Palabra. Debe ser alguien que lee y relee la Palabra de Dios. Conocer la Palabra de Dios permite a un profeta usar esas partes de la Palabra que se aplican solo a esa situación dada.

A los profetas se les da el derecho de expresar la misericordia de Dios así como la ira de Dios. Esta es una responsabilidad pesada. Un profeta debe asegurarse de sentir y seguir exactamente la guía del Espíritu y negar su propio yo. Mucho de lo que se le revela a un profeta puede crear caos, miedo, pánico y dificultades innecesarias si se dice de manera incorrecta. ¿Puedes imaginar cuáles serían los resultados si un mensaje se hablase a la persona equivocada o se dijese cuando no debía ser dicho? Porque Dios a menudo usa demostraciones, no palabras (Ezequiel 4, Mateo 7:6), y a veces Dios revela Su diseño a una persona con el único propósito de la oración intercesora (Génesis 18:17~). Saber exactamente lo que Dios requiere es la más grave de todas las responsabilidades de los profetas.

Otra responsabilidad de un profeta es asegurarse de que el mensaje no se diluya por el sentimentalismo. Su ira, amor, alegría o tristeza, o los deseos del pueblo pueden afectar incorrectamente la capacidad del profeta para escuchar el mensaje y relacionarlo correctamente. Las emociones del profeta pueden afectar la escucha del mensaje en su totalidad, o la entrega del mensaje mismo. Por lo tanto, es de suma importancia que un profeta se adhiera a la primera Palabra que Dios le da. Nunca debe cambiarla ni desviarse de ella de ninguna manera debido al sentimentalismo.

Hay una historia en 1 Reyes 13:11-23 sobre un joven profeta que se desvió de la primera Palabra de instrucción de Dios porque otro "hombre de Dios" lo animó. Debido a la desobediencia, el joven profeta fue asesinado por un león. Si el joven profeta solo hubiera obedecido las primeras órdenes de Dios, y no hubiera permitido que la influencia, cortesía y amabilidad del profeta mayor lo influenciaran, el joven profeta no habría muerto.

En términos simples, aunque no tan fácilmente logrado, un profeta no debe alterar, racionalizar ni desviarse del mensaje que Dios le da. Debe obedecer lo que Dios le impone y luego dejar que la misericordia de la cruz libere su corazón. Si un profeta intenta alterar el remedio que Dios ha considerado necesario para llevar a Sus hijos a la madurez, ¡es pecado! Un profeta es simplemente un portavoz de Dios. Habla lo que Dios le dice que hable de la manera en que Dios quiere que se hable y a quien Dios quiere que se le hable. ¡Nada más! Como dijo una vez Bob Mumford, fundador y director de "Life Changers" Inc., "Si arreglamos el arreglo que Dios ha fijado para arreglarnos, Dios solo tendrá que arreglar otro arreglo para arreglarnos.."[27]

Además de ser portavoz de Dios, las Escrituras del Antiguo Testamento comúnmente llaman a los profetas "centinelas." Ser un centinela para el cuerpo de Cristo es una característica significativa de su ministerio (Ezequiel 3:17, 33:7). Al profeta se le llamaba centinela porque funcionaba en el ámbito espiritual de la misma manera que los centinelas terrenales lo hacían en el ámbito natural. Los centinelas naturales estaban estacionados en puestos específicos en los muros de la ciudad. Esta posición les daba la visibilidad para vigilar al rey u otros miembros de la nobleza para anunciar su llegada. También debían vigilar a los enemigos desde fuera o desórdenes que surgieran dentro de la ciudad o campamento. Estos centinelas estaban especialmente entrenados para poder distinguir al enemigo de sus hermanos.

Los profetas son hombres y mujeres de Dios que principalmente operan en el ámbito espiritual. Son llamados y entrenados por Dios para varios propósitos. Deben reconocer al enemigo, sus formas, sus engaños y proclamar audazmente lo que Dios quiere para Su pueblo. Luego deben dirigir al pueblo de Dios en la dirección a menudo llamada "el camino estrecho que lleva a la vida" (Mateo 7:13). Su autoridad, que es dada por Dios, tiene sus límites.

> Los profetas no eran los ancianos en las puertas, ni tenían la autoridad para abrir o cerrar las puertas de una ciudad, ni tampoco tenían la autoridad para movilizar la milicia contra el enemigo. Su trabajo era comunicar lo que veían a aquellos que tenían esa autoridad. Es por eso que no podían ser excesivamente propensos a dar la alarma o a solicitar que se abrieran las puertas. Debían ser precisos en su discernimiento, porque si había demasiadas falsas alarmas, la gente comenzaría a ignorarlas. Si eran descuidados y dejaban pasar a un enemigo por la puerta, podrían poner en peligro a toda la ciudad. Por lo tanto, esta era una posición

extremadamente crucial para la cual se requería precisión y confiabilidad de los profetas.[28]

El ministerio del profeta ha sido dado a la Iglesia, pero solo puede funcionar correctamente si está relacionado adecuadamente con los otros ministerios (Efesios 4:11). Todos estos ministerios aún están siendo restaurados a su verdadero lugar bíblico. El ministerio de los centinelas no puede funcionar correctamente hasta que los otros ministerios hayan tomado su lugar adecuado primero. Por lo tanto, es nuestro deber como miembros del Cuerpo de Cristo encontrar nuestros lugares designados por Dios y posicionarnos allí. Esto traerá orden y bendiciones al Cuerpo de Cristo, aumentando su poder y autoridad en consecuencia.

Las posiciones bíblicas de los centinelas en el Antiguo Testamento eran.

1. En los muros de la ciudad (Isaías 62:6-7).
2. Caminando por la ciudad (Cantar de los Cantares 3:3).
3. En las colinas o el campo (Jeremías 31:6).

Si miramos estas posiciones y las relacionamos con el Cuerpo de Cristo y la Iglesia, nos proporcionarán una imagen práctica de la operación del ministerio de los profetas.

Los profetas que estaban colocados en los muros de la ciudad tenían una perspectiva elevada. Esa posición les permitía ver tanto fuera como dentro de la ciudad. Estos hombres estaban entrenados para reconocer tanto al enemigo como a sus hermanos desde grandes distancias, aunque no tenían autoridad para confrontar a ninguno de los dos. Simplemente daban su información a los ancianos que se sentaban en las puertas. Solo los ancianos de la ciudad tenían la autoridad para ordenar que se abrieran o cerraran las puertas y para dar la alarma.

El centinela asignado a caminar por la ciudad podía observar la actividad dentro de los muros más íntimamente. Estos estaban específicamente entrenados para abrir camino para el rey o la nobleza que pasaban o para reconocer y confrontar el desorden o el comportamiento ilegal. Podían aprehender a los infractores, pero no podían imponer sentencias. Las sentencias también venían de los ancianos.

Los centinelas en las colinas patrullaban las fronteras y el campo. Podían ver tanto al enemigo como a la nobleza mucho antes de que llegaran a la ciudad. Ellos también estaban especialmente entrenados para distinguir a sus compatriotas de los extranjeros o de sus enemigos que venían como comerciantes o embajadores. Estos centinelas, al igual que los otros, no tenían la autoridad para pedir una movilización de las defensas o para permitir el libre paso de extranjeros. Su trabajo era solo comunicar lo que veían a los ancianos, quienes eran los únicos que tenían tal autoridad.

En Apocalipsis 21:2, la novia del Cordero se refiere a una ciudad. Por lo tanto, relacionando eso con la posición de los centinelas, la "ciudad" sería indicativa de la iglesia, incluyendo tanto una congregación local como la Iglesia universal. El Señor ha llamado a individuos cuya función principal es ser centinelas en cada uno de estos tres lugares en y alrededor de la Iglesia. Tiene algunos cuyo único propósito es vigilar dentro de la Iglesia para el movimiento del Rey, abrirle camino y reconocer y reportar desorden o comportamiento ilegal a los ancianos. Hay otros que han recibido una posición de visión que les permite ver tanto dentro como fuera de la ciudad. También hay centinelas cuyo llamado principal es deambular como exploradores en el mundo. Son aquellos que vigilan a falsos maestros y enseñanzas, doctrinas heréticas, cultos, nuevos y antiguos, en el horizonte o surgiendo en medio de las ovejas. Están allí para detectar persecución antes de que estalle contra el cuerpo de Cristo, o incluso lobos en medio del pueblo de Dios.[29]

Isaías 62:6-7 establece que la función del centinela es orar y guardar. Esto es crucial de entender porque la mayoría del discernimiento vendrá a través de la oración. En Ezequiel 3:17, los centinelas debían escuchar al Señor y solo advertir al pueblo. Aquí es donde muchos que son llamados como centinelas se desvían de su curso. Su caída comienza cuando empiezan a buscar al enemigo más de lo que buscan al Señor. Tanto su visión como su discernimiento se distorsionan. Recuerden que el ministerio del centinela es espiritual. La verdadera visión espiritual está en el ámbito espiritual. El ámbito espiritual se entra solo a través de mucha oración, ayuno y adoración. El primer principio de este ministerio es que, más que buscar al enemigo, el centinela debe estar en constante comunicación con el Señor. Jeremías 6:17; Isaías 21:5-10 y Habacuc 2:1-3 abordan este aspecto del ministerio del centinela.

Una de las funciones básicas del ministerio profético, que a menudo se pasa por alto pero que es desesperadamente necesaria, es "conocer los tiempos en que viven" (Isaías 21:11-12). Por lo tanto, a medida que avanzamos hacia el fin de esta era, el tiempo se volverá cada vez más crítico en todo lo que hacemos. Debemos orar para que el Señor levante en los últimos días "de los hijos de Isacar que tenían entendimiento de los tiempos, para saber lo que Israel debía hacer, sus jefes eran doscientos; y todos sus hermanos estaban a su mando" (1 Crónicas 12:32).

¡Querido Señor, ayúdanos a reconocer los tiempos y las estaciones, y a estar preparados para lo que se nos muestra, Amén!

Asaf, que era uno de los salmistas, en una de sus más desesperadas lamentaciones por Israel, su nación sitiada, escribió: "No vemos ya nuestras señales; no hay más profeta, ni hay entre nosotros quien sepa hasta cuándo" (Salmo 74:9). El Señor quiere que Su pueblo sepa cuándo va a moverse, cuándo viene el juicio y cuándo vendrá el enemigo. Dios declara esta verdad en Amós 3:7: "Porque no hará nada Jehová el Señor, sin que revele su secreto a sus siervos los profetas." Este es un aspecto esencial del ministerio profético que debe ser recuperado y reposicionado correctamente en el Cuerpo de Cristo. Si no, seguiremos pagando con derrotas y catástrofes innecesarias.

Haríamos bien en hacernos la misma pregunta que Job hizo: "Puesto que no son ocultos los tiempos al Todopoderoso, ¿por qué los que le conocen no ven sus días [su tiempo]?" (Job 24:1). Si uno lee el resto de Job 24, es casi un comentario sobre la condición actual de gran parte del Cuerpo de Cristo. Cuando fallamos en reconocer el tiempo del Señor, incluso nuestras directrices y límites espirituales se vuelven borrosos.

Los pastores y ancianos nunca funcionarán al nivel de autoridad al que están llamados hasta que los centinelas tomen las cargas sobre sí mismos a las que han sido llamados a llevar. Hasta que se establezca una relación bíblica entre líderes y centinelas, los centinelas no podrán funcionar correctamente, y nuestros líderes seguirán siendo innecesariamente sorprendidos por el enemigo.

Pablo habló de lo cuidadoso que era para mantenerse dentro del ámbito de autoridad que se le había asignado (2 Corintios 10:12-14). Sabía que si se posicionaba fuera de los límites que Dios había establecido para él, sería vulnerable al enemigo. También sabía que la Iglesia, que incluye tanto a bebés como a santos maduros, estaría en grave peligro, porque podrían recibir una dirección y liderazgo incorrectos a menos que estuvieran bajo la atenta mirada de un verdadero profeta de Dios. Que la Iglesia de Dios esté consciente de estas dos medidas de seguridad más importantes. Primero, los líderes deben aprender a dejar que los centinelas hagan lo que están llamados a hacer. Segundo, los centinelas deben aprender que su trabajo es simplemente transmitir información, no dictar políticas.

Una última cosa sobre los profetas, un centinela que está designado para patrullar en el mundo (investigando cultos, tendencias políticas o filosóficas, etc.) se convertirá en un obstáculo si intenta vigilar lo que sucede en la Iglesia, ya que eso está fuera de su ámbito de autoridad. Del mismo modo, aquellos que están destinados a vigilar la Iglesia pueden desarrollar paranoia si comienzan a vigilar lo que sucede en el mundo. Es difícil para los centinelas mantenerse dentro de su ámbito de autoridad, pero es absolutamente necesario que lo hagan. Cuando no lo hacen, las consecuencias suelen ser negativas.

Finalmente, es peligroso para nosotros exaltar a estos mensajeros más allá del lugar donde Dios los ha puesto. Por otro lado, también es peligroso no reconocer la autoridad que Dios les ha dado. Esta exaltación o falta de reconocimiento puede hacer que no recibamos al mensajero o el mensaje que el profeta lleva de parte del Señor.

La insensatez de Ananías y Safira fue que no reconocieron qué autoridad estaba operando en Pedro (Hechos 5:1-12). Pedro ya no era solo un pescador; era un vaso lleno del Espíritu Santo. Esa falta de reconocimiento llevó a una mentira que les hizo ser juzgados. Tomen en cuenta también que Ananías y Safira no fueron castigados por los creyentes o los ancianos. ¡Fueron muertos por Dios! La Biblia dice que gran temor cayó sobre la Iglesia debido al juicio divino que Dios trajo sobre ellos. Querido Señor, déjanos tener temor reverencial debido a tu misericordia, no debido a tu juicio.

Hoy en día, los ministros han caído a lo que puede ser un mínimo histórico en la estima del mundo. Esto podría ser una trampa mortal cuando el Señor vuelva a levantar hombres de verdadera autoridad apostólica y profética. Cuanto mayor sea la luz que uno tenga, mayor será el juicio que vendrá sobre él (Lucas 12:48). Cuando honramos a los mensajeros del Señor, no estamos honrando indebidamente a los hombres. Sin embargo, estamos honrando al Señor. Así como el honor que damos al embajador de un país refleja el respeto que tenemos por su gobierno, también lo hace el honor que mostramos a los embajadores de Dios. Si permitimos que la oscuridad del cinismo que prevalece en el mundo hoy influencie a la Iglesia, pagaremos un precio terrible cuando el Señor revele a Sus siervos o a Sí mismo.

Amados, lo mejor está por venir. Lo que estamos a punto de ver no se puede atribuir al hombre. Ninguna cantidad de dinero o promociones especiales puede hacer que suceda. El Señor va a ungir a las personas en estos últimos días, colocándolos en sus posiciones adecuadas, unificando el cuerpo corporativo para trabajar

REV. MARIO A BRUNI, DR. DIV.

como una máquina bien aceitada, con cada parte bien posicionada funcionando en humildad y poder. Estas partes cederán unas a otras para que el Señor pueda tener Su camino en Su Iglesia y en Su pueblo. Solo entonces veremos el tipo de autoridad y poder en el que caminaba Elías. Veremos el tipo de victoria que Elías vio sobre los falsos profetas y falsos dioses. Solo entonces veremos el retorno del corazón de los padres hacia los hijos y de los hijos hacia los padres. Y solo entonces veremos también una gran generación espiritual partir para estar con el Señor. Se irán en gloria y dejarán una generación que tiene el doble de poder y autoridad que ellos, pero solo si realmente lo deseamos (2 Reyes 2:9).

Hay un principio espiritual a través del cual pasa la autoridad espiritual. Este principio se encuentra en la humildad para honrar a aquellos a quienes se debe honor. Debemos ver la autoridad del Señor en aquellos a quienes Él ha designado, incluso cuando no cumplan con nuestras expectativas humanas. Nuestra relación con ese principio determina cuánta autoridad se nos puede confiar. Nuestra obediencia a ese principio determinará cuánto fruto dejaremos atrás. Encontrar y fluir en el principio divino de Dios es, por lo tanto, imperativo para aquellos que servirán al propósito de Dios en su generación.

Que Dios nos muestre a aquellos que Él ha ordenado ser siervos en nuestro favor. Abre nuestros oídos, querido Señor, para escuchar, nuestros corazones para entender, y nuestras voluntades para obedecer, en el nombre de Jesús, ¡Amén!

Preguntas Del Capítulo
Para Ayudar A Tu Estudio

1. ¿Qué significa la palabra griega para Profeta?
2. ¿Cuál es otro nombre comúnmente usado en el Antiguo Testamento para los Profetas?
3. ¿Cuáles son las tres estaciones bíblicas que ocupa un Profeta?
4. Da la ventaja que tendría cada estación del Profeta sobre las demás.
5. ¿Cómo se llama la novia en Apocalipsis 21:2?
6. Según Isaías 62:6-7, ¿cuál era la función de los centinelas o Profeta?
7. ¿Cuál es una función básica de un Profeta que se pasa por alto pero que sigue siendo desesperadamente necesaria?
8. ¿Cuál es el trabajo del Profeta cuando ve algo espiritualmente?
9. ¿Cuál no es el trabajo del Profeta cuando ve algo espiritualmente?

EVANGELISTAS

Edificaré mi iglesia, y los poderes del infierno no
la conquistarán.

Mateo 16:18 Isv

Ahora continuaremos nuestro estudio sobre los Dones
Administrativos con una mirada a los evangelistas, el tercer
don mencionado en Efesios 4:11. "Y él mismo dio a unos ser
apóstoles; a otros, profetas; a otros, evangelistas; y a otros, pastores
y maestros". La palabra griega para evangelista es euaggelistes, que
significa predicador o mensajero de las Buenas Nuevas (Evangelio).
Los misioneros también se consideran evangelistas porque son
predicadores del Evangelio. El término misioneros comenzó a
usarse en la Iglesia primitiva como la designación de una clase
especial de evangelistas porque generalmente iban a áreas que no
habían escuchado el Evangelio

Nunca en la historia del mundo ha sido más evidente que Jesús
está construyendo su Iglesia. En África, la iglesia cristiana está
creciendo treinta y dos veces más rápido que la tasa de natalidad.
En Corea, la iglesia cristiana está creciendo cuatro veces más rápido
que el aumento de la población. Actualmente, más del 70% de los
estadounidenses creen haber tenido una experiencia de nuevo
nacimiento con Dios. Karl Marx escribió: "Los filósofos solo han
interpretado el mundo de diferentes maneras; sin embargo, el punto
es cambiarlo".[30] Este es el llamado de los evangelistas. Este hecho
está fundamentado en la verdad del Evangelio "que Dios estaba

en Cristo, reconciliando al mundo consigo mismo" (2 Corintios 5:19), y esto es lo que hace que la evangelización sea una absoluta necesidad.

El método de Jesús para alcanzar el mundo siempre fue unos pocos hombres especiales seleccionados y ordenados, yendo en el poder de su llamado para alcanzar a los no alcanzados. Comenzó con la selección de Jesús de solo doce de entre las multitudes que lo seguían. Por favor, comprendan que a Jesús no le interesan los números ni los mejores planes de los hombres. Está buscando hombres y mujeres que lo sigan con un corazón puro de fe. Jesús comenzó a llamar a estos individuos especiales antes de predicar un sermón. Mantuvo a estos hombres cerca de Él hasta que sintió que estaban listos para ministrar y luego los llenó de poder y los envió de dos en dos. La iglesia está llamada a ser un testigo, pero estos hombres seleccionados fueron llamados a testificar. No interpreten esto de manera incorrecta. Todos estamos llamados a llevar el Evangelio de Cristo. Debemos ser una epístola viviente viviendo una vida piadosa (2 Corintios 3:2) junto con el discurso escrito y verbal. Nuestras vidas, una vez entregadas al Espíritu Santo, siempre tendrán oportunidades para ser testigos y llevar el Evangelio.

Sin embargo, el evangelista no solo está llamado a ser un testigo, sino también a testificar. Es empoderado y luego enviado a los rincones más lejanos del mundo para llevar las buenas nuevas de salvación a un mundo perdido y moribundo. Una vez que se ha aceptado la salvación, la instrucción y el cuidado pastoral del nuevo creyente recaen bajo el llamado de los pastores y maestros.

El llamado a ser evangelista no surge solo de una vida piadosa, aunque juega un papel importante. Sin embargo, surge de un llamado y empoderamiento ordenado por Dios para hacer ese trabajo específico. Tengan en cuenta que el evangelista sin el respaldo de la iglesia es tan inútil como un poderoso barco de guerra sin combustible. El combustible debe ser suministrado por la iglesia; lleva al evangelista al lugar donde puede disparar la imparable

Palabra omnipotente de Dios (Isaías 55:11). Si la iglesia no apoya a los evangelistas, este poderoso barco de guerra queda a la deriva y se vuelve inútil.

Efesios 4:11 coloca al evangelista en el centro de los otros cuatro Dones Administrativos. Esta colocación ordenada por Dios lleva a muchos a suponer que los evangelistas deben estar entre los otros dos grupos. Los evangelistas son enviados como predicadores misioneros del Evangelio por el primer grupo (Apóstoles y Profetas), y como tales, preparan el camino para los trabajos del segundo grupo (Pastores y Maestros).

Los evangelistas eran ministros ordenados (2 Timoteo 1:6), a quienes los apóstoles tomaban como compañeros de viaje (Gálatas 2:1), y los enviaban para establecer y consolidar las iglesias que los apóstoles mismos habían plantado (Hechos 19:22). No estaban fijos en un lugar en particular; solo debían permanecer allí hasta que fueran llamados de nuevo (2 Timoteo 4:9). Podemos llegar a la misma conclusión en el caso de Pablo y Ágabo al visitar a Felipe (Hechos 21:8-10). Otros administradores también pueden hacer el trabajo de evangelistas. Incluso pueden reclamar el título de evangelista (Hechos 8:25, 14:7; 1 Corintios 1:17). Pero no son llamados ni empoderados para ser evangelistas. El llamado del evangelista es proclamar las Buenas Nuevas de salvación a aquellos que nunca las han escuchado.

Tomen nota por un momento de la declaración anterior: el llamado del evangelista es proclamar las Buenas Nuevas de salvación a aquellos que nunca las han escuchado. Es convicción de este maestro que un evangelista no es una persona que va de iglesia en iglesia realizando avivamientos. Un evangelista es alguien que es llamado a un pueblo que aún no ha escuchado las Buenas Nuevas. Esa gente está en la calle, o en algún campo misionero, no están en la Iglesia. No malinterpreten, hay algunas almas no salvas que encuentran su camino a un banco y deben recibir ministerio, eso cae bajo la autoridad del ministerio del Pastor. Un evangelista por llamado es alguien que va a los no evangelizados. No es alguien que va de iglesia en iglesia realizando avivamientos por semanas y meses. El avivamiento por definición es devolver la vida a alguien que ha tenido vida antes, no a aquellos que nunca han estado vivos antes; en otras palabras, los avivamientos son para el Cuerpo de Cristo, no para los no salvos. Esto saca el ministerio de avivamiento de las manos de un evangelista, donde no pertenece, y lo coloca firmemente en las manos de los otros administradores.

Un evangelista puede, si es necesario, pasar semanas y meses en una iglesia para establecerla. Inmediatamente después de ese establecimiento, debe entregar el pastoreo y la enseñanza de los nuevos santos a aquellos que son llamados a esos ministerios. Luego debe ir y ministrar a aquellos que no han escuchado el Evangelio una vez más.

Veamos ahora algunas calificaciones necesarias para ser un evangelista. Haremos esto examinando la vida y el ministerio de Felipe, uno de los primeros diáconos evangelistas ordenados en la Palabra de Dios. Este Felipe no es el apóstol que Jesús llamó, cuyo hermano era Natanael (Juan 1:43-45). Felipe el evangelista fue ordenado diácono en Hechos 6:5. No sabemos nada de su ascendencia familiar. Como diácono, leemos por primera vez de Felipe en su nombramiento. Su nombre sigue a Esteban en la lista dada en Hechos 6:5. Después de la muerte de Esteban en Hechos 7, Felipe fue a la ciudad de Samaria, llevando el Evangelio con él. Fue llamado evangelista por primera vez en Hechos 21:8, cuando Pablo y su compañía se quedaron en la casa de Felipe en Cesarea.

Felipe el Evangelista era un Hombre de Mente Abierta. No era un hombre con una mente de un solo camino que no podía cambiar o ser movido por el movimiento del Espíritu. "Entonces Felipe descendió a la ciudad de Samaria y les predicó a Cristo" (Hechos 8:5). Recuerden lo despreciados que eran los samaritanos por los judíos. Ningún judío se atrevería a hablar con un samaritano (Juan 4:9). Mientras estaba allí, hizo muchos grandes milagros y llevó la salvación a muchos.

Felipe también era un Hombre Guiado por el Espíritu. Veamos Hechos 8:26-30.

> Ahora un ángel del Señor habló a Felipe, diciendo: "Levántate y ve hacia el sur por el camino que desciende de Jerusalén a Gaza, que está desierto". Entonces él se levantó y fue. Y he aquí, un hombre etíope, eunuco, alto funcionario de Candace, reina de los etíopes, que estaba a cargo de todo su tesoro, y que había venido a Jerusalén para adorar, regresaba en su carro. Estaba leyendo al profeta Isaías. Entonces el Espíritu dijo a Felipe: "Acércate y únete a este carro". Felipe corrió hacia él, y al oírlo leer al profeta Isaías, le preguntó: "¿Entiendes lo que estás leyendo?

Un evangelista no tiene miedo de ir a donde es guiado, aunque las direcciones no tengan explicación y el camino sea peligroso.

Felipe era un hombre dispuesto a aprender. Jesús escogió a hombres, en su mayoría, "sin estudios y sin formación académica, según los criterios del mundo" (Hechos 4:13). Hombres que Jesús sabía que eran dóciles, Felipe no entendió ni aceptó lo que le había sucedido a Jesús ni lo que entonces sucedía en la Iglesia. Recuerden que huyó de la persecución de Saúl. Sin embargo, Dios ve el corazón del hombre. Al principio, el corazón de Felipe era débil, su entendimiento limitado, pero Dios vio la pureza de su corazón y su espíritu dócil, y por eso, Dios lo usó.

Felipe era un hombre que predicaba nada más que el Evangelio completo y puro

> Entonces, el eunuco respondió a Felipe y dijo: "Te ruego que me digas, ¿de quién dice esto el profeta?

¿De sí mismo, o de algún otro?" Entonces Felipe abrió su boca, y comenzando desde esta Escritura, le predicó a Jesús. Mientras iban por el camino, llegaron a un lugar donde había agua. Y el eunuco dijo: "Mira, aquí hay agua; ¿qué impide que yo sea bautizado?" Entonces Felipe dijo: "Si crees de todo corazón, puedes". Y él respondió y dijo: "Creo que Jesucristo es el Hijo de Dios.

Hechos 8:34-40

El Evangelio se define para nosotros en 1 Corintios 15:1-4 como "que Cristo murió por nuestros pecados conforme a las Escrituras; y que fue sepultado, y que resucitó al tercer día conforme a las Escrituras". Los evangelistas, especialmente, deben adherirse estrictamente a esta definición. Cuando empezamos a adaptar nuestros mensajes a la multitud, no somos más que vendedores ambulantes en el costado del camino vendiendo elixires mágicos. Los evangelistas están llamados a predicar nada más que la Palabra de Dios completa, pura, sin compromisos y viva, y a Cristo crucificado. Si necesitas un ejemplo de lo que se está diciendo, mira al Rev. Billy Graham. Sus mensajes son claros, precisos y directos. Definen el pecado. Muestran las consecuencias de ese pecado. Siempre están enmarcados por la cruz. Él te muestra el camino hacia el perdón de Cristo e invita a aceptar Su obra expiatoria. Es verdaderamente un Evangelista llamado y ordenado por Dios. Es un hombre que conoce su llamado y camina en él sin compromisos.

Una última cosa que se puede notar acerca de Felipe el evangelista. Felipe era un hombre que tenía un hogar piadoso. Felipe y su familia vivían según su fe.

Al día siguiente, nosotros, que éramos compañeros de Pablo, partimos y llegamos a Cesarea, y entramos en la casa de Felipe el evangelista, que era uno de los

> siete, y nos hospedamos con él. Ahora este hombre
> tenía cuatro hijas vírgenes que profetizaban.
>
> Hechos 21:8-9

Felipe tenía cuatro hijas vírgenes, todas conocían al Señor, las cuatro estaban en el ministerio, todas poseían el Don de Profecía. El hogar de Felipe era un refugio de descanso para aquellos que estaban cansados, agotados y necesitaban un lugar seguro para descansar.

La tradición es conflictiva e incierta sobre la vida posterior de Felipe. Los griegos registran que Felipe se convirtió en el Obispo de Tralles, en Lidia, pero los latinos dicen que terminó sus días en Cesarea. Sea cual sea el caso, la tradición y la historia lo presentan como un gran hombre de fe, un evangelista usado poderosamente por Dios para enriquecer el reino de Dios en la tierra.

Discutamos por un momento la diferencia distintiva entre evangelizar y ser un Evangelista. Según Isaías 43:10, Mateo 10:7, 28:19-20, Marcos 16:15; Lucas 9:2, 60, 24:46-49, Juan 15:27, Hechos 1:8, 5:20, 8:4, 2 Timoteo 4:2 y otros, se nos ordena evangelizar. Todos los creyentes nacidos de nuevo "recibirán poder cuando el Espíritu Santo venga sobre ellos; y serán testigos para mí en Jerusalén [su ciudad natal], y en toda Judea [su estado], y Samaria [su país], y hasta lo último de la tierra" (Hechos 1:8). No todos los que evangelizan tienen el don especial de ser un Evangelista. Dios especialmente da a algunos ser Evangelistas (Efesios 4:11).

Aunque Dios da a algunos ser Evangelistas con el único propósito de ganar a los perdidos, no debemos creer que son los únicos que pueden y deben evangelizar. Satanás ha tenido tanto éxito con esta decepción que se ha estimado que probablemente el noventa y cinco por ciento de los miembros de la iglesia estadounidense nunca han llevado a nadie a Cristo. Así, el ejército de Cristo ha sido más que diezmado, y la respuesta desde el banco ha sido en su mayor parte, "Deje que el clero lo haga." Recuerde que más del noventa y nueve por ciento de la iglesia está formado por laicos.

Debido a que los laicos en su mayor parte están ausentes, no hay duda de que la batalla por las almas de los hombres se está perdiendo. Dios ordena a todos que den testimonio del Evangelio. Los informes que han surgido de muchos pastores y evangelistas de todo el mundo indican que el factor más significativo para generar el crecimiento de la Iglesia es la movilización de los laicos[31]. Cada vez más, los cristianos en todo el mundo están siendo energizados por Dios y ahora se dan cuenta de que la Gran Comisión ha sido dada a toda la Iglesia para evangelizar, no solo al clero.

Los evangelistas son verdaderamente hombres y mujeres bendecidos, llamados y dotados por Dios. Estos hombres y mujeres especiales deben ser respetados tanto como y aún más que los otros en la lista de Efesios 4:11. Estos hombres y mujeres deben ir diariamente a donde ningún hombre ha ido antes, con el Evangelio. A menudo, estas personas van directamente al corazón del territorio enemigo, territorio donde abundan los peligros físicos y espirituales. Van a áreas donde nunca se ha invitado al Espíritu Santo. Van a donde no son bienvenidos y son odiados. ¡Pero aún así van! Van fortalecidos solo por su fe y confianza en su llamado. A diferencia de los apóstoles y pastores, estos hombres a menudo van sin las oraciones diarias y el apoyo monetario necesario para librar una guerra espiritual tan brutal y salvaje. Esto debe cambiar. ¡La iglesia debe despertar a la importancia de estos hombres especiales de Dios!

Hace algún tiempo, tuve una larga conversación con un pastor de una pequeña iglesia en el Bronx. Este pastor es miembro de una importante denominación pentecostal. Dijo cosas muy interesantes que me gustaría compartir contigo. Nuestra discusión se centró en los Dones Administrativos. Él dijo que creía que Dios los estaba restableciendo hoy en nuestras iglesias. Sin embargo, notaba una dramática disminución en el número de evangelistas que salían adelante. Cuando le pregunté por qué, su respuesta fue impactante. Dijo: "La mayoría de los que antes salían a evangelizar por todo el mundo están siendo destruidos por falta de apoyo. Esta falta de apoyo viene tanto del clero como de los laicos. Van a áreas desconocidas con un ingreso anual de alrededor de doce mil dólares". Continuó diciendo que sentía que esta era la razón por la que la mayoría de los evangelistas iban de iglesia en iglesia, organizando avivamientos en lugar de ir a áreas del mundo donde no se ha predicado el Evangelio. Temía las repercusiones que esta actitud negligente por parte del clero y los laicos estaba teniendo en la Iglesia. Este hermano estaba profundamente preocupado por la falta de participación de la Iglesia en los ministerios evangelísticos. Le preocupaba tanto que comenzó a reunir a un grupo de pastores para discutir este problema.

Muchos de nosotros asistimos a iglesias que no tienen un ministerio evangelístico en curso ni siquiera un fondo adecuado para el alcance evangelístico. Nuestros pastores están haciendo todo el trabajo de evangelización mediante visitas domiciliarias, visitas al hospital o incluso asistiendo a reuniones comunitarias, y eso es todo el alcance evangelístico en la iglesia. Sin embargo, este no es el trabajo único y exclusivo de un pastor. Los ancianos y laicos deberían estar haciendo este trabajo junto con el pastor.

En la mayoría de las iglesias, hay un estante de folletos. La mayoría de las veces, sin embargo, estos estantes están vacíos, o están parcialmente llenos con folletos desgastados, desactualizados y pasados de moda, muchos de los cuales no han sido tocados en mucho tiempo. Piensa, ¿cuándo fue la última vez que alguien hizo un llamamiento emocional a la congregación para que tomaran los folletos y los repartieran entre los no congregados? ¿Cuándo fue la última vez que alguien en tu iglesia apeló a la congregación en nombre de un evangelista? ¿Cuánto tiempo ha pasado desde que alguien de la sede de la iglesia vino a pedir fondos para un servicio evangelístico? Es cierto que muchas iglesias tienen algún tipo de fondo misionero o una ofrenda misionera especial, que se utiliza para apoyar a un misionero patrocinado por la iglesia. Pero, ¿con qué frecuencia apoyamos la evangelización local o mundial de la misma manera?

¿Cuándo fue la última vez que guiaste a alguien hacia el Señor? ¿Cuándo fue la última clase de evangelización en tu iglesia? ¿Cuándo fue la última vez que invitaste a alguien que no conocía al Señor a una reunión evangelística? ¿Cuándo fue la última vez que invitaste a personas a tu hogar con el propósito explícito de hablarles de Cristo? Si te evalúas según tus respuestas, ¿no crees que lo que este querido hermano decía sobre la falta de apoyo es muy cierto? ¿Qué piensas que es la actitud de Dios respecto a la actitud indiferente del clero y los laicos hacia la evangelización? ¿Cuál crees que será Su reacción en respuesta a esa actitud?

Tony Campolo, el autor de "Hot Potatoes Christians Are Afraid to Touch" escribe.

En varias ocasiones, he hecho una encuesta informal para ver cómo las personas han llegado a conocer a Jesús. Pregunto cuántas personas se convirtieron en cristianas como resultado de escuchar algún programa de radio cristiano. Rara vez se levanta una mano. Cuando pregunto cuántos fueron salvados a través de un programa de televisión cristiano, la respuesta no es mucho mejor. De una multitud de varios miles de personas, usualmente solo unas pocas manos se levantan cuando pregunto cuántos se han convertido en cristianos debido a un sermón que escucharon. Generalmente, solo el dos o tres por ciento de la multitud responde. Pero cuando pregunto cuántos se han convertido en cristianos porque alguna persona los amó y compartió el evangelio con ellos, la respuesta siempre es abrumadora. Nunca hay ninguna duda después de tales encuestas de que el mejor y más "poderoso" medio de evangelización no es la televisión en absoluto, sino personas comunes que

aman a sus amigos y familiares lo suficiente como
para contarles sobre Cristo.[32]

La evangelización es el componente crucial que Dios creó
para la salvación de la humanidad. También es esencial para el
crecimiento de la Iglesia. La evangelización no será fácil, ni debe
ser un esfuerzo de una sola vez. La evangelización debe ser un
esfuerzo continuo y constante de los cristianos. Este esfuerzo, sin
embargo, será una guerra física, emocional y espiritual que debe
lucharse en tres frentes.

El Primer Frente es la Oración.

Sin las oraciones fervientes y eficaces de los justos, nada puede
suceder. El espíritu del hombre no puede ser quebrantado ni su
voluntad cambiada en el plano físico. El apóstol Pablo lo expresó
de esta manera: "Pero el hombre natural no percibe las cosas que
son del Espíritu de Dios, porque para él son locura, y no las puede
entender, porque se han de discernir espiritualmente" (1 Corintios
2:14). Solo Dios, a través del poder atrayente y transformador del
Espíritu Santo, puede quebrantar el espíritu de un hombre. Él
entonces reemplaza el corazón pecaminoso del hombre con un
corazón puro, un corazón que busca a Dios. Pero esto solo puede
suceder si oramos. Nuestras oraciones deben ser tanto intercesoras
como militaristas por naturaleza.

El Segundo Frente es el Físico.

Pablo escribe a la iglesia de Corinto que, "Nuestras cartas sois
vosotros, escritas en nuestros corazones, conocidas y leídas por
todos los hombres" (2 Corintios 3:2). Somos cristianos; debemos
ser semejantes a Cristo. Debemos ser un ejemplo de luz y un
preservador en un mundo oscuro y en decadencia. Recuerda lo
que Pablo dijo a los Filipenses: "Hermanos, sed imitadores de mí,

y mirad a los que así se conducen según el ejemplo que tenéis en nosotros" (Filipenses 3:17). A los Tesalonicenses, Pablo escribió: "No porque no tuviéramos derecho, sino por daros nosotros mismos un ejemplo para que nos imitaseis" (2 Tesalonicenses 3:9). Finalmente, veamos el mandamiento de Pablo a Timoteo, un joven pastor en Éfeso: "Ninguno tenga en poco tu juventud, sino sé ejemplo de los creyentes en palabra, conducta, amor, espíritu, fe y pureza" (1 Timoteo 4:12).

El Tercer Frente es el Verbal.

> ¿Cómo, pues, invocarán a aquel en quien no han creído? ¿Y cómo creerán en aquel de quien no han oído? ¿Y cómo oirán sin haber quién les predique? ¿Y cómo predicarán si no fueren enviados? Como está escrito: "¡Cuán hermosos son los pies de los que anuncian la paz, de los que anuncian buenas nuevas!" Pero no todos obedecieron al evangelio. Pues Isaías dice: "Señor, ¿quién ha creído a nuestro anuncio?" Así que la fe es por el oír, y el oír, por la palabra de Dios.
>
> Romanos 10:14-17

Los tres frentes deben enfrentarse con pureza, santidad, verdad y firmeza, o ninguna alma será salvada. Cualquier persona que evangelice y que no esté totalmente dedicada a Cristo y viviendo de acuerdo a ello, devastará absolutamente la obra de Cristo y hará que la cruz de Cristo no tenga efecto. El noventa por ciento de lo que una persona reconoce como verdad no proviene de sus palabras, sino de su estilo de vida, ya que, como escribió el apóstol Pablo, "Nuestras cartas sois vosotros, escritas en nuestros corazones, conocidas y leídas por todos los hombres" (2 Corintios 3:2).

El mundo sabe cómo el periodista británico Henry Stanley fue a África para encontrar al famoso misionero, el Dr. David Livingstone. El saludo de Stanley es mundialmente famoso, "Dr. Livingstone, supongo.³³" Pero pocos conocen el resto de la historia. Después de que los dos estuvieron juntos por un tiempo, Stanley vio lo que Livingstone soportaba y escribió,

> Fui a África tan prejuiciado como el mayor ateo de Londres. Pero llegó para mí un largo tiempo de reflexión. Vi a este solitario anciano allí y me pregunté: "¿Cómo diablos se queda aquí, está loco, o qué? ¿Qué es lo que lo inspira así?" Durante meses después de que nos conocimos, me encontré maravillándome del anciano cumpliendo todo lo que se decía en la Biblia "Deja todas las cosas y sígueme." Pero poco a poco su simpatía por los demás se volvió contagiosa; mi simpatía se despertó; al ver su piedad, su gentileza, su celo, su sinceridad, y cómo se dedicaba a su trabajo, fui convertido por él.³⁴

Padre, perdónanos por nuestra falta de actitud hacia los evangelistas y la evangelización. Cambia nuestros corazones. Empieza a crear en nosotros un corazón de trabajador y envíanos como obreros a la cosecha. Ayúdanos a comprender plenamente lo que quisiste decir cuando dijiste: "A la verdad la mies es mucha, mas los obreros pocos" (Mateo 9:37). Padre, si ves una razón por la que no estamos llamados a salir, danos un corazón para apoyar activamente en todos los sentidos posibles a aquellos que sí lo están. ¡Amén!

Recuerda, "Una guerra no luchada es una guerra que nunca se puede ganar." ¿Podemos realmente permitir que Satanás luche una guerra por las almas de los hombres sin oposición?

Preguntas Del Capítulo
Para Ayudar A Tu Estudio

1. ¿Qué significa la palabra griega para Evangelista?
2. 2.Efesios 4:11 nos lleva a pensar que los evangelistas se encuentran entre los apóstoles/profetas y los pastores/maestros. Verdadero o Falso
3. 3Un verdadero evangelista no es una persona que va de iglesia en iglesia llevando avivamientos. Verdadero o Falso
4. Todos están mandados a dar testimonio. Verdadero o Falso
5. No todos los que dan testimonio son evangelistas por llamado. Verdadero o Falso
6. La Gran Comisión ha sido dada a toda la iglesia. Verdadero o Falso
7. ¿Cuándo fue la última vez que guiaste a alguien hacia el Señor?
8. Quizás el factor más significativo que está generando el crecimiento del evangelio en todo el mundo es
9. Ganar almas es una guerra que se lucha en tres frentes. Nombra los tres frentes

PASTORES

Y él mismo dio a unos apóstoles, a otros profetas,
a otros evangelistas, a otros pastores y maestros.

Efesios 4:11

Veamos ahora el oficio de un pastor. Este oficio, a lo largo de muchos años de historia de la iglesia, ha sido despreciado, pasado por alto, tradicionalizado, glorificado, idolatrado e incluso apreciado, pero siempre mal entendido. Con la ayuda de Dios, lo examinaremos y trataremos de colocarlo en su lugar adecuado de importancia y honor.

El oficio de un pastor es solo uno de los cinco Dones Administrativos. No se menciona por encima ni por debajo de ningún otro, sino en conjunto con los demás. Todos los Dones Administrativos están destinados a trabajar en unísono. Esta unidad operativa de los Dones es muy importante. Cuando estos Dones se usan correctamente, tienen propósitos beneficiosos específicos (Efesios 4:12-16). Una vez más, son:

1. para el equipamiento de los santos.
2. para la edificación del cuerpo de Cristo.
3. para la unidad de la fe.
4. para el conocimiento del Hijo de Dios.
5. para que nos convirtamos en un hombre perfecto.
6. para la plenitud de Cristo.
7. para que ya no seamos niños, zarandeados de un lado a otro.

8. para que no seamos llevados por cualquier viento de doctrina.
9. para que podamos hablar la verdad en amor.
10. para que crezcamos en todo en aquel que es la cabeza, Cristo.
11. para el funcionamiento efectivo por el cual cada parte hace su parte.
12. para causar el crecimiento del cuerpo.
13. para la edificación de sí mismo en amor.

Dios no dijo que un oficio o una combinación de unos pocos oficios lograría todo esto. Estos cinco oficios deben trabajar juntos en unísono para lograr lo mejor que Dios ha planeado para su Cuerpo.

Muchos estudiosos de la Biblia han incorporado incorrectamente los aspectos apostólicos, proféticos, evangelísticos y de enseñanza del ministerio en la descripción del trabajo de un pastor. Aunque es parcialmente cierto que un pastor debe tener la capacidad de hacerlos todos, no es cierto que un pastor esté llamado a hacerlos todos. Ahí es donde radica el error. Debido a este malentendido, muchos pastores intentan ser todo para su gente; el resultado es que generalmente fracasan, se queman y se van. Esta sobrecarga de responsabilidad también diluye en gran medida su eficacia. Esta ineficacia resulta en que la iglesia no esté adecuadamente equipada con el poder y la dirección necesarios para la obra que Dios tenía en mente. Esta sobrecarga de responsabilidad también se puede atribuir a que los laicos no asumen el llamado que Dios les ha dado. También puede deberse a la incapacidad del pastor para ceder el control de cualquier parte del ministerio debido a orgullo, arrogancia, desconfianza, falta de conocimiento bíblico, visión, o en muchos casos una combinación de todos estos factores. Estos pastores creen sinceramente que están haciendo lo mejor para su rebaño, pero están sinceramente equivocados. De hecho, están haciendo lo contrario al no permitir la implementación y operación del orden apostólico correcto encontrado en Efesios 4:11. Esta es la razón principal del fracaso de muchas iglesias modernas para exhibir el poder y la presencia omnipotente de Dios.

Otra razón de la ineficacia de la Iglesia es que el oficio de un pastor no nace de la extensión natural de la voluntad, intelecto, habilidades, calificaciones o principios del hombre. Tampoco es la posición de un pastor o cualquier posición, una para la que uno pueda entrenarse con la intención de llegar a serlo algún día. Ninguna posición se gana; es un don (Y él mismo dio, Efesios 4:11). No te entrenas para ser pastor a menos que ya sepas que estás llamado a ser pastor. De lo contrario, los resultados serán ineficaces en el mejor de los casos.

El entrenamiento cristiano adecuado viene haciendo dos cosas. Primero: Dividiendo correctamente la Palabra de Dios, de modo que si Dios llama a alguien al ministerio, en cualquier posición que Él elija, esa persona esté capacitada para ser un obrero de Dios (2 Timoteo 2:15). Segundo: Trabajar arduamente en conocer a Dios íntimamente y trabajar constantemente en alinear su estilo de vida de acuerdo con Su Palabra. Veamos 2 Corintios 3:2 nuevamente. Esto nos ayudará a reconocer y obedecer su llamado. No importa las calificaciones de una persona o cuánto estudie, trabaje y desee obtener una posición; no será bendecida por Dios a menos que Dios lo designe. Solo el cristiano que conoce a Dios íntimamente y tiene el estilo de vida adecuado estará absolutamente seguro de que Dios lo ha llamado a un ministerio específico. Solo una vez que un ministro se coloque en el centro de la voluntad de Dios, su llamado podrá ser verdaderamente bendecido por Dios.

El incumplimiento de estos simples protocolos ordenados por Dios ha causado oscuridad escritural, inconsistencia, falta de poder, dirección y errores bíblicos que han infiltrado la Iglesia. Muchas iglesias no han elegido a aquellos a quienes Dios ha llamado y designado. Han confiado en las calificaciones terrenales de un candidato, su formación, apariencia, estilo o carisma. La única manera de recibir todos los beneficios del plan de Dios para la Iglesia es volver y establecer adecuadamente el orden apostólico divino que se basa en hombres elegidos por Dios, y no en la percepción carnal del hombre (1 Samuel 16:7).

Se entiende completamente que problemas importantes como la pérdida de fondos, personas, confusión e incluso el colapso de algunos ministerios pueden ocurrir como resultado de tales acciones restauradoras. Sin embargo, esto solo sería una ocurrencia a corto plazo. A largo plazo, los ministerios serían más saludables, más grandes y más poderosos, con más personas salvadas y transformadas a la imagen de Dios. La Iglesia tendría más poder del que se puede imaginar. El mundo y el cuerpo de Cristo estarían mejor por ello. El beneficio más importante de esta acción es que una vez más estaríamos totalmente alineados con el plan ordenado por Dios. Dios entonces llenaría nuestras casas de adoración como nunca antes.

En 1995, Dios me llamó a pastorear una iglesia en el Bronx. Este llamado fue un total shock porque hasta ese momento en el ministerio, la enseñanza era mi único llamado. En cumplimiento con la instrucción de Dios, se presentó una solicitud y se cumplieron todas las pruebas y criterios requeridos. Para mi sorpresa, la congregación eligió a otro hermano. Después de meses de reflexión en oración sobre si fue un malentendido mío o si la palabra que recibí era verdaderamente de Dios o si la iglesia se equivocó en su elección de candidatos, recibí una llamada del jefe del comité de selección de esa iglesia. Me llamó para disculparse. Dijo que toda la junta sabía que yo había sido llamado para esa posición, pero como este otro hermano tenía una visión más liberal de las Escrituras y una personalidad más extrovertida, sintieron que él era más adecuado para el crecimiento de la iglesia y, por lo tanto, decidieron elegirlo a él. Seis meses después, la iglesia se redujo a menos de una docena de personas y el pastor decidió marcharse sin dar explicaciones. Volvieron a llamar para informarme de la situación y preguntar si consideraría hacerme cargo de la iglesia. Después de varias semanas de consultas en oración, llegó la respuesta de Dios; mi tiempo había pasado. Debía ir a Israel, y al regresar, debía enseñar en un colegio bíblico. La iglesia sufrió seis meses más de dificultades antes de que Dios colocara el liderazgo adecuado en la iglesia y comenzara a restaurar el trabajo allí. La iglesia ha estado funcionando maravillosamente desde entonces.

Otra razón por la cual una iglesia elige al hombre equivocado para ser su pastor y la resultante ineficacia de la iglesia es la interpretación incorrecta de las Escrituras. Muchos estudios bíblicos bien intencionados han utilizado incorrectamente las calificaciones enumeradas en 1 Timoteo 3:2-7, Tito 1:5-9 y 1 Pedro 5:1-5 para definir la posición de un "Pastor". Su argumento es que el significado de "episkopay" encontrado en 1 Timoteo 3:1 define el trabajo de un "ministerio de supervisión," no el "oficio" de un supervisor, y en su opinión, el Pastor es el ministerio de supervisión.

Aunque es cierto que estos pasajes enumeran requisitos necesarios para obtener una posición de liderazgo en la iglesia, hay varios problemas con usar estas escrituras para describir específicamente la posición de un pastor.

1. Estos requisitos se encuentran bajo la categoría de obras, no de dones. Hay muchos verdaderos hombres de Dios que cumplen con todas estas cualificaciones y tienen el deseo de convertirse en pastor o supervisor, pero no tienen el llamado de Dios para esa posición. Un pastor, al igual que las otras cuatro posiciones administrativas, es un don. ¡No pueden ser ganados! Estos dones administrativos solo pueden ser dados por Dios, a las personas que Dios quiere.

2. Si observas detenidamente 1 Timoteo 3:1, especifica claramente qué posición se está describiendo. No es la de un pastor, sino la de un supervisor o obispo. Mira detenidamente lo que dice 1 Timoteo 3:1: "Palabra fiel: Si alguno anhela obispado, buena obra desea",

3. La palabra griega "episkopay" simplemente significa investigar, inspeccionar o visitar, uno con supervisión, un superintendente o uno a cargo. Es un sustantivo en

griego y se presenta en voz femenina, haciendo que la palabra sea genérica, o que signifique el "oficio" de un obispo, lo cual se traduce así en la ASV, ESV, KJV y RSV, solo por nombrar algunas. Esta palabra griega se usa solo cuatro veces en el Nuevo Testamento. Se traduce en Lucas 19:44 y 1 Pedro 2:12 como visitación, en Hechos 1:20 como "obispado" (KJV) que significa oficio, y en 2 Timoteo 3:1 como un oficio de un obispo. Algunas otras traducciones dicen oficio de un supervisor. No significa ni se traduce nunca como pastor. Pastor es la palabra griega "poimen", de la cual hablaremos en un momento.

Ahora mira 1 Timoteo 3:2. La palabra obispo aparece una vez más. Esta palabra en griego es "episkopos." "Episkopos" es la forma masculina de la palabra encontrada en el versículo uno, lo que hace de esta palabra una persona específica con el oficio de un obispo. Esta forma de la palabra para obispo se usa solo cinco veces en el Nuevo Testamento (Hechos 20:28, Filipenses 1:1; 1 Timoteo 3:2, Tito 1:7 y 1 Pedro 2:25). En todos los casos, la palabra se traduce ya sea como un obispo específico o como supervisores, o un supervisor, dependiendo de la traducción utilizada, pero nunca se traduce como el oficio de un obispo.

Esto es extremadamente importante de entender porque ni la palabra griega episkopay ni episkopos se traduce nunca como pastor, alimentador o pastor en ninguna parte de la escritura. La palabra hebrea para pastor es roeh, que se traduce como pastor. La interpretación de la palabra roeh, o pastor, está confinada en el Antiguo Testamento al libro de Jeremías (2:8, 3:15, 10:21, 12:10, 17:16, 22:22, 23:1-2). Y como se dijo anteriormente, la palabra griega del Nuevo Testamento es "poimen" que es la palabra griega utilizada en Efesios 4:11. "Poimen" significa pastor, o uno que alimenta. La palabra poimen aparece diecisiete veces en el Nuevo Testamento. Mientras que en Efesios 4:11 se traduce como pastores, todas las demás interpretaciones son pastor. Efesios 4:11 también es el único lugar donde se usa la palabra "poimen" donde no se refiere directamente al Señor Jesucristo, haciendo de Cristo el ejemplo más preciso de un verdadero pastor encontrado en cualquier parte de las Escrituras. Todas las demás interpretaciones de pastor se refieren directamente a Jesús mismo.

En ninguna parte de la Biblia se encuentra una descripción de los deberes específicos de un pastor, sin embargo, hoy en día casi todo el ministerio de la iglesia gira en torno a este único oficio. ¿Cómo es que un ministerio que se menciona solo una vez en el Nuevo Testamento y no se describe en ninguna parte ha llegado a dominar la vida del Cuerpo de Cristo como lo ha hecho? No estamos insinuando que un pastor sea menos importante que cualquier otra posición ordenada por Dios, pero el abrumador deseo de convertirse en pastor por encima de todos los demás ministerios sí lo ha hecho. El hecho de que un tema no reciba mucha atención en las Escrituras no necesariamente refleja su nivel de importancia tampoco. Por ejemplo, la Cena del Señor solo se menciona tres veces en las escrituras (Lucas 22:19, 1 Corintios 10:16; 11:25). Nacer de nuevo solo se menciona una vez y nunca se define, pero ¿hay alguien que dispute su importancia (Juan 3:7)?

El ministerio pastoral es en realidad mucho más, no menos, de lo que ahora experimentamos. También es en muchos aspectos muy diferente. Hoy en día, el ministerio pastoral ha usurpado gran parte de la responsabilidad delegada a los otros ministerios de equipamiento enumerados en Efesios; en su mayor parte, los pastores ahora tienen autoridad operativa y direccional completa y total en la iglesia, mientras que al mismo tiempo no hay unidad ni cooperación con los otros dones administrativos.

Por otro lado, muchos pastores han tenido gran parte de su responsabilidad usurpada. Esta usurpación ha venido principalmente por el espíritu del mundo, o el "humanismo secular". El ministerio pastoral ha sido moldeado por el deseo del hombre de alcanzar a la mayor cantidad de personas posible, de cualquier manera que puedan. Cuanto mayor sea el número, mejor será para el negocio de la iglesia y el prestigio que acompaña a un ministerio grande. Esto no es cierto en todos los casos, pero cualquiera que haya sido cristiano por algún tiempo sabe que esto es cierto. El ministerio pastoral también ha sido usurpado por miembros de la junta que eligen a un nuevo pastor basándose a menudo en sus propias agendas o en cómo se ve o habla un posible pastor e incluso el mensaje que trae. Si queremos ver la Iglesia de Cristo operando una vez más en la plenitud de la gloria y el poder, y haciendo el trabajo para el que fue diseñada, es imperativo que diseñemos nuestras iglesias de acuerdo con el método operacional completo del Señor, que se describe en Efesios 4:11. Debemos elegir a nuestros pastores conociendo el corazón de Dios. Conocer el corazón de Dios solo se logra a través de mucha oración y ayuno.

Todos los ministerios son la manifestación de un aspecto del propio ministerio del Señor. La posición de un pastor es uno de esos aspectos. Por lo tanto, al observar el ministerio de Jesús, quien es nuestro Gran Pastor, podemos reconocer ese llamado en otros y en nosotros mismos. Jesús fue el apóstol, profeta, evangelista, pastor o pastor y maestro de Dios. Un ministro en una de esas posiciones debe convertirse en un vaso vacío y dispuesto, a través del cual el Señor se revela para tocar las necesidades de Su pueblo. El Señor nunca hizo nada ni fue a ningún lugar donde el Padre no le ordenó ir. Los ministros elegidos por Dios deben actuar exactamente de la misma manera.

Nuestra autoridad espiritual proviene de conocer nuestro llamado y sus limitaciones. Debemos permanecer en la autoridad y posición que se nos ha asignado. Es por eso que el apóstol Pablo explicó que tuvo cuidado de no ir más allá del ámbito de la autoridad apostólica que Dios le había asignado (2 Corintios 10:13-14). Muchos ministerios están sufriendo porque han oscurecido sus límites posicionales. La Iglesia está llena de ministros llamados por Dios que están limitados en poder y alcance. Esta limitación surge porque han entrado en áreas geográficas sin una designación, o han asumido trabajos espirituales para los cuales no están llamados. Cuando nos mantenemos dentro del ámbito que el Señor ha asignado, el trabajo se vuelve fácil porque Él está colaborando con nosotros. Sin embargo, cuando vamos más allá de nuestro llamado, el trabajo se vuelve pesado y nos quita nuestra fuerza y nuestra unción. Si descubrimos los límites y responsabilidades correctos de nuestro llamado y nos mantenemos dentro de ellos, el resultado será un aumento en nuestra unción y efectividad.

¿Qué es exactamente un Pastor? ¿Qué implica exactamente el ministerio pastoral? Las Epístolas Pastorales de Pablo, que son primero y segundo de Timoteo y Tito, contienen la suma y la sustancia de la enseñanza del Nuevo Testamento sobre el tema. En estos libros, Pablo establece tres funciones generales a las que podemos recurrir para obtener información e instrucción sobre lo que debería ser un ministerio pastoral.

1. Los pastores deben administrar los servicios de adoración. Esta administración incluye el orden de la adoración, la administración de los sacramentos y la predicación de la Palabra. En esta capacidad, el Pastor es apropiadamente denominado "ministro" (2 Timoteo 4:2-5).

2. Las responsabilidades de un pastor surgen de la anterior. Incluyen alimentar al rebaño, instruir a sus miembros en todos los aspectos de la vida y llevar a cada alma a la madurez cristiana. Los pastores o "subpastores" deben imitar al pastor principal, quien "llama a sus ovejas por su nombre" (Tito 2).

3. La relación pastoral con su rebaño pasa naturalmente a lo que tenemos autoridad bíblica para llamar "el gobierno espiritual de la Iglesia". Sus ministros son llamados gobernantes y todos sus miembros deben obedecer a los que tienen el gobierno (1 Timoteo 6:1-2; Tito 3:1).

4. A los pastores también se les manda estar vigilantes (Hebreos 13:17; 1 Timoteo 4:5). Deben estar en guardia

ante cualquier depredador que intente destruir la obra de Dios en el rebaño.

5. Deben ser gentiles y afectuosos (1 Tesalonicenses 2:7-8), tratando cada problema, grande o pequeño, con el mismo decoro.

6. A los pastores también se les instruye exhortar, advertir y confortar a su rebaño (1 Tesalonicenses 2:11; 1 Corintios 4:14-15).

La autoridad espiritual del Pastor incluye los aspectos físicos, emocionales, mentales y espirituales de las vidas de su rebaño. Pero no es un gobernante soberano que no puede ser cuestionado. La autoridad última y final reside en Dios y Su Palabra. Es por eso que se te manda "esforzarte por presentarte a Dios aprobado, como obrero que no tiene de qué avergonzarse, que maneja con precisión la palabra de verdad" (2 Timoteo 2:15). Así que, cuando el hombre de Dios, que es tanto finito como falible, está en error o se desvía, seremos conscientes de ello. Es por eso que la Palabra de Dios también dice: "Por boca de dos o tres testigos se establecerá toda palabra" (2 Corintios 13:1). Por otro lado, si un hombre de Dios viene en su autoridad apropiada y hace una declaración basada en la Palabra de Dios, debemos ser obedientes, aunque esa declaración entre en conflicto o afecte nuestro estilo de vida.

La palabra griega "poimen" también se traduce como alimentador. Esta traducción revela la función básica del ministerio pastoral. Es alimentar a las ovejas del Señor para que las ovejas del Señor puedan crecer en la plenitud de Cristo. Podríamos pensar que alimentar al rebaño significa que el pastor también debe ser un maestro, que se menciona después del Pastor en Efesios 4:11. Sin embargo, la palabra maestro es una palabra griega diferente a la de Pastor.

La palabra griega para maestro en Efesios 4:11 es "didaskalos", y se traduce más correctamente como instructor. Y aunque puede haber una combinación de estos Dones en cualquiera de las oficinas administrativas, también hay muchos que son llamados y dotados para enseñar que tienen poca habilidad pastoral, y muchos dotados con habilidades pastorales que tienen poca habilidad para enseñar. Por lo tanto, no hay problema en verlos como distintos el uno del otro.

Entonces, ¿cuál es la diferencia entre alimentar e instruir? Alimentar tiene que ver con proporcionar la dieta completa, mientras que instruir tiene más que ver con desarrollar habilidades. En una universidad, por ejemplo, el chef haría la alimentación y los profesores la instrucción. ¿Cuánto aprendería un estudiante y qué tan saludable estaría si nuestras iglesias hicieran lo mismo, y no permitieran que los profesores alimentaran y los chefs entrenaran? ¿No tendríamos una comida espiritual de mucha mayor calidad para servir y una mejor instrucción en cada aspecto de la Palabra y la obra de Dios, resultando en un discípulo de mejor calidad? ¿No dejaría una concentración en solo un aspecto del ministerio más tiempo al pastor para pasar en la presencia del Maestro? ¿No estaría entonces mejor capacitado para alimentar adecuadamente a sus ovejas? ¿Estarías de acuerdo en que alimentar a las ovejas del Señor es fundamental y debe tener la más alta prioridad? Sería impensable dar a la propia casa del Rey de Reyes alimentos mal preparados, medio hechos o chatarra.

En los tiempos bíblicos, como podemos ver en la historia de José en la prisión del faraón, el panadero era uno de los siervos más confiables del rey. El panadero era considerado una posición de gran honor. ¿Qué chef entonces, a quien se le encargara preparar las comidas para el presidente o cualquier potentado, no pondría lo mejor de sí en cada comida? Un chef así probablemente buscaría en el mundo entero los mejores ingredientes. Contrataría solo a los mejores asistentes. Buscaría solo la mejor vajilla en la que servir la comida. ¿Cuánto más deberíamos nosotros poner lo mejor en lo que servimos al Señor o a su novia? Servir a la novia del Señor es un honor increíble. ¿No debería un pastor o cualquier ministro preparar cada mensaje que sirva con más devoción que el mejor chef? Este tipo de dedicación requiere muchas horas y un tremendo trabajo y diligencia. Deja poco tiempo para todos los otros ministerios con los que los pastores se cargan.

Moisés tenía este mismo problema, ¿no es así? ¿Cuál fue el consejo de Jetro a Moisés? Moisés reconoció el consejo de su suegro como divino, porque inmediatamente obedeció esa Palabra del Señor. ¿No deberíamos todos nosotros, en cada aspecto de nuestras vidas, considerar obedecer ese consejo (Éxodo 18:13-24)?

¿Qué hay de la historia en Hechos 6? ¿No dijeron los apóstoles a la iglesia que eligieran a siete hombres de buena reputación para servir al pueblo de Dios, hombres llenos del Espíritu Santo y sabiduría? ¿Cuál fue la razón de los apóstoles para esa decisión? Dijeron: "No es justo que nosotros [los apóstoles] dejemos la palabra de Dios para servir a las mesas... pero nosotros persistiremos en la oración y en el ministerio de la palabra" (Hechos 6:2, 4 KJV). ¿No agradó eso a la multitud (versículo 5)? Nuevamente, ¿no deberíamos hacer lo mismo?

En Mateo 24:45-46, que es el discurso del Señor sobre los últimos días, Jesús incluye una declaración desafiante que obviamente está dirigida al ministerio pastoral. "¿Quién es, pues, el siervo fiel y prudente, al cual puso su señor sobre su casa para que les dé alimento a su tiempo? Bienaventurado aquel siervo al cual, cuando su señor venga, le halle haciendo así" (énfasis añadido). Aquí vemos que aquellos a quienes el Señor llama para alimentar a sus ovejas son "puestos a cargo de su casa," debido a la importante necesidad de que su pueblo tenga el alimento espiritual adecuado, el Señor ha hecho a un "siervo fiel y prudente" el gobernante de su casa. ¿Cuándo fue la última vez que viste a un gerente de una empresa hacer todo? ¡Nunca! Contrata ayuda para hacer el trabajo. Supervisa y dirige el negocio de acuerdo con los deseos del propietario.

También vemos en Mateo 24:45-46 cuán críticamente importante es alimentar al rebaño en el momento exacto necesario. La comida no solo debe ser pura, deliciosa y contener todos los nutrientes adecuados. También debe ser dada a su debido tiempo.

Esto asegura un cuerpo saludable. El pastor es el gerente de la casa del Señor. Es elegido y llamado porque es un siervo fiel y prudente. Nota también que, aunque se le ha dado autoridad sobre el rebaño, sigue siendo un siervo, no el potentado. Es su responsabilidad asegurarse de que el cuerpo que se le ha confiado esté saludable y bien alimentado. Un "siervo fiel y prudente" es aquel que es encontrado haciendo así (versículo 46).

Antes de cerrar este capítulo, veamos una sección más de la escritura, Juan 21:15-17.

> Entonces, cuando hubieron desayunado, Jesús dijo a Simón Pedro: "Simón, hijo de Jonás, ¿me amas más que estos?" Le dijo: "Sí, Señor, tú sabes que te amo." Le dijo: "Apacienta mis corderos." Volvió a decirle la segunda vez: "Simón, hijo de Jonás, ¿me amas?" Le dijo: "Sí, Señor; tú sabes que te amo." Le dijo: "Pastorea mis ovejas." Le dijo la tercera vez: "Simón, hijo de Jonás, ¿me amas?" Pedro se entristeció de que le dijese la tercera vez: "¿Me amas?" Y le dijo: "Señor, tú lo sabes todo; tú sabes que te amo." Jesús le dijo: "Apacienta mis ovejas."

En esta sección de la escritura, el Señor está dando tres instrucciones diferentes a Pedro; primero fue alimentar a los corderos, luego pastorear a las ovejas, y finalmente alimentar a las ovejas. Nótese que el Señor hizo una distinción entre las palabras "alimentar" y "pastorear." La mayoría de nosotros estaríamos de acuerdo en que son diferentes. Alimentar significa asegurarse de que haya comida adecuada disponible para las ovejas. Pastorear denota vigilar, proteger, cuidar y disciplinar. Todos estos son típicos de los deberes del pastor moderno. También es notable que el Señor basó la responsabilidad de Pedro hacia las ovejas en el amor de Pedro por Él, no en el amor de Pedro por las ovejas.

Cada mandato para el amor de Pedro por las ovejas vino después de la pregunta: "Pedro. ¿Me amas?" Entender esto hace claro que el fundamento de cualquier ministerio debe ser el amor de la persona por el Señor, no por las ovejas. Si amamos al Señor más que a Su pueblo, amaremos a Su pueblo incondicionalmente. Si amamos al pueblo más de lo que amamos al Señor, nuestro deber se desplazará de obedecer a Dios a obedecer al pueblo. El resultado será que la voluntad del pueblo inevitablemente superará la voluntad de Dios. En otras palabras, ¡nos convertimos en idólatras! Jesús es entonces reducido de un navegante a un espectador.

En el ministerio pastoral, muchos pastores inevitablemente se enfrentarán con problemas que no saben cómo manejar. Esto también será cierto para cualquier ministro o cristiano, en ese caso. Dos cosas deben suceder: Uno: Los pastores deben pedir a Dios y seguir pidiéndole hasta que llegue la respuesta. Deben buscar la respuesta en la Palabra de Dios, deben llamar hasta que el Señor abra la puerta y les dé ayuda. Dos: Deben buscar consejo de otros hermanos maduros y sabios (Proverbios 24:6; 27:9).

Jesús satisfizo las necesidades de todos los que vinieron a Él. Lo hizo amando al Padre primero y ante todo. Su ministerio emanaba de esa relación. Todos los ministerios deben extenderse desde esa misma relación. Si tu relación con el Padre es fuerte, tu ministerio será fuerte. Si tu relación con el Padre es débil, tu ministerio será débil. La clave para cumplir el ministerio de uno es amar al Señor incondicionalmente, obedecer Sus mandamientos y buscar fervientemente ser transformado a la imagen del Maestro.

Nuestro objetivo es claro, y es todo un viaje de regreso a las verdades básicas de las instrucciones de Jesús. Cada viaje, por largo y difícil que sea, comienza con el primer paso. Los pastores deben emprender ese viaje. Los pastores no están llamados a ser todo ni a hacer todo. Son siervos fieles y prudentes que deben supervisar la alimentación y el pastoreo de las ovejas que Dios les dio. Los pastores deben pasar su tiempo con el Señor en oración y estudio bíblico. No deben hacer cada tarea insignificante que se les presente. Los pastores deben tomar el yugo del Señor, no el yugo del ministerio. El yugo del Señor es fácil de llevar. El yugo del ministerio se volverá insoportable y eventualmente los quebrará bajo su peso. Los buenos pastores deben aprender a alinear el ministerio del Señor según el patrón establecido por Cristo. Debemos buscar y pedir al Señor que todos los oficios administrativos cobren vida en el Cuerpo de Cristo. Luego, una vez que sean descubiertos, debemos usarlos. No debemos retenerlos, sino tener fe en aquellos a quienes Dios ha elegido.

Como feligreses, debemos descubrir nuestro llamado y cumplirlo. Debemos sostener los brazos de nuestro pastor en oración y en acción. Debemos hacer con él como quisiéramos que él hiciera con nosotros. Debemos aprender a dar más que recibir. Debemos buscar más consolar que ser consolados, entender que ser entendidos. Debemos llevar sus cargas, no ser su carga.

Preguntas Del Capítulo
Para Ayudar A Tu Estudio

1. La palabra hebrea y griega utilizada para "Pastor" se traduce como

2. ¿En quién se encuentra el ejemplo más exacto de un verdadero pastor?

3. Pablo presenta tres funciones generales a las que podemos acudir para obtener instrucción sobre el ministerio pastoral. ¿Cuáles son?

4. ¿Qué más se les manda a los pastores que sean?

5. La autoridad espiritual del pastor abarca todas las áreas de la vida de su rebaño. Verdadero o Falso

6. En Juan 21:15-17, el Señor hizo una distinción entre qué? ¿Qué te dice esto?

PROFESORES

Y Él mismo dio a unos, ser apóstoles; a otros, profetas; a otros, evangelistas; a otros, pastores y maestros.

Efesios 4:11

Observa cómo se inserta "maestros" en este versículo. Es el único Don Administrativo que no está precedido por la palabra "unos". Observa que en su lugar se inserta la palabra conjuntiva "y". El uso de esta conjunción y la omisión del artículo "unos" antes de la palabra "maestros" causa que varios de mis estimados hermanos piensen que estos dos oficios son de hecho parte del mismo oficio. Esto implica que las tareas de alimentar y enseñar están asignadas al oficio de Pastor. Sin embargo, aunque es cierto que ningún hombre es apto para ser pastor si no puede enseñar, y un maestro necesita el conocimiento que da la experiencia pastoral, no significa que los dos oficios sean uno y el mismo. La combinación de experiencias variadas es útil en todos los Dones Administrativos.

La palabra Pastor, como discutimos en el capítulo anterior, es la palabra griega del Nuevo Testamento "poimen". Solo en Efesios 4:11 se traduce "poimen" como pastores. En todos los demás casos en el Nuevo Testamento se traduce como pastor. La palabra griega traducida como pastor o pastor también puede traducirse como alimentador. Esta traducción revela la función básica de este ministerio. La palabra griega del Nuevo Testamento para maestro no es "poimen"; es "didaskalos". "Didaskalos" significa instructor.

La diferencia entonces entre un pastor/alimentador y un maestro/ instructor es que alimentar tiene que ver con proporcionar una dieta espiritual, mientras que instruir tiene que ver con desarrollar habilidades.

Puedes pensar que la función de un Pastor debe incluir la enseñanza, y tendrías razón. Eso no hace que el oficio sea uno de pastor/maestro. Míralo de esta manera. Cuando un niño nace, los padres alimentan al niño, cambian al niño y protegen al niño. A medida que el niño crece, los padres le dicen al niño lo que es correcto e incorrecto, bueno y malo, propio e impropio, moral e inmoral. Hacer estas cosas no ayuda al niño a madurar, crecer y avanzar intelectualmente a menos que también puedan instruir adecuadamente al niño respondiendo a las preguntas de por qué y cómo. Ese es el trabajo de un maestro.

Un maestro está capacitado por Dios para responder a las preguntas de por qué y cómo. ¿Por qué es moral? ¿Por qué es incorrecto? ¿Por qué es malo? ¿Cómo evito el mal? No solo que es moral o incorrecto, sino por qué es moral o incorrecto, y cómo evito lo que es incorrecto, cómo evito el mal y cómo actúo moralmente. Esto sin mencionar el aprendizaje de habilidades básicas como lectura, escritura, aritmética, ciencia, etc. Además, a esto se suma el cómo. ¿Cómo logramos o completamos la tarea que Dios nos pone delante? Como puedes ver, este es el trabajo de un maestro. En esta ilustración, no estoy insinuando que un oficio sea más importante que el otro o que los dos oficios no puedan ser realizados por una sola persona. Esta ilustración solo muestra la diferencia entre los dos oficios.

Aquí hay otra ilustración. Nuestro hijo menor, Aaron, llegó a casa el año pasado con un problema de matemáticas. El problema incluía tiempo y velocidad. ¿Qué tren llegaría primero a Los Ángeles? El Tren A, que viaja a 160 millas por hora sin parar desde Nueva York hasta Los Ángeles, un total de 3200 millas, o el Tren B, que viaja a 90 millas por hora sin parar desde Saint Louis hasta Los Ángeles, una distancia de 2100 millas. Ahora, la mayoría de nosotros, sin pensar demasiado, diría el Tren A, y tendríamos razón. Sin embargo, lo que Aaron necesitaba era la fórmula matemática utilizada para llegar a la respuesta correcta. Aquí está la instrucción. Decirle a Aaron que el Tren A llegará primero no le ayudará a obtener la respuesta la próxima vez que se le haga una pregunta similar, ¡pero enseñarle matemáticamente por qué y cómo llegamos a esa respuesta sí lo hará!

Hay muchas veces en que una persona necesitada solo necesita que se le muestre que es amada, o cuando solo la comodidad, una palabra amable, un oído atento o un toque amoroso satisfarán su necesidad. También habrá momentos en que salvar la vida de esa persona es lo más importante. Por ejemplo, una persona que está a punto de caer por un acantilado no necesita que se le diga qué es la gravedad, cómo funciona la gravedad y qué sucederá cuando suelte su agarre y toque el suelo. Hacer eso sería absolutamente ridículo. Lo que esa persona necesita desesperadamente, más que cualquier otra cosa, es una persona fuerte, sólidamente fundamentada y compasiva que lo asegure. Por eso Dios dio pastores. Sin embargo, hay muchas otras veces en que una persona que se dirige hacia un acantilado no necesita ser consolada o acompañada; necesita ser instruida en la dirección correcta para caminar y evitar el acantilado. Ese es el trabajo del maestro.

Como se dijo anteriormente, la palabra griega para maestro en el Nuevo Testamento es "didaskalos". Es importante notar que las variaciones de la palabra "didaskalos, nomodidaskalos y kalodidaskalos" llevan el significado de un maestro de lo correcto, la verdad y las cosas buenas. También significa un maestro, alguien que expone la ley; que es un doctor de la verdad. Como todos sabemos, el Evangelio de Jesús es buenas noticias. ¡Es la verdad! También hay otra palabra en el Nuevo Testamento que lleva el mismo significado que "didaskalos, nomodidaskalos y kalodidaskalos" y esa palabra es "euaggelizo". "Euaggelizo" es una palabra relacionada con "euaggelistes", que es la palabra griega para evangelista y se traduce como predicar, declarar o traer buenas nuevas, especialmente el

Evangelio. Lo que estas palabras griegas nos muestran es que el deber divino de un maestro es instruir a los hijos de Dios en lo que es correcto, puro e inmaculado. La Palabra de Dios nos dice que las personas son liberadas de la esclavitud del pecado y edificadas en justicia a través de la agencia de la verdad. La Palabra de Dios es la verdad (Juan 17:17). Eso hace que la enseñanza sea imperativa.

¿Cuál es la definición de enseñanza en un sentido bíblico? ¿Cuáles son los objetivos generales y específicos de un maestro de la Biblia? La definición de enseñanza bíblica es la comunicación del Evangelio (Buenas Nuevas) a través de programas educativos formales e informales para que los hechos de las Escrituras puedan presentarse clara y completamente. Esto permite que los individuos respondan con fe personal en Cristo para que puedan crecer hacia la madurez espiritual. El ministerio del maestro es un ministerio de equipamiento para todos los niveles de edad que nutre el crecimiento espiritual y el alcance evangelístico. Su objetivo general es transmitir la Palabra de Dios para que cada estudiante pueda ser transformado a la imagen de Dios. "Porque la palabra de Dios es viva y eficaz, y más cortante que toda espada de dos filos, y penetra hasta partir el alma y el espíritu, las coyunturas y los tuétanos, y discierne los pensamientos y las intenciones del corazón" (Hebreos 4:12).

Los maestros deben reconocer y aceptar su responsabilidad de guiar a cada estudiante a confiar en Cristo y aceptarlo como su Salvador personal. La aceptación de Cristo como Salvador es solo el primer paso hacia una vida plena; sin embargo, no deberías conformarte con detenerte ahí. Es el propósito de Dios que cada cristiano "crezca en la gracia y el conocimiento de nuestro Señor y Salvador Jesucristo" (2 Pedro 3:18) y "sea transformado a la imagen de su Hijo, para que él sea el primogénito entre muchos hermanos" (Romanos 8:29).

También es importante destacar que la enseñanza es un mandato del propio Jesús. Es un patrón del Nuevo Testamento que debemos seguir. En Mateo 28:19-20, Jesús nos dice: "Id, pues, y haced discípulos a todas las naciones, bautizándolos en el nombre del Padre y del Hijo y del Espíritu Santo, enseñándoles que guarden todas las cosas que os he mandado; y he aquí yo estoy con vosotros todos los días, hasta el fin del mundo". Amén. Hechos 5:42 nos muestra el patrón del Nuevo Testamento: "Y todos los días, en el templo y por las casas, no cesaban de enseñar [didasko] y predicar [euaggelizo] a Jesucristo como el Cristo". Por favor, observa que no son lo mismo. Uno está específicamente para el aprendizaje y el otro para declarar que Jesús es el Cristo. ¿Por qué? Porque la enseñanza permite que muchas vidas nuevas vengan a Cristo para salvación y crezcan en gracia y sean transformadas a su imagen. Esto solo puede venir a través del aprendizaje de sus preceptos. La enseñanza paciente y dedicada de la Palabra de Dios es esencial para alcanzar este fin. Por lo tanto, es responsabilidad del maestro vincular las verdades enseñadas con la vida diaria de los estudiantes para ayudarles a convertirse en "hacedores de la palabra, y no tan solamente oidores, engañándoos a vosotros mismos" (Santiago 1:22). Solo los creyentes que poseen y profesan la verdad serán transformados de esta manera.

La enseñanza también es la raíz principal de la comisión que Cristo dio a sus apóstoles antes de su ascensión. "Id, pues, enseñad a todas las naciones", les dijo. De esta manera, haremos discípulos. Un discípulo es alguien que es "enseñado" a obedecer los principios de su maestro. El término discípulo se usa principalmente para los seguidores de Cristo. ¿Cómo puede una persona ir y hacer discípulos si no hay maestros que los enseñen? Ser enseñado es una de las promesas preciosas del pacto de Dios con el hombre. Todos los hijos de Dios serán "enseñados por el Señor, y grande será la paz de tus hijos" (Isaías 54:13). Jesús citó este versículo de Isaías y añade una promesa a él. "Así que todo el que ha oído y ha aprendido del Padre, viene a mí" (Juan 6:45). No solo recibirán una gran paz como herencia, sino que también se les dará una invitación abierta para acercarse a la presencia del Padre en cualquier momento. ¡Qué tremenda responsabilidad para el maestro! ¡Qué tremenda promesa para aquellos que serían enseñados! Estas promesas no se dan a ninguno de los otros ministerios administrativos. Solo a aquellos que enseñan. Es por eso que si alguien emprende la enseñanza en las asambleas cristianas, recibirá un juicio más severo. "Hermanos míos, no muchos de vosotros os hagáis maestros, sabiendo que recibiremos mayor condenación" (Santiago 3:1).

Observa que son los maestros quienes son los que están bajo un juicio más severo. Esta advertencia no se da a pastores, evangelistas ni a ninguno de los otros Dones Administrativos, solo a los maestros. Sin embargo, hay un terrible final pronunciado sobre cualquier ministro del Evangelio que proclame un falso Evangelio.

> Me maravillo de que tan pronto os hayáis alejado del que os llamó por la gracia de Cristo, para seguir un evangelio diferente; que no es otro, sino que hay algunos que os perturban y quieren pervertir el evangelio de Cristo. Mas si aun nosotros, o un ángel del cielo, os anunciare otro evangelio diferente del que os hemos anunciado, sea anatema. Como antes hemos dicho, también ahora lo repito: Si alguno os predica diferente evangelio del que habéis recibido, sea anatema.
>
> Gálatas 1:6-9

"Anatema" es la palabra griega que significa que en el juicio justo de Dios, está condenado a la destrucción, porque llevarán a los hijos de Dios lejos de la obra expiatoria lograda por la muerte de Cristo. La posibilidad real de ser desviados del verdadero Evangelio por líderes falsos se hizo realidad en la iglesia de Galacia. Por esa razón, como hijos de Dios, se os ordena estrictamente "esforzaos por presentaros a Dios aprobados, como obreros que no tienen de qué avergonzarse, que manejan rectamente la palabra de verdad" (2 Timoteo 2:15). Los hijos de Dios deben estar preparados para reconocer mentiras para: "para que ya no seamos niños fluctuantes, llevados por doquiera de todo viento de doctrina, por estratagema de hombres que para engañar emplean con astucia las artimañas del error" (Efesios 4:14)

Los falsos maestros tienen un solo deseo y es explotarte. Mira la advertencia que Pedro da.

> Pero hubo también falsos profetas entre el pueblo, como habrá entre vosotros falsos maestros, que introducirán encubiertamente herejías destructoras, y aun negarán al Señor que los rescató, atrayendo sobre sí mismos destrucción repentina. Y muchos seguirán sus disoluciones, por causa de los cuales el camino de la verdad será blasfemado. Por avaricia harán mercadería de vosotros con palabras fingidas. Sobre los tales ya de largo tiempo la condenación no se tarda, y su perdición no se duerme.
>
> 2 Pedro 2:1-3

La enseñanza, como se discutió anteriormente, es una raíz esencial de la comisión que Cristo dio a sus discípulos antes de su ascensión. Estos hombres y mujeres designados por Dios tienen un llamado tremendo y una responsabilidad impresionante de enseñar con precisión y fidelidad la Palabra de Dios. También hemos visto que estarán bajo un juicio más severo si no lo hacen.

Los maestros, basados en las razones mencionadas anteriormente, tienen tres propósitos específicos cuando enseñan.

1. Aumentar el conocimiento. "La entrada de tus palabras alumbra; Hace entender a los simples."

   Salmo 119:130

> Este libro de la ley no se apartará de tu boca, sino que meditarás en él día y noche, para que cuides de hacer conforme a todo lo que en él está escrito. Porque entonces harás prosperar tu camino, y todo te saldrá bien.
>
> Joshua 1:8

2. Cambiar actitudes. "Porque os digo que si vuestra justicia no fuere mayor que la de los escribas y fariseos, no entraréis en el reino de los cielos."

Mateo 5:20

3. Mejorar el comportamiento. "Pero él dijo: Antes bienaventurados los que oyen la palabra de Dios, y la guardan." También observa lo que dice Santiago 2:26; "Porque como el cuerpo sin espíritu está muerto, así también la fe sin obras está muerta."

Lucas 11:28

El hecho es que tres de cada cuatro cristianos se convirtieron en cristianos durante los años de adolescencia. La enseñanza, especialmente a adultos jóvenes durante estos años de aprendizaje, es crucial para el bienestar de su vida cristiana.

Jesús dijo en Mateo 9:37-38: "Entonces dijo a sus discípulos: La mies a la verdad es mucha, pero los obreros pocos. Por tanto, rogad al Señor de la mies que envíe obreros a su mies". Vemos que este versículo destaca dos cosas. Primero, salvar; segundo, enviar. Debemos dar a todos los hombres el conocimiento que los guiará a Cristo y luego prepararlos con el conocimiento y el deseo de cosechar una mies ya preparada. Estos dos principios explican por qué la Gran Comisión de enseñar es tan grande y la sanción tan severa.

Finalmente, consideremos los beneficios que se recibirán al aprender la Palabra de Dios enseñada por maestros veraces y ungidos, que han realizado un estudio preciso y diligente. En 2 Timoteo 3:16-17, Pablo dice: "Toda la Escritura es inspirada por Dios y útil para enseñar, para redargüir, para corregir, para instruir en justicia, a fin de que el hombre de Dios sea perfecto, enteramente preparado para toda buena obra."

A. Es rentable para   Las doctrinas son reglas para vivir
   la Doctrina.

B. Es rentable para la Reprensión.

La reprensión es la convicción o evidencia necesaria para convencer a alguien de los errores de sus caminos. 1 Corintios 10:11 dice: "Estas cosas les sucedieron como ejemplos y están escritas para nuestra admonición, sobre quienes han llegado los fines de los siglos."

C. Es rentable para la Corrección.

Corrección significa rectificar los errores de uno para volver a ser digno.

D. Es rentable para la Instrucción.

Instrucción significa ser dirigido y guiado por el camino recto y estrecho que lleva a la Tierra Prometida. En Hechos 18:26, Pablo hablando sobre Apolos dice: "Comenzó a hablar con valentía en la sinagoga. Cuando Aquila y Priscila lo oyeron, lo llevaron consigo y le explicaron con más exactitud el camino de Dios".

E. Es rentable para la Justicia.

La justicia significa ser equitativo, o justo y correcto ante Dios. "Mi lengua hablará de tu palabra, porque todos tus mandamientos son justicia" (Salmo 119:172).

F. Nos hará Completos.

Completos significa estar en un lugar de madurez, logro y estar completamente equipados con todas las herramientas necesarias para ser verdaderos hombres o mujeres de Dios

Veamos otras Escrituras que pondrán de relieve otros beneficios de aprender la Palabra de Dios.

G. Limpiará nuestros caminos

En el Salmo 119:9, el salmista dice: "¿Con qué limpiará el joven su camino? Con guardar tu palabra." Y en Juan 15:3, Jesús dice: "Vosotros ya estáis limpios por la palabra que os he hablado

H. Da luz y entendimiento.

En el Salmo 119:130, el salmista dice: "La entrada de tus palabras da luz; da entendimiento a los simples."

I. Es provechoso para la santificación.

En Juan 17:17, Jesús dice: "Santifícalos en tu verdad; tu palabra es verdad."

J. Es provechoso para la fe.

En Juan 20:31 Jesús dice: "Pero éstas se han escrito para que creáis que Jesús es el Cristo, el Hijo de Dios, y para que creyendo, tengáis vida en su nombre."

K. Es provechoso para la esperanza

En Romanos 15:4, Pablo dice: "Porque todo lo que fue escrito en tiempos pasados, para nuestra enseñanza fue escrito, a fin de que por la paciencia y la consolación de las Escrituras tengamos esperanza."

L. Purificará tu alma.

En 1 Pedro 1:22, Pedro dice: "Puesto que ustedes han purificado sus almas por la obediencia a la verdad, mediante el Espíritu, para el amor fraternal no fingido, ámense unos a otros entrañablemente de corazón puro,"

M. Da seguridad de la salvación

En 1 Juan 5:13, Juan dice: "Estas cosas os he escrito a vosotros que creéis en el nombre del Hijo de Dios, para que sepáis que tenéis vida eterna, y para que creáis en el nombre del Hijo de Dios."

N. Te hará sabio

En 2 Timoteo 3:15, Pablo dice a Timoteo: "Y que desde la niñez has sabido las Sagradas Escrituras, las cuales te pueden hacer sabio para la salvación por la fe que es en Cristo Jesús."

El ministerio de un maestro debe ser completamente restaurado y operar a plena capacidad en el Cuerpo de Cristo si alguna vez queremos ver la venida del Señor Jesucristo. Con esta restauración, el Cuerpo de Cristo se fortalecerá. Comenzará a ocupar el lugar que le corresponde en el reino. Muchas fortalezas del enemigo serán derribadas. Muchas almas serán salvadas y firmemente establecidas. Muchas doctrinas falsas serán reveladas y los falsos maestros que las propagan serán expuestos y removidos.

Hay un largo camino por recorrer antes de llegar allí, y solo el restablecimiento divino de todos los Dones Administrativos en su orden y función adecuados nos llevará allí. Recuerden que el Señor Jesucristo va a regresar y llevarse a Su novia. "Para presentársela a sí mismo, una iglesia gloriosa, sin mancha ni arruga ni cosa semejante, sino santa e inmaculada" (Efesios 5:27). "Por lo cual, oh amados, esperando estas cosas, procurad con diligencia ser hallados por él sin mancha e irreprensibles, en paz" (2 Pedro 3:14).

La única manera de lograr la madurez de los santos, para que todos crezcamos hasta alcanzar la plenitud de Cristo, es mediante la unidad operativa de los cinco Dones Administrativos. Cada uno debe trabajar en armonía con los demás y en cada congregación (consultar nuevamente Efesios 4:12-16). Uno de estos dones no menos importantes son los maestros ungidos por Dios, designados por Dios y ordenados por Dios.

Tomémonos todos un tiempo cada día para orar y pedirle a Dios que complete la obra de restaurar todos Sus Dones Administrativos a la plena unidad de operación. Oremos también para que Dios derrame sobre Su novia todos los beneficios de esa operación. Esto acortará el tiempo restante antes de la gloriosa aparición de nuestro Señor y Salvador Jesucristo

Preguntas Del Capítulo
Para Ayudar A Tu Estudio

1. ¿La palabra "maestro" es una palabra griega diferente que podría traducirse más precisamente como "Instructor"? Verdadero o Falso

2. Entonces, ¿cuál es la diferencia entre "alimentar" e "instruir"?

3. Es deber divino del maestro enseñar lo que es correcto, puro e inmaculado. Verdadero o Falso

4. La enseñanza es una raíz esencial de la comisión que Cristo dio a sus apóstoles antes de su ascensión. Verdadero o Falso

5. ¿Cuáles son los beneficios de aprender la Palabra de Dios ya sea mediante un estudio preciso y diligente o una enseñanza veraz y ungida?

AYUDAS Y ADMINISTRACIONES

C ontinuaremos nuestro estudio de los Dones Espirituales con un vistazo al Don de Ayuda y Administración/Gobiernos. Estos Dones, aunque no mencionados en Efesios 4:11, son tan vitales para el funcionamiento de la Iglesia como aquellos Dones ya discutidos. Los Dones de Ayuda y Administración están listados en 1 Corintios 12:28. "Y a unos puso Dios en la iglesia, primeramente apóstoles, luego profetas, lo tercero maestros; luego los que hacen milagros, después los que sanan, los que ayudan, los que administran, los que tienen don de lenguas.

"Helps" se traduce del griego "antilepsis". "Antilepsis" significa propiamente agarrar, un intercambio (anti) para tomar como soporte. Significa tomar una carga sobre uno mismo en lugar de otro, para dar al individuo alivio o libertad para ocuparse de otros asuntos. Aunque no hay una definición dada en las Escrituras respecto a estos Dones, hay indicios que nos dan entendimiento sobre su función en el Cuerpo de Cristo. Aquí algunos ejemplos: Hechos 6:1-6 se refiere al ministerio de ayuda como el ayudar a los débiles y necesitados para que los discípulos pudieran dedicarse a la oración y al estudio de la Palabra. Números 11:17 habla del ministerio de ayuda mediante el apoyo con tiempo y recursos. Un comentarista define la instrucción "sostened a los débiles" encontrada en 1 Tesalonicenses 5:14, como aquellos que, como la casa de Estéfanas (1 Corintios 16:15), se dedican a ministrar a los santos. Hort define la administración como "todo lo que se haría por los hermanos pobres, débiles o marginados."[35] Unger la define como "las asistencias de los diáconos, que tienen cuidado de los enfermos, como en 1 Corintios 12:28 donde se usa en el sentido de ayudantes."[36] Strong lo define como alguien que brinda alivio a otro."[37]

Es importante notar que todos estos hermanos educados se refieren al Don de Ayudar como:

1. Un don de Dios dado al Cuerpo de Cristo.
2. Un cargo con reconocimiento especial.
3. Llamando a este cargo e a los individuos dotados Diaconos o Ancianos.
4. Un don que nunca será eliminado (1 Corintios 13:8).

Todos nosotros en algún momento hemos visto a un hermano o hermana precioso/a entrar en nuestra congregación y, con un corazón humilde y contrito, hacer cualquier cosa que se les pida. Nunca cuestionan la validez de la petición; simplemente se dedican a hacer lo que se les pide. Siguen adelante reparando lo que encuentran roto o apoyando a cualquier ministro o ministerio que necesite apoyo. Hacen estas cosas sin buscar ni pedir reconocimiento. Hacen lo que debe hacerse sin tomar gloria para sí mismos/as. Nunca interfieren con aquellos que buscan ese reconocimiento. Estos hombres y mujeres de Dios realmente son algunos de los más grandes en el Reino de Dios (Mateo 20:25-28). Nunca deberían desanimarse, ser deprimidos o cuestionados; ¡solo deberían ser guiados y alentados! Estos individuos bendecidos son tan importantes para la obra del ministerio como los apóstoles, profetas, evangelistas, pastores y maestros, porque sin ellos los ministros no pueden dedicar su tiempo valioso a hacer lo que deberían estar haciendo, "dedicándonos continuamente a la oración y al ministerio de la palabra" (Hechos 6:4).

El difunto Dr. Roy Gray, profesor de colegios bíblicos en East Texas Bible College y Miracle Valley Bible College, una vez nos dijo que creía que cuando se haga el llamado en el cielo para coronar a los más grandes en el reino de Dios, no será el mayor evangelista, ni será el mayor pastor o apóstol. Creía que sería uno de estos ayudantes benditos de los que nadie ha oído hablar. Creía que todas las armas espirituales a nuestra disposición, y todo el poder que Dios nos ha concedido, serían inútiles si estamos ocupados luchando contra problemas terrenales. Estos ayudantes dan el tiempo y el apoyo que los guerreros de Dios necesitan para luchar contra el enemigo espiritual y caminar en sus llamados (Ref. Hechos 6:1-7).

Ahora veamos el Don de Gobernaciones. La palabra "kubernesis", que es la palabra griega utilizada en 1 Corintios 12:28 y traducida como Gobernaciones en la versión King James Antigua, también puede ser correctamente traducida como Administraciones, como se hace en las versiones New American Standard y New International. La palabra simplemente significa guiar o gobernar. Estos términos indican dirigir o pilotar. Para entender mejor el significado y la operación del cargo de Administraciones/Gobernaciones, sería de gran beneficio notar otras formas en las que la palabra griega "kubernesis" se usa. "Kubernesis" se usa para significar un servidor en Mateo 22:13, 23:11 y Marcos 9:35. Un ministro en Mateo 20:26, Marcos 10:43 y Romanos 13:4, 15:8, y un diácono en Filipenses 1:1 y en 1 Tesalonicenses 3:8, 12. Estos son los hombres y mujeres de Dios que dirigen y administran los programas que alimentan a los santos a nivel físico. Aunque a menudo se les llama a poner manos a la obra y hacer el trabajo ellos mismos, esto de ninguna manera cambia el hecho de que su principal llamado es administrar las tareas físicas necesarias por el ministerio, la iglesia y la edificación, para que la siembra realizada por los otros ministros produzca fruto de treinta, sesenta y cien por uno.

Fredrick Louis Godet, en su comentario sobre 1 Corintios, nos dice que "gobernaciones o administraciones, sin duda denota los varios tipos de supervisión necesarios para el buen orden externo de las asambleas y el culto de la Iglesia. Era necesario encontrar y proveer los lugares de reunión, etc. Todo esto requiere lo que hoy llamaríamos comités, con sus presidentes."[38]

Además, el comentario de Jamieson, Fausset y Brown nos dice que,

> Estos oficiales, aunque ahora son ordinarios y permanentes, fueron originalmente especialmente dotados con el Espíritu para su oficio. El gobierno ocupándose de lo externo, a pesar del estatus externo que otorga, se clasifica con las funciones inferiores. "El que da" [correspondiente a "Ayudas"] "el que gobierna" [correspondiente a "gobernaciones"]."[39]

El comentario de Matthew Henry establece que la diferencia entre el Don de Ayudas y el Don de Gobernaciones o Administraciones es; "Ayudas, o aquellos que tuvieron compasión por los enfermos y débiles, y les ministraron; "Gobernaciones", o aquellos que tenían el manejo de las contribuciones caritativas de la iglesia, y las distribuían a los pobres.[40]

Otro ejemplo de la diferencia entre el Don de Ayudas y Gobernaciones o Administraciones se encuentra en Romanos 12:6-8.

> Teniendo, pues, dones diferentes según la gracia que nos es dada, si profecía, úsese conforme a la medida de la fe; o si ministerio, en servir; o el que enseña, en la enseñanza; el que exhorta, en la exhortación; el que reparte, con liberalidad; el que preside, con solicitud; el que hace misericordia, con alegría.

También veamos 1 Timoteo 3:8-12 para otras cualificaciones que estos hombres y mujeres de Dios que poseen el Don de Gobernaciones deben tener.

Asimismo, los diáconos (kubernesis) deben ser reverentes, no de doble lengua, no dados a mucho vino, no codiciosos de ganancias deshonestas, conservando el misterio de la fe con limpia conciencia. Y éstos también sean sometidos primero a prueba; luego ejerzan el oficio de diáconos, si son irreprensibles. Así mismo, las mujeres deben ser dignas, no calumniadoras, sobrias, fieles en todo. Los diáconos sean maridos de una sola mujer, y gobiernen bien sus hijos y sus propias casas.

Estos hombres y mujeres de Dios, que por llamamiento, ocupan el cargo de gobernaciones,

1. deben ser los siervos de todos (Mateo 20:2, 23:11)
2. deben ejecutar la ira sobre el mal (Romanos 13:4).
3. son ministros del Nuevo Pacto, para dar vida (2 Corintios 3:5-9).
4. deben ser ministros de la Justicia (2 Corintios 3:5-9),
5. deben ser ministros de la Reconciliación (2 Corintios 5:18);
6. no deben dar ocasión de tropiezo en nada (2 Corintios 6:3)
7. deben mantenerse sin reproche (2 Corintios 6:3).
8. deben ser ministros de Cristo (2 Corintios 11:23)
9. deben estar firmes y arraigados, perseverando en la fe, no apartándose de la esperanza del Evangelio (Colosenses 1:23);
10. su mayordomía no les es dada por hombre sino únicamente por Dios (Colosenses 1:25).
11. deben ser santificados por la Palabra de Dios y la oración (1 Timoteo 4:5).
12. deben poder instruir a otros que van por el mismo camino (1 Timoteo 4:6, 11).
13. no deben ser menospreciados ni considerados como no importantes de ninguna manera. Más bien, "deben ser estimados en mucho, especialmente los que trabajan en predicar y enseñar" (1 Timoteo 5:17).

Preguntas Del Capítulo
Para Ayudar A Tu Estudio

1. La palabra griega para Ayudas es "antilepsis". Significa adecuadamente asir, un intercambio (anti), tomar o asir como apoyo. Verdadero o Falso

2. ¿Cómo se refieren los grandes hombres de Dios al Don de Ayudas? Nombre las cuatro cosas mencionadas.

3. La palabra "kubernesis", que es la palabra griega usada en 1 Corintios 12:28 para Administraciones, se traduce simplemente como guiar o gobernar, lo cual indica dirección o pilotaje. Verdadero o Falso

1 CORINTIOS 13 Y LOS DONES ESPIRITUALES

Los textos principales para nuestro estudio sobre los Dones Espirituales han sido Efesios 4 y 1 Corintios 12 y 14. Sin embargo, intercalado entre 1 Corintios 12 y 14 está, como muchos lo llaman, el Capítulo del Amor. 1 Corintios 13 no es un interludio entre los capítulos 12 y 14, sino un eslabón entre ambos. La colocación divina de este capítulo muestra que existe una correlación definitiva entre los Dones Espirituales y el Amor, y que deben tener una relación de trabajo. Por lo tanto, es vital que dirijamos nuestra atención al 1 Corintios 13 para ver cuál es esa relación de trabajo.

Muchos creen que en 1 Corintios 13, Pablo simplemente estaba definiendo otro don espiritual. Si uno solo mira los dos primeros versículos combinados con el clímax de Pablo al final del capítulo, podría influirse a estar de acuerdo y llegar a la conclusión de que el amor no solo es un don espiritual, sino también el mayor de todos los dones espirituales.

Veamos qué dice 1 Corintios 13:1-2, 13.

> Aunque hable con las lenguas de los hombres y de los ángeles, si no tengo amor, he llegado a ser como metal que resuena o címbalo que retiñe. Y aunque tenga el don de profecía, y entienda todos los misterios y todo conocimiento, y aunque tenga toda la fe, de tal manera que pueda quitar montañas,

> si no tengo amor, nada soy... Y ahora permanecen la
> fe, la esperanza y el amor, estos tres; pero el mayor
> de ellos es el amor.

No hay duda sobre lo que el amor de Dios ha inspirado e impartido a este mundo lleno de pecado y miserable. Y no hay discusión sobre que lo que el amor ha inspirado e impartido es el mayor de todos los Dones de Dios. Sin embargo, cuando el amor se clasifica correctamente, no es un Don sino un Fruto del Espíritu (Gálatas 5:22). El amor es la esencia misma y la naturaleza de Dios. En 1 Juan 4:8, Juan dice: ¡Dios es amor!"

Ahora veamos este maravilloso y extraordinario Fruto del Espíritu, llamado Amor (Agape en griego), y su relación con los Dones del Espíritu. Antes de comenzar, sin embargo, volvamos a mirar 1 Corintios 13.

En el capítulo sobre la Clasificación y Motivación de los Dones Espirituales, afirmamos que 1 Corintios 13 no es un estudio sobre el amor de Dios, ni tampoco un examen y definición del amor como se explica en el contexto de entender el amor de Dios mismo. ¡Y no define el Amor como un Don Espiritual! El tema de 1 Corintios 13 es: El Amor como la fuerza motivadora y el propósito para tener y usar todos los Dones Espirituales. 1 Corintios 13 muestra la relación entre el Amor y los Dones Espirituales, comparando los Dones Espirituales sin Amor y los Dones Espirituales con Amor!

Permítanme ilustrar. Imaginen que están en un automóvil. Están conduciendo hacia un lugar del cual solo han escuchado hablar, pero al cual nunca han ido. No están seguros de la dirección, cuán lejos está su destino, o qué tan difícil será el camino que deben recorrer. En esta situación, dos elementos son vitales para llegar a su destino deseado de manera segura. Uno es el combustible que necesitarán para llegar allí, y el otro es un mapa de carreteras que les mostrará el camino correcto. Como cristianos, nosotros conducimos el automóvil; la semejanza a Cristo es nuestro destino. No sabemos hacia qué dirección ir, cuánto tiempo tomará el viaje, o qué tan difícil podría ser. En el proceso de llegar a nuestro destino, debemos evitar giros equivocados, caminos traicioneros, bloqueos y callejones sin salida. Para hacer esto, necesitamos un buen mapa detallado que nos muestre la forma más segura y precisa de viajar.

Los Dones Espirituales y el Amor son los dos elementos esenciales necesarios para el viaje. El Amor es el combustible omnipotente e ilimitado necesario para recorrer la distancia, y los Dones Espirituales trabajando en conjunción con la Palabra de Dios son las direcciones y el mapa de carreteras que muestran el camino más seguro y preciso. Uno es necesario para hacer que el automóvil avance; el otro es necesario para guiarlo en la dirección correcta y, en el proceso, evitar todos los peligros y trampas que uno encontrará en el camino. Se nos dice que el camino que debemos recorrer es estrecho y que debemos "entrar por la puerta estrecha; porque ancha es la puerta y espacioso el camino que lleva a la perdición, y muchos son los que entran por él. Pero estrecha es la puerta y angosto el camino que lleva a la vida, y pocos son los que la hallan" (Mateo 7:13). Solo podemos encontrar ese camino estrecho utilizando los Dones Espirituales trabajando en conjunción con la Palabra de Dios, motivados y fortalecidos por el Amor.

Aunque 1 Corintios 13 nos da una definición, aunque incompleta, de lo que es el verdadero amor divino, ese no es el énfasis principal del capítulo. Su propósito principal, una vez más, es mostrarnos la relación entre los Dones Espirituales sin Amor y los Dones Espirituales con Amor. ¡Los Dones Espirituales sin Amor o el Amor sin los Dones Espirituales son como tener todo el combustible del mundo sin un mapa o tener el mejor mapa sin ningún combustible; ambos escenarios son inútiles para el viaje que tenemos por delante.

1 Corintios 13 se divide perfectamente en tres partes.

Primero, tenemos el Contraste del Amor (versículos 1-3). Aunque hable con las lenguas de los hombres y de los ángeles, si no tengo amor, he llegado a ser como metal que resuena o címbalo que retiñe. Y aunque tenga el don de profecía, y entienda todos los misterios y todo conocimiento, y aunque tenga toda la fe, de tal manera que pueda quitar montañas, si no tengo amor, nada soy. Y aunque reparta todos mis bienes para dar de comer a los pobres, y aunque entregue mi cuerpo para ser quemado, si no tengo amor, de nada me sirve.

Segundo, tenemos el Análisis del Amor (versículos 4-8). El amor es sufrido, es benigno; el amor no tiene envidia, el amor no es jactancioso, no se envanece; no hace nada indebido, no busca lo suyo, no se irrita, no guarda rencor; no se goza de la injusticia, sino que se goza de la verdad. Todo lo sufre, todo lo cree, todo lo espera, todo lo soporta.

Tercero, tenemos la Defensa del Amor como Supremo (versículos 9-13). El amor nunca deja de ser; pero las profecías se acabarán, cesarán las lenguas, y la ciencia acabará. Porque en parte conocemos, y en parte profetizamos; mas cuando venga lo perfecto, entonces lo que es en parte se acabará. Cuando yo era niño, hablaba como niño, pensaba como niño, juzgaba como niño; mas cuando ya fui hombre, dejé lo que era de niño. Ahora vemos por espejo, oscuramente; mas entonces veremos cara a cara. Ahora conozco en parte; pero entonces conoceré como fui conocido. Y ahora permanecen la fe, la esperanza y el amor, estos tres; pero el mayor de ellos es el amor.

Durante muchos años, hemos escuchado y nos han enseñado que el atributo supremo en el mundo religioso era la Fe. Nosotros nos atrevemos a diferir. El atributo supremo del cristianismo es el Amor de Dios fluyendo en y a través de nosotros. No es una omisión que Pablo, quien solo unos momentos antes, hablando de la fe, dijo: "Y si tuviese toda la fe, de tal manera que trasladase los montes, y no tengo amor, nada soy." Y no olvidemos que en el versículo 13 de 1 Corintios, él separa deliberadamente la fe del amor, "ahora permanecen la fe, la esperanza, el amor," y luego declara enérgicamente, "El mayor de estos es el amor."

1 Corintios 13 no está solo en proclamar que el amor es el bien supremo del cristianismo. Otros escritores inspirados por Dios están de acuerdo en esto también. Pedro dice: "Ante todo, tened entre vosotros ferviente amor" (1 Pedro 4:8). Juan va aún más lejos afirmando simplemente que "Dios es amor" (1 Juan 4:8). ¿Recuerdas la profunda declaración que hizo el antiguo fariseo Pablo sobre el amor? "El amor es el cumplimiento de la ley" (Romanos 13:10b, KJV). ¿Alguna vez has pensado qué significaba eso? Jesús nos dio el significado en Mateo 22:36-40 (KJV)

> ""Maestro, ¿cuál es el gran mandamiento en la ley?"
> Jesús le dijo: "Amarás al Señor tu Dios con todo tu
> corazón, y con toda tu alma, y con toda tu mente.
> Este es el primero y grande mandamiento. Y el
> segundo es semejante: Amarás a tu prójimo como
> a ti mismo. De estos dos mandamientos depende
> toda la ley y los profetas."

En otras palabras, si amamos a Dios y al prójimo incondicionalmente, no hay necesidad de los otros mandamientos, pero sí hay necesidad de los Dones, porque los Dones de Dios se extienden desde el amor de Dios como fruto en un árbol plantado junto a las aguas vivas de Dios. Los Dones Espirituales trabajando en conjunción con la Palabra de Dios nos dan las direcciones más cortas, rápidas y seguras. Nos dicen cuál es el camino correcto y cuál no lo es. Mientras que el Amor nos da el poder y el combustible para ayudarnos a nosotros mismos y a los demás a llegar a la gloria.

Ten en cuenta que en el siglo primero d.C., las personas creían que era por las obras de la ley que harían del cielo su hogar. Tenían que adherirse estrictamente a los Diez Mandamientos originales más una miríada de otros mandamientos concebidos en la mente del hombre. Esta creencia fue sostenida por muchos grupos eclesiásticos hasta que Martín Lutero clavó las 95 tesis en la puerta de la Iglesia del Castillo en 1517, lo que dio inicio a lo que hoy se conoce como la Reforma Protestante. La doctrina de la salvación por obras todavía se practica y enseña en algunas iglesias principales hoy en día. Sin embargo, Cristo nos mostró que el amor es el mejor camino (véase Marcos 12:28-34, especialmente los versículos 23-24). Si no nos adherimos a estos mandamientos imposibles de satisfacer, sino que nos adherimos a una sola cosa, el amor incondicional, cumpliremos toda la ley, y por fe en Cristo, el camino al Cielo estará abierto (Romanos 1:17).

En otras palabras, el hombre que verdaderamente ama a su prójimo no tramará ni hará daño contra él; no lo herirá, ni contaminará su lecho, ni lo robará ni engañará, ni codiciará ni le robará. No dañará su carácter, ni testificará falsamente contra él, sino que, por el contrario, le otorgará todo el bien de que es capaz y de la misma manera que desea recibir. Por lo tanto, en el amor está la plenitud de todos los requisitos de la Ley.

La Ley, entendida como la Ley de Moisés en general, pero específicamente los Diez Mandamientos y aún más específicamente la segunda tabla de la Ley (Mandamientos 5-10). Esta segunda tabla de la Ley se describe como las acciones del hombre hacia el hombre, o las acciones tomadas en relación con nuestro deber hacia nuestro prójimo. Si las personas se amaran verdaderamente unas a otras, entonces se cumplirían todas las demandas de la Ley. Por lo tanto, el Amor es el cumplimiento de la ley.

Entonces, ¿cómo analiza el apóstol Pablo el amor? El amor es la regla para cumplir todas las reglas, el nuevo mandamiento para mantener todos los viejos mandamientos. Como se mencionó anteriormente, cuando a Jesús le preguntaron acerca del mayor de todos los mandamientos, respondió dando solo dos. ¡El amor es la esencia de ambos! Ama a Dios sobre todas las cosas. Ama a tu prójimo como a ti mismo. No podría ser más fácil de entender. Sin embargo, entender es una cosa; hacer es otra. Jesús también hizo provisión para eso. Él dijo: "Para los hombres es imposible, pero no para Dios, porque todas las cosas son posibles para Dios" (Marcos 10:27). Además, el apóstol Pablo dijo: "Todo lo puedo en Cristo que me fortalece" (Filipenses 4:13).

En los versículos 4-8 de 1 Corintios 13, tenemos lo que podría describirse como el espectro del amor, o el análisis del amor. Veamos cuáles son los elementos esenciales del amor. Notarás que estos elementos tienen nombres comunes. De hecho, son virtudes de las que escuchamos todos los días. Son cosas que pueden practicar todos los hombres en cualquier momento de la vida. El espectro del amor tiene nueve ingredientes:

1.	Paciencia	"El amor es paciente."
2.	Bondad	"y es amable,"
3.	Generosidad	"el amor no envidia."
4.	Humildad	"no se jacta, no se envanece."
5.	Cortesía	"no se comporta indecorosamente."
6.	Desinterés	"no busca lo suyo."
7.	Buen Temperamento	"no se irrita fácilmente."
8.	Sinceridad	"no piensa en mal."
9.	Veracidad	"no se regocija en la injusticia, sino que se regocija en la verdad."

Estos ingredientes conforman la manifestación suprema del amor, así como la estatura del hombre perfecto. Observarás que todos estos están relacionados con los hombres y con la vida. Todos tienen que ver con el hoy conocido y el mañana cercano. No tienen ninguna relevancia en la eternidad desconocida. En la eternidad, no habrá sufrimiento, falta de bondad, envidia ni orgullo. ¡Solo habrá amor! En el mundo de hoy y especialmente en las iglesias de hoy, escuchamos mucho sobre amar a Dios; sin embargo, Cristo habló mucho sobre amar al hombre. Damos mucha importancia a la paz en el cielo, pero Cristo dio mucha importancia a la paz en la tierra. Hermanos, necesitamos poner nuestras prioridades en orden antes de ser llamados a casa o antes de que Cristo regrese. Debemos hacer como Pablo en Filipenses 2:5 dijo: "Tened entre vosotros el mismo sentir que hubo también en Cristo Jesús". Si no lo hacemos, es posible que no hagamos del cielo nuestro hogar.

¡La manifestación suprema del amor no es algo que se anhele, sino una persona, Jesús de Nazaret! ¿Quién fue, es y ha de venir? Él es el todo en todos, el Alfa y la Omega, el principio y el fin. Él es aquel que desde el principio sabía que el hombre era malvado y no tenía forma de escapar del castigo debido por su pecado. ¡Jesús es aquel que sabía que solo había una manera para que el hombre regresara a un lugar de descanso y paz! Él es aquel que sabía que el hombre no tenía forma de recibir la gloria, el honor, el amor y la aceptación que una vez tuvo con el Padre de las luces. Él es aquel que, en su sabiduría suprema, reconoció que no había otra manera para que su amada creación regresara al amoroso seno de Dios. Jesús, sabiendo todo esto y movido por su amor ilimitado por su creación, dejó toda su gloria y vino a la tierra como siervo, y murió como sacrificio eterno para asegurar nuestro regreso a la comunión con Él hoy y para siempre.

Jesús renunció a las glorias del cielo y a la bienaventuranza de su relación con su Padre para que Dios pudiera usarlo como sacrificio único que bridaría la brecha entre Él y el hombre.

> El cual, siendo en forma de Dios, no estimó el ser
> igual a Dios como cosa a qué aferrarse, sino que se

despojó a sí mismo, tomando forma de siervo, hecho
semejante a los hombres; y estando en la condición
de hombre, se humilló a sí mismo, haciéndose
obediente hasta la muerte, y muerte de cruz.

Filipenses 2:68

El único y verdadero Dios, revestido con el manto de mera
humanidad, vino con un único propósito. Ese divino propósito
fue la redención de nuestras almas. Lo hizo mostrándonos lo que
realmente es el amor. "Porque Cristo, cuando aún éramos débiles,
a su tiempo murió por los impíos. Ciertamente, apenas morirá
alguno por un justo; con todo, pudiera ser que alguno osara morir
por el bueno. Pero Dios muestra su amor para con nosotros, en
que siendo aún pecadores, Cristo murió por nosotros" (Romanos
5:6-8). Y "en esto conocemos lo que es el amor, en que Él dio su
vida por nosotros" (1 Juan 3:16a).

¿Es el amor la mejor manera de obtener todos los dones que
Dios tiene para dar a Su Novia? ¡Absolutamente! Sin amor, los
Dones Espirituales son como magníficos y poderosos caballos
desbocados y sin domar, todos tirando en direcciones diferentes. El
resultado es que el carro del rey no avanza. El carro y sus caballos,
por magníficos y bellos que sean, se vuelven inútiles e ineficaces
para el camino por delante. Una vez que estos magníficos caballos
son atados al carro del Rey en amor, con las riendas aseguradas
y puestas en las manos del Rey del Amor, el carro, que lleva la
magnificencia del Rey de Reyes, avanzará con esplendor, belleza,
velocidad y poder. El Rey de Reyes entonces conquistará a todos
los que se le opongan.

Debido al puro e ilimitado amor de Dios, la Iglesia de Jesucristo
fue dada a la humanidad como hospital para los enfermos, refugio
en tiempos de tormenta, hogar para los sin hogar y fuente de
fortaleza para los débiles. Es un lugar de provisión para los pobres,
un centro de liberación para los oprimidos, un lugar de vida para
los muertos y un conservante para los que perecen. La iglesia es un

lugar de fe para los incrédulos, esperanza para los desesperanzados, amor para los que no son amados. Es un lugar de conocimiento para los ignorantes y una luz para aquellos que caminan en la oscuridad del pecado. Es una guía para los perdidos, alimento para los hambrientos, agua para los sedientos y consuelo para los desconsolados. Es seguridad para los que tienen miedo e inamovible para aquellos que están siendo sacudidos de un lado a otro. ¿Cómo podemos, entonces, tener éxito en ser todo lo que Dios nos ha llamado a ser sin todos los Dones Espirituales y Administrativos proporcionados por Dios, los cuales son potenciados y manifestados por el Amor de Dios, Su fuerza divina impulsora? ¡No podemos!

Preguntas Del Capítulo
Para Ayudar A Tu Estudio

1. ¿1 Corintios 13 compara los Dones Espirituales sin amor y los Dones Espirituales con amor? Verdadero o Falso.
2. ¿1 Corintios 13 se divide en tres partes? ¿Cuáles son?
3. ¿1 Corintios 13 no está solo en proclamar que el amor es el bien supremo del cristianismo? Verdadero o Falso.
4. ¿El Espectro del Amor tiene nueve ingredientes? ¿Cuáles son?

AMOR: PARTE UNO

E s el Amor Ágape la mejor manera de obtener todos los Dones que Dios tiene para dar a Su Novia? ¡Absolutamente! Si creemos que el Amor Ágape es la fuerza omnipotente que potencia, opera, inspira y dirige los Dones Espirituales, entonces es vital que antes de cerrar nuestro estudio sobre los Dones del Espíritu, examinemos de cerca qué es el Amor. Examinaremos cómo describió Juan el Amado el puro amor de Dios. Luego veremos el magnífico regalo que fue traído a un mundo perdido y moribundo, a través del puro amor de Dios

Después de una consideración en oración, sin embargo, nos dimos cuenta de que los dos temas no pueden separarse. Cuando estudiamos el amor, no tenemos otra opción más que estudiar el magnífico regalo que el amor trajo. ¡Amados, los dos son inseparables! Mira una vez más 1 Juan 3:16a, donde Juan afirma: "En esto conocemos lo que es el amor, en que él puso su vida por nosotros". ¿Por qué conocemos el amor? ¡Porque Él murió por nosotros! En este versículo, el "Él" se refiere a Jesús el Cristo. También mira Romanos 5:6-8: "Porque Cristo, cuando aún éramos débiles, a su tiempo murió por los impíos. Ciertamente, apenas morirá alguno por un justo; con todo, pudiera ser que alguno osara morir por el bueno. Mas Dios muestra su amor para con nosotros, en que siendo aún pecadores, Cristo murió por nosotros". En 1 Juan 4:9-10, Juan dice: "En esto se mostró el amor de Dios para con nosotros, en que Dios envió a su Hijo unigénito al mundo, para que vivamos por él. En esto consiste el amor: no en que nosotros hayamos amado a Dios, sino en que él nos amó a nosotros, y envió a su Hijo en propiciación por nuestros pecados". Y finalmente, Juan 3:16, que muchos cristianos conocen bien, Jesús dijo: "Porque de tal manera amó Dios al mundo, que ha dado a su Hijo unigénito, para que todo aquel que en él cree no se pierda, mas tenga vida eterna". No se puede hablar del "Amor de Dios" sin hablar de la acción que impulsó. ¡El amor solo puede ser conocido por la acción que provoca!

El texto principal para este estudio será 1 Juan 4:7-21

> Amados, amémonos unos a otros; porque el amor es de Dios. Todo aquel que ama, es nacido de Dios, y conoce a Dios. El que no ama, no ha conocido a Dios; porque Dios es amor. En esto se mostró el amor de Dios para con nosotros, en que Dios envió a su Hijo unigénito al mundo, para que vivamos por él. En esto consiste el amor: no en que nosotros hayamos amado a Dios, sino en que él nos amó a nosotros, y envió a su Hijo en propiciación por nuestros pecados. Amados, si Dios nos ha amado así, debemos también nosotros amarnos unos a otros. A Dios nadie le ha visto jamás. Si nos amamos unos a otros, Dios permanece en nosotros, y su amor se ha perfeccionado en nosotros. En esto conocemos que permanecemos en él, y él en nosotros, en que nos ha dado de su Espíritu. Y nosotros hemos visto y testificamos que el Padre ha enviado al Hijo, el Salvador del mundo. Todo aquel que confiese que Jesús es el Hijo de Dios, Dios permanece en él, y él en Dios. Y nosotros hemos conocido y creído el amor que Dios tiene para con nosotros. Dios es amor; y el que permanece en amor, permanece en Dios, y Dios en él. En esto se ha perfeccionado el amor en nosotros, para que tengamos confianza en el día del juicio; pues como

él es, así somos nosotros en este mundo. En el amor no hay temor, sino que el perfecto amor echa fuera el temor; porque el temor lleva en sí castigo. De donde el que teme, no ha sido perfeccionado en el amor. Nosotros le amamos a él, porque él nos amó primero. Si alguno dice: Yo amo a Dios, y aborrece a su hermano, es mentiroso. Pues el que no ama a su hermano a quien ha visto, ¿cómo puede amar a Dios a quien no ha visto? Y nosotros tenemos este mandamiento de él: El que ama a Dios, ame también a su hermano.

Primero, examinemos los versículos 8 y 16. Se repite la misma frase dos veces, una vez en cada versículo: "Dios es amor". La palabra griega es "ágape". "Ágape" es el sustantivo. "Ágape" como sustantivo y su verbo correspondiente "agapao" nunca pueden ser traducidos como "amoroso". En estos versículos, vemos que se traduce de la única manera precisa posible: "Dios es amor". Si se tradujera como "Dios es amoroso" (una vez más, no se traduce así en ninguna versión de la Biblia), haría de Dios un ser que tiene un atributo de amor. El amor sería entonces solo una parte de su ser, no su naturaleza misma, esencia y existencia. Si el amor fuera solo una parte de su ser, ¿cómo podríamos tener fe y confianza en Él? Porque siempre habría la duda de cómo reaccionaría Dios hacia nosotros en cualquier situación, o incluso si reaccionaría en absoluto?

Pero debido a que su naturaleza, su esencia, su ser y su existencia "es" amor, no puede haber duda de cómo reaccionará en cada situación y en cada acción que tome. ¡Dios solo puede reaccionar con amor! Solo puede reaccionar con amor, porque es una extensión de su naturaleza divina. El amor no se extrae de Dios debido a la excelencia de un objeto. El amor de Dios no es complaciente ni pasivo; es la fuerza impulsora detrás de sus acciones.

¡El amor solo puede ser conocido por las acciones que provoca!

De hecho, es tan importante que el hombre comprenda la verdad del amor de Dios que Dios hizo del amor el Alfa y el Omega de su Palabra. El amor es el hilo dorado que se extiende a lo largo de toda la Biblia. Comienza con Dios expresando su amor por el hombre en la historia de la creación en Génesis, donde todas las cosas fueron hechas para el hombre y el hombre fue hecho para Dios. Se mostró aún más con la creación del hombre a imagen y semejanza de Dios. Luego se demuestra a lo largo de la historia del hombre por la repetida restauración de su creación de la depravación y el pecado por parte de Dios. Luego alcanza su cenit en la muerte sacrificial de Dios mismo en carne humana en la cruz del Calvario. Sin embargo, la historia del amor de Dios no termina ahí. Su plenitud absoluta se revelará y se verá cara a cara cuando se abran los cielos y Jesús regrese para gobernar y reinar por siempre.

Ágape es la expresión de un ser perfecto y santo hacia una humanidad imperfecta, impía, pecadora e indigna, cuya justicia es como trapos de inmundicia delante de Dios (Isaías 64:6). Su expresión produce un amor reverente en el hombre hacia Dios el dador, "Nosotros le amamos a él, porque él nos amó primero" (1 Juan 4:19). Esta relación de amor se revela al amar a toda la humanidad.

> Amados, si Dios nos amó así, también nosotros debemos amarnos unos a otros... Si nos amamos unos a otros, Dios permanece en nosotros y su amor se ha perfeccionado en nosotros. Si alguien dice: "Amo a Dios", y aborrece a su hermano, es mentiroso; pues el que no ama a su hermano a quien ha visto, ¿cómo puede amar a Dios a quien no ha visto? Y este mandamiento tenemos de él: que el que ama a Dios, ame también a su hermano.
>
> 1 Juan 4: 11-12, 20-21

El amor práctico hacia los demás permite que el hombre busque al Dador del Amor, aquel que es amor, Dios mismo (Romanos 15:2, 2 Corintios 5:18-20). La expresión perfecta y el funcionamiento perfecto del amor práctico se vieron a través del nacimiento, la vida y la muerte del unigénito del Padre, Jesucristo (Juan 3:16, Romanos 5:8, 8:32-39, 2 Corintios 5:14, Efesios 2:4, 5:2, y otros).

Ahora examinemos más a fondo el amor haciendo referencia a 1 Juan 4:7, Juan 3:16 y 1 Juan 4:9.

> Amados, amémonos unos a otros, porque el amor es de Dios; y todo aquel que ama es nacido de Dios y conoce a Dios.
>
> 1 Juan 4:7

> Porque de tal manera amó Dios al mundo, que ha dado a su Hijo unigénito, para que todo aquel que en Él cree no se pierda, sino que tenga vida eterna.
>
> Juan 3:16

> En esto se manifestó el amor de Dios hacia nosotros: que Dios envió a su Hijo unigénito al mundo, para que vivamos por medio de Él.
>
> 1 Juan 4:9

Vemos en los versículos que se enumeran a continuación el amor de Dios mandado, traducido y demostrado.

1. Dios nos "mandó" que andemos en amor los unos hacia los otros (1 Juan 4:7), así como Cristo nos amó y se entregó por nosotros (Efesios 5:2).
2. El amor de Dios fue "traducido" a nosotros en su Hijo, quien vino como hombre para mostrarnos el amor del Padre (Juan 3:16; Romanos 5:6-8; Gálatas 4:4-5)

3. Luego Dios "demostró" ese amor cuando murió en la
    cruz del Calvario para que vivamos por medio de Él (1
    Tesalonicenses 5:9-10; 1 Juan 4:9).

Ilustremos lo observado hasta ahora.

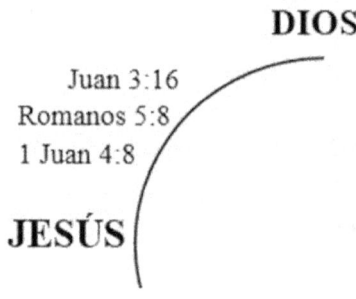

Vamos a mirar de nuevo 1 Juan 4:9. "En esto se manifestó el amor
de Dios para con nosotros, en que Dios envió a su Hijo unigénito al
mundo, para que vivamos por él." Dios manifestó su amor hacia el
hombre en la muerte de su Hijo en el Calvario. Consideremos las
palabras de este verso más detenidamente. La palabra "manifestó"
significa demostrar o mostrar, exhibir abiertamente, hacer brillar,
hacer visible. Dios manifestó su amor en un espectáculo abierto
o demostración. Dios hizo una demostración pública de su Hijo
unigénito al colgarlo en el aire, con las manos y los pies clavados
en una cruz (Juan 19:16-19). Lo que es aún más profundo es que
"Dios muestra su amor en que siendo aún pecadores, Cristo murió
por nosotros" (Romanos 5:8).

La cruz fue colocada en la cima de una colina llamada Calvario
o en hebreo, Gólgota, que significa "Lugar del Cráneo". Este lugar
de ejecución estaba en un lugar público para que todos pudieran
ver el espectáculo. Él colgó allí durante tres horas mientras la gente
miraba con asombro y se burlaba de su cuerpo ensangrentado,
desgarrado, desnudo y golpeado mientras colgaba en esa cruz.
Estaba allí para quitar los pecados del mundo y liberar a toda la
humanidad del castigo eterno. Colgó allí para dar vida eterna a

todo aquel que cree en Él. Él abrió un camino para un mundo pecador, que de otra manera no tendría esperanza de ver el rostro amoroso de Dios, para regresar al seno amoroso de su Padre en el Cielo. Qué poco sabían. "Y yo, si fuera levantado de la tierra, atraeré a todos hacia mí mismo". Esto lo dijo, indicando con qué muerte iba a morir. (Ref. Juan 12:32-33).

> Por tanto, recordad que en otro tiempo vosotros, los gentiles en cuanto a la carne, erais llamados incircuncisión por la llamada circuncisión hecha con mano en la carne. En aquel tiempo estabais sin Cristo, alejados de la ciudadanía de Israel y ajenos a los pactos de la promesa, sin esperanza y sin Dios en el mundo. Pero ahora en Cristo Jesús, vosotros que en otro tiempo estabais lejos, habéis sido hechos cercanos por la sangre de Cristo. Porque él es nuestra paz, que de ambos pueblos hizo uno, derribando la pared intermedia de separación, aboliendo en su carne la enemistad, la ley de los mandamientos expresados en ordenanzas, para crear en sí mismo de los dos un solo y nuevo hombre, haciendo la paz, y para reconciliar con Dios a ambos en un solo cuerpo mediante la cruz, matando en ella las enemistades.
>
> Efesios 2:11-16

Este acto de Ágape (el Amor de Dios) logró cuatro maravillosos y eternos logros accesibles para quienquiera que venga a la cruz en fe. Estos cuatro logros son:

1. Propiciación
2. Redención
3. Justificación
4. Reconciliación

Vamos a examinar más de cerca estas cuatro bendiciones que el sacrificio de Cristo trajo.

Propiciación (hilasmos) significa aplacar o pacificar la ira. Para desarrollar una doctrina verdaderamente bíblica de la propiciación, será necesario considerar tres puntos sobre la propiciación:

1. por qué es necesaria la propiciación,
2. quién la hizo,
3. y cuál fue la propiciación.

Primero, la propiciación se centra en la ira de Dios dirigida hacia el hombre debido a la desobediencia del hombre. ¡La desobediencia es pecado! El pecado provoca la ira de Dios, y esta ira trae el juicio de Dios sobre el pecador, "porque la paga del pecado es muerte, mientras que la dádiva de Dios es vida eterna en Cristo Jesús, Señor nuestro" (Romanos 6:23). Por eso es necesaria la propiciación.

> El que cree en el Hijo tiene vida eterna; pero el que rehúsa creer en el Hijo no verá la vida, sino que la ira de Dios está sobre él.
>
> Juan 3:36

> Porque la ira de Dios se revela desde el cielo contra toda impiedad e injusticia de los hombres que detienen con injusticia la verdad...
>
> Romans 1:18

> ... Así que, haced morir todo lo que es terrenal en vosotros: fornicación, impureza, pasiones desordenadas, malos deseos y avaricia, que es idolatría. Por estas cosas viene la ira de Dios sobre los hijos de desobediencia.
>
> Colosenses 3:5-6

Segundo, ¿quién hace la propiciación? Nunca se usa la propiciación para referirse a un acto por el cual el hombre induce a Dios a tomar una actitud favorable o una disposición de gracia, sino que siempre se usa en relación con todas las acciones tomadas por Dios mediante las cuales Él reconcilia al hombre consigo mismo. Es Dios quien es propiciado (apaciguado o satisfecho) a través de la provisión que hizo en el sacrificio de su único Hijo. Dios ha tratado así con el pecado que puede mostrar misericordia a un pecador que cree, removiendo toda su culpa y remitiendo todos sus pecados. El principio primordial con el que Dios trata con los pecadores se expresa en las palabras "sin derramamiento de sangre no se hace remisión de pecados" (Hebreos 9:22).

Veamos algunos versículos que nos ayudarán a responder más a fondo la pregunta, ¿quién hace la propiciación?

> Porque la vida de la carne está en la sangre, y yo os la he dado para hacer expiación sobre el altar por vuestras almas; y la sangre hará expiación por vuestras almas.
>
> Levítico 17:11

> …a quien Dios puso como propiciación por medio de la fe en su sangre, para manifestar su justicia, a causa de haber pasado por alto, en su paciencia, los pecados pasados.
>
> Romanos 3:25

> En esto consiste el amor: no en que nosotros hayamos amado a Dios, sino en que él nos amó a nosotros, y envió a su Hijo en propiciación por nuestros pecados.
>
> 1 Juan 4:10

P. T. Forsyth expresa el acto de la propiciación de esta manera: "la expiación [la muerte sacrificial de Cristo] no procuró la gracia. Fluyó de la gracia[41]". Dios no nos ama porque Cristo murió por nosotros; Cristo murió por nosotros porque Dios nos amó. Si es la ira de Dios la que necesitaba ser propiciada, es el amor de Dios el que propició. Seamos claros. No fue la propiciación lo que cambió la ira de Dios a amor o nuestro pecado lo que cambió el amor de Dios a ira. La naturaleza de Dios es inmutable. Lo que cambió la propiciación fue la manera en que Dios trata con la humanidad. "La distinción que os pido que observéis", escribió P. T. Forsyth, "es entre un cambio de sentimiento y un cambio de tratamiento... El sentimiento de Dios hacia nosotros nunca necesitó ser cambiado. Pero el tratamiento de Dios hacia nosotros, la relación práctica de Dios que tuvo que cambiar."[42]

Tercero, ¿cuál fue el sacrificio propiciatorio? No fue ni un animal, ni un vegetal, ni un mineral. No fue una cosa en absoluto, sino una persona. La persona que Dios ofreció no era alguien distinto o externo a Él mismo. No, Él mismo se ofreció. Dio a su único Hijo. Miremos una vez más 1 Juan 4:10, "En esto consiste el amor: no en que nosotros hayamos amado a Dios, sino en que él nos amó a nosotros y envió a su Hijo como propiciación por nuestros pecados."

Entonces, Dios mismo está en el corazón de la respuesta a las tres preguntas sobre la propiciación. Fue Dios mismo quien, debido a su santa ira hacia el pecado del hombre, necesitaba ser propiciado. Fue Dios mismo quien, por su santo amor hacia su creación, emprendió la propiciación, y fue Dios mismo quien, en la persona de su Hijo, se sacrificó a sí mismo para esa propiciación. En otras palabras, Dios, por su naturaleza de amor, tomó la iniciativa de aplacar su propia ira justa al llevar a cabo la propiciación en sí mismo, a través de la expiación de su hijo, Jesús. Jesús sufrió y murió para que nosotros no tuviéramos que hacerlo.

Redención. Mientras que la propiciación se centra en la ira de Dios, que fue aplacada por la cruz, la redención se centra en la situación desesperada de los pecadores de la cual fueron rescatados por la cruz. "Rescatados" es la palabra correcta. Las palabras griegas "lytroo" (usualmente traducida como redimir) y "apolytrosis" (redención) derivan de la palabra "lytron" (un rescate o el precio de la liberación), que era casi un término técnico en el mundo antiguo para la compra o liberación formal de un esclavo. Warfield explica la redención diciendo: "Una redención sin un precio pagado es una transacción tan anómala como una venta sin dinero que pase."[43]

La redención abarca tres partes importantes:

1. La desesperada situación del pecador.
2. El precio necesario para comprar nuestra libertad.
3. La persona que hizo la redención.

Veamos algunos versículos que nos muestran la desesperada situación del pecador.

Los pecadores están espiritualmente muertos.

> "pero del árbol del conocimiento del bien y del mal no comerás, porque el día que de él comas, ciertamente morirás."
>
> Génesis 2:17

> "Pero el que peca contra mí, defrauda su alma; todos los que me aborrecen aman la muerte."
>
> Proverbios 8:36

> Ezequiel 18:4 dice: "He aquí, todas las almas son mías; como el alma del padre, así el alma del hijo es mía; el alma que pecare, esa morirá." (Ver también Santiago 1:15 y 5:20.)

Los pecadores están separados de Dios.

> Pero vuestras iniquidades han hecho división entre vosotros y vuestro Dios, y vuestros pecados han hecho ocultar de vosotros su rostro para no oír.
>
> Isaías 59:2

> Pero ahora en Cristo Jesús, vosotros que en otro tiempo estabais lejos, habéis sido hechos cercanos por la sangre de Cristo. Porque él es nuestra paz, que de ambos pueblos hizo uno, derribando la pared intermedia de separación, aboliendo en su carne las enemistades, la ley de los mandamientos expresados en ordenanzas, para crear en sí mismo de los dos un solo y nuevo hombre, haciendo la paz, y mediante la cruz reconciliar con Dios a ambos en un solo cuerpo, matando en ella las enemistades. Y vino y anunció paz a vosotros que estabais lejos, y a los que estaban cerca.
>
> Efesios 2:13-18

Los pecadores no tienen medios para escapar de la maldición por sí mismos.

> "¿Cómo escaparemos nosotros, si descuidamos una salvación tan grande? La cual, habiendo sido anunciada primeramente por el Señor, nos fue confirmada por los que oyeron.
>
> Hebreos 2:3

Mirad que no desechéis al que habla. Porque si no escaparon aquellos que desecharon al que hablaba en la tierra, mucho menos nosotros, si desecháramos al que habla de los cielos.

> Hebreos 12:25

¿Cuál fue el precio de nuestra redención? Para empezar, hubo el costo de la encarnación. Dios renunció a la eternidad y a todas las glorias del cielo y entró en nuestra condición humana como siervo (Filipenses 2). Se nos dice que cuando Dios envió a su Hijo, "nació bajo la ley para redimir a los que estaban bajo la ley" (Gálatas 4:4, 5).

Luego estaba el costo de la expiación. Para lograr esto, Él se dio "a sí mismo" o su "vida", muriendo bajo la maldición de la ley para redimirnos de ella.

"Cristo nos redimió de la maldición de la ley, hecho por nosotros maldición (porque está escrito: Maldito todo el que es colgado en un madero),"
Gálatas 3:13

"Pues el Hijo del Hombre no vino para ser servido, sino para servir, y para dar su vida en rescate por muchos."
Marcos 10:45

"orque si siendo enemigos, fuimos reconciliados con Dios por la muerte de su Hijo, mucho más, estando reconciliados, seremos salvos por su vida." (También consultar Efesios 1:7 y Tito 2:4.)
Romanos 5:10

Finalmente, fue la persona quien redimió. Ya hemos visto que Jesús fue la persona que redimió. Por lo tanto, el acto de pagar nuestro rescate con su propia muerte le da derechos exclusivos sobre su compra. Así, el señorío de Jesús se atribuye directamente a nuestra situación y al precio que pagó para obtener nuestra liberación. Si nosotros valemos el costo, ¿no vale él nuestro trabajo?

El privilegio de servirle se establece por el valor del precio pagado por nuestra compra. Es por eso que leemos que la comunidad en el cielo canta sus alabanzas continuamente.

Y cantaban un nuevo cántico, diciendo: 'Digno eres de tomar el libro y de abrir sus sellos; porque tú fuiste inmolado, y con tu sangre nos has redimido para Dios, de todo linaje y lengua y pueblo y nación.

Apocalipsis 5:9

Y cantan un cántico nuevo delante del trono, y delante de los cuatro seres vivientes, y de los ancianos; y nadie podía aprender el cántico sino aquellos ciento cuarenta y cuatro mil que fueron redimidos de entre los de la tierra. Estos son los que no se contaminaron con mujeres, pues son vírgenes. Estos son los que siguen al Cordero por dondequiera que va. Estos fueron redimidos de entre los hombres como primicias para Dios y para el Cordero.

Apocalipsis 14:3-4

Solo para reiterar lo dicho porque es muy importante hacerlo, el Señor Jesucristo ha comprado nuestra salvación con su vida, y como resultado le pertenecemos a él. ¿No debería esto motivarnos como cristianos individuales a esforzarnos por obtener la santidad y darle toda alabanza y adoración, de la misma manera que motiva a la hueste celestial a hacer lo mismo? Pregúntate a ti mismo; ¿no vale él mi santidad y mi adoración? A continuación, veremos qué son la justificación y la reconciliación, el mandamiento de amar y el estándar por el cual debemos vivir. También examinaremos la evidencia interna y externa del amor y el resultado de amar.

Preguntas Del Capítulo
Para Ayudar A Tu Estudio

1. ¿Cómo se puede conocer el amor?
2. ¿Qué nunca puede ser traducido el sustantivo "Agape" y su verbo correspondiente "Agapao"?
3. ¿Agape es la expresión de un ser perfecto y santo hacia una humanidad imperfecta, impía, pecadora e indigna? Verdadero o Falso
4. En 1 Juan 4:7, Juan 3:16 y 1 Tesalonicenses 5:9 vemos el Amor deDios,_____
   _____
   _____
   _____
   _____
   _____

5. Este acto de Agape (el Amor de Dios) dio cuatro cosas maravillosas y eternas a quien viene a la cruz en fe. ¿Cuáles son?
6. La redención abarca tres partes importantes. ¿Cuáles son?
7. ¿Qué tres cosas se pueden decir sobre la situación de los pecadores?
8. ¿Cuál fue el precio de nuestra redención?

AMOR: PARTE DOS

Hay lógica en el orden en que estamos revisando estas grandes palabras, que describen los magníficos logros de la cruz. Primero está la Propiciación. La Propiciación inevitablemente va primero porque hasta que no se apacigüe la ira de Dios (es decir, hasta que su amor encuentre una manera de evitar su enojo) no puede haber redención.

Segundo está la redención. Redención significa ser rescatado del sombrío juicio del pecado, que solo viene a través de la expiación, la cual se pagó a un alto precio, la sangre de Cristo.

Tercero está la justificación. La justificación, mediante la sangre que purifica del pecado, nos otorga un estado de justicia delante de Dios. Mis pecados ya no me separan de Dios.

Cuarto está la reconciliación, que trae consigo la adopción y el acceso ilimitado a nuestro Padre celestial.

Las dos imágenes que hemos considerado hasta ahora nos han llevado a los atrios del templo (Propiciación), porque ahí es donde debemos ir para aplacar la ira de Dios. Y al mercado (Redención), donde se pagó el precio por nuestra liberación del pecado. La tercera imagen (Justificación) nos llevará al tribunal, porque la justificación es lo opuesto a la condenación (Romanos 5:18, 8:34). Ambas son sentencias de un juez que pronuncia al acusado como culpable o no culpable. La justificación significa declarar a alguien justo o absolverlo de culpa.

Su significado preciso se determina por el verbo "dikaioo", que significa justificar. Se usa solo dos veces en el Nuevo Testamento, ambas en la epístola a los Romanos (4:25, 5:18). Significan el establecimiento de una persona como justa mediante la absolución de culpa. En Romanos 4:25, la frase "por nuestra justificación", que se traduce literalmente como "a causa de nuestra justificación", simplemente significa que todo lo que era necesario para que Dios estableciera nuestra justificación, lo logró a través de la muerte de su único Hijo. En pocas palabras, la justificación significa que "Cristo tomó nuestro lugar mientras nosotros tomábamos el suyo."

Veamos nuevamente nuestra ilustración.

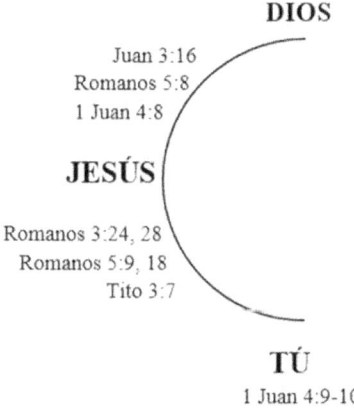

DIOS

Juan 3:16
Romanos 5:8
1 Juan 4:8

JESÚS

Romanos 3:24, 28
Romanos 5:9, 18
Tito 3:7

TÚ
1 Juan 4:9-10

La cuarta imagen de la salvación, que ilustra el logro de la cruz, es la Reconciliación. John R. W. Stott, un líder cristiano británico y clérigo anglicano, reconocido como líder del movimiento evangélico mundial y autor de cincuenta libros sobre teología cristiana, explica la reconciliación como probablemente el resultado más popular de los cuatro magníficos resultados de la expiación, porque es el más personal.

> Hemos dejado atrás los recintos del templo, el mercado y el tribunal de justicia; ahora estamos en nuestro propio hogar con nuestra familia y amigos. Hay una pelea, es cierto, incluso enemistad,

pero reconciliarse significa restaurar una relación, renovar una amistad. Este hecho presupone que hubo una relación original disfrutada. Esa relación anterior con Dios, que se rompió en algún momento del pasado, ha sido restaurada por Cristo.44

La palabra griega utilizada para reconciliación es "katallasso", un verbo que denota adecuadamente un cambio o intercambio (por un precio). En relación con la humanidad, significa cambiar de enemistad a amistad o reconciliarse con el ofendido. En cuanto a la relación entre Dios y el hombre, la reconciliación es algo que solo Dios puede lograr al ejercer Su gracia para que la humanidad pródiga pueda volver a su familia una vez huérfana. La base de la reconciliación fue la muerte de Cristo en un sacrificio propiciatorio bajo el juicio del pecado (2 Corintios 5:19). Por medio de este sacrificio propiciatorio, los hombres en su condición pecaminosa y alienación de Dios son invitados a reconciliarse, es decir, a cambiar su actitud y aceptar la provisión que Dios ha hecho, mediante la cual sus pecados pueden ser perdonados y ellos justificados ante Dios.

La reconciliación no es un término que la Biblia use para describir "llegar a un acuerdo con uno mismo", aunque insiste en que solo al perderse en el amor por Dios y por el prójimo nos encontramos verdaderamente a nosotros mismos. La reconciliación con Dios significa llegar a un acuerdo con Dios basado en los preceptos de Dios. La reconciliación solo puede convertirse en realidad mediante la Expiación. La Expiación alude al evento a través del cual Dios y los seres humanos, anteriormente alejados unos de otros, son reconciliados o vuelven a estar "uno". Tomemos un momento para cubrir algunos datos importantes sobre la Expiación.

1. La Expiación es el medio, mientras que la Reconciliación es el resultado.
2. La Expiación no procura la Gracia; fue la Gracia la que procuró la Expiación.

3. Dios no nos ama porque Cristo murió por nosotros, sino que Cristo murió por nosotros porque Dios nos amó, dándonos así la Expiación.

4. Fue la ira de Dios la que necesitaba ser aplacada, y fue el Amor de Dios el que aplacó. La Expiación fue el medio por el cual Dios obtuvo el aplacamiento.

Ahora, volvamos a la reconciliación. Romanos 5:9-11 es uno de los cuatro grandes pasajes sobre la reconciliación en el Nuevo Testamento. En este pasaje, ser reconciliado y ser justificado se equiparan.

> Siendo ya justificados por su sangre, por él seremos salvos de la ira. Porque si siendo enemigos, fuimos reconciliados con Dios por la muerte de su Hijo, mucho más, estando reconciliados, seremos salvos por su vida. Y no sólo esto, sino que también nos gloriamos en Dios por nuestro Señor Jesucristo, por quien hemos recibido ahora la reconciliación.

Observa que "siendo ya justificados por su sangre" se equipara con la palabra "porque". "Porque si, siendo enemigos, fuimos reconciliados con Dios por la muerte de su Hijo, mucho más, estando reconciliados, seremos salvos por su vida."

Observa el estado del hombre, uno necesitando justificación, el otro reconciliación; aunque ambos son afectados por la cruz, no son idénticos. Mientras que la justificación es nuestra posición legal ante nuestro juez en un tribunal de ley, la reconciliación es nuestra relación personal con nuestro Padre en el hogar. Esta última es la secuela y el fruto de la primera. Es solo cuando hemos sido justificados por la fe que tenemos paz con Dios como nuestro Padre en el cielo, que es reconciliación (Romanos 5:1).

Cuando en la Palabra de Dios aparece el verbo "reconciliar", ya sea Dios o el hombre es el objeto; Dios reconcilia o el hombre es reconciliado. Dios nunca es el sujeto; Dios no es el que se reconcilia. Dios nunca fue ni tendrá que ser reconciliado con nosotros; siempre es Dios o Dios a través de Cristo quien nos reconcilia a sí mismo!

Hay otros dos términos que confirman que la reconciliación significa paz con Dios, adopción y acceso. Con respecto a lo primero, Juan, quien atribuye nuestro ser hijos de Dios a haber nacido de Dios, expresa su asombro de que el Padre nos amara lo suficiente como para hacernos sus hijos (Juan 1:12-13, 1 Juan 3:1-10). En cuanto a lo segundo, Pablo coloca dos veces "acceso a Dios" y "paz con Dios" juntos. La primera vez los atribuye a nuestra justificación (Romanos 5:1-2), y la segunda vez explica el "acceso" como una experiencia trinitaria (Efesios 2:17-22). Tenemos acceso al Padre a través del Hijo por el Espíritu. En resumen, a través de la reconciliación somos adoptados en la familia de Dios, somos sus hijos y tenemos acceso irrestricto al Padre y podemos acercarnos a nuestro Padre celestial en cualquier momento que deseemos con libertad y confianza (Efesios 3:12).

La reconciliación también tiene un efecto horizontal además de vertical, porque Dios nos ha reconciliado en Su nueva familia, así como a Sí mismo. Otro gran pasaje del Nuevo Testamento se centra en estos efectos (Efesios 2:11-22). Pablo recuerda a sus lectores cristianos gentiles que anteriormente estaban excluidos de la ciudadanía en Israel y eran extranjeros respecto a las promesas del pacto, y además estaban "separados de Cristo... y ajenos a la vida de Dios" (versículo 12). Como gentiles, estábamos "lejos", separados o alienados de Dios y de Israel. En este pasaje, el término "gentiles" se usa como metáfora de los paganos o incrédulos, y "Israel" como metáfora del pueblo de la promesa, personas que aceptan las condiciones de la promesa y, por lo tanto, han recibido la promesa. Nosotros, los gentiles, estábamos doblemente alienados, "pero ahora en Cristo Jesús", continúa Pablo, "ustedes, que en otro tiempo estaban lejos (los gentiles), han sido acercados mediante la sangre de Cristo" (versículo 13). De hecho, Cristo, quien "es nuestra paz", ha derribado la barrera de separación entre judíos y gentiles, y "ha hecho de los dos uno" (versículo 14). La expiación de Cristo ha "abolished" la ley que mantenía a los dos separados, pero "creado" en Sí mismo "un solo hombre nuevo [los creyentes] de los dos, haciendo así la paz" (versículo 15, palabra en paréntesis añadida).

Estos son los cuatro grandes logros que el amor de Dios trajo a la raza humana, pero el amor no se perfecciona solo con los efectos creados por estos cuatro grandes logros. ¿Cómo podrían serlo si el mundo no los conoce o no se le dice acerca de ellos? Veamos Romanos 10:13-17, 2 Corintios 3:2 y 1 Juan 4:12 para más clarificación.

> "Porque todo aquel que invocare el nombre del Señor, será salvo. ¿Cómo, pues, invocarán a aquel en quien no han creído? ¿Y cómo creerán en aquel de quien no han oído? ¿Y cómo oirán sin haber quien les predique? ¿Y cómo predicarán si no fueren enviados? Como está escrito: ¡Cuán hermosos son los pies de los que anuncian la paz, de los que anuncian buenas nuevas!" Pero no todos obedecieron al evangelio; pues Isaías dice: "Señor, ¿quién ha creído a nuestro anuncio?" Así que la fe es por el oír, y el oír, por la palabra de Dios."
>
> Romanos 10:13-17

> Vosotros sois nuestra carta, escrita en nuestros corazones, conocida y leída por todos los hombres.
>
> 1 Juan 4:12

> Nadie ha visto jamás a Dios. Si nos amamos unos a otros, Dios permanece en nosotros, y su amor se ha perfeccionado en nosotros."
>
> 2 Corintios 3:2

Según estos versículos, especialmente 1 Juan 4:12, el amor de Dios no se perfecciona "en nosotros" si no nos amamos unos a otros. Su obra se vuelve no efectiva si el mundo no es informado sobre el tremendo amor de Dios que envió a Su Hijo para reconciliarnos con el Padre. ¿Qué significa exactamente que el amor no puede ser perfeccionado en nosotros? ¿No es perfecto el amor ágape? ¡Sí, el amor ágape es perfecto! Porque el ágape es la naturaleza misma de Dios. Sin embargo, no es perfecto "en nosotros" si no amamos a los demás de la misma manera en que Dios nos ama y dio Su vida como rescate por muchos.

Amados, detenemos que el amor de Dios se cumpla en el mundo y en nosotros cuando tomamos nuestra nueva relación con Él y la guardamos para nosotros mismos. Recuerden: "Porque de tal manera amó Dios al mundo (tú estás incluido en el mundo pero no estás solo en él), que dio a su Hijo unigénito" (Juan 3:16). Lean de nuevo los versículos anteriores, ¿cómo sabrán, cómo oirán si no se lo decimos? ¿Por qué? Porque vosotros [nosotros] sois cartas escritas en vuestros corazones, conocidas y leídas por todos los hombres (1 Juan 4:12). Pablo lo expresó así,

> Porque todo aquel que invocare el nombre del Señor, será salvo. ¿Cómo, pues, invocarán a aquel en quien no han creído? ¿Y cómo creerán en aquel de quien no han oído? ¿Y cómo oirán sin haber quien les predique? ¿Y cómo predicarán si no fueren enviados? Como está escrito: ¡Cuán hermosos son los pies de los que anuncian la paz, de los que anuncian buenas nuevas.
>
> Romanos 10:13-15

Una vez que recibimos el amor puro e inmaculado de Dios en nuestros corazones, al guardarlo para nosotros mismos, lo contaminamos. Le quitamos su perfección. Así como el agua viva muere y se contamina cuando se estanca, lo mismo sucede con el puro y santo amor de Dios cuando, al detenerlo sin salida, lo estancamos. El agua viva debe fluir hacia afuera, ser absorbida, y mediante la absorción, producirá vida.

Con ese fin, Dios comienza una obra en nosotros llamada Santificación. Santificación significa ser apartado para el uso de Dios. El proceso de Santificación es el proceso en el cual Dios quita nuestro pecado y purifica nuestras naturalezas para que el mismo amor divino que fue recibido y colocado dentro de nosotros en nuestra conversión se vuelva, una vez más como al principio, puro y santo en nosotros y en el mundo que nos rodea a través del ministerio de reconciliación (2 Corintios 5:18).

Ser perfeccionado significa llegar a ser maduro o llegar a plenitud. Esa plenitud solo puede estar en Cristo. Esta perfección solo viene al examinar uno mismo en la verdadera luz pura de la Palabra Santa de Dios, con la ayuda y a través del poder del Espíritu Santo.

Hermanos, debemos comprender que llevar la verdadera luz del amor de Dios al mundo es una parte importante de ese proceso. Comprender esto hace fácil ver que amar a Dios y amar a los demás son inseparables (1 Juan 4:21). Analicemos más de cerca 1 Juan 4:21.

Y nosotros tenemos este mandamiento de Él: que el que ama a Dios, ame también a su hermano. Todo aquel que cree que Jesús es el Cristo, es nacido de Dios; y todo aquel que ama al que engendró, también ama al que ha sido engendrado por Él.

Primero, el Mandamiento:
Y este mandamiento tenemos de Él: que el que ama a Dios, ame también a su hermano.

Segundo, el Estándar:
Todo aquel que cree que Jesús es el Cristo, es nacido de Dios; y todo aquel que ama al que engendró, también ama al que ha sido engendrado por Él." La Biblia de

las Américas lo expresa así: "Todo aquel que cree que Jesús es el Cristo, es nacido de Dios, y todo aquel que ama al Padre, ama también al que ha nacido de El. En esto sabemos que amamos a los hijos de Dios: cuando amamos a Dios y guardamos sus mandamientos."

Ahora, lee de nuevo 2 Corintios 3:2, donde Pablo escribe a la iglesia de Corinto: "Vosotros sois nuestra carta, escrita en nuestros corazones, conocida y leída por todos los hombres."

La humanidad no conocerá el amor de Dios a menos que cada miembro del cuerpo de Cristo muestre el amor de Dios de la misma manera que Cristo lo hizo en palabra y obra. ¿Estamos de acuerdo? Observa Mateo 28:18-20, Marcos 16:15, Lucas 24:47, Juan 21:15-17 y Hechos 1:8. ¿Ves un tema recurrente? ¡Ve y predica el Evangelio, las buenas nuevas del amor de Dios, al mundo, en palabra y obra!

Continuemos una vez más con nuestra ilustración de lo que hemos visto hasta ahora.

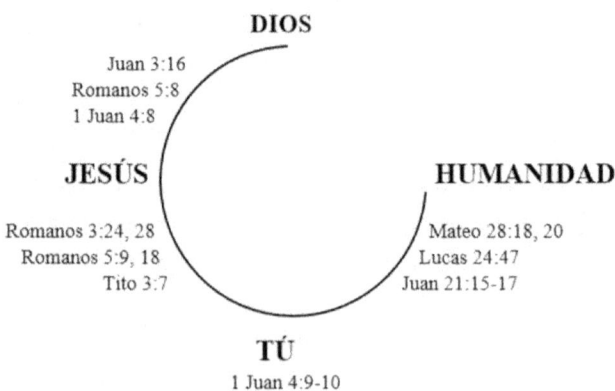

DIOS

Juan 3:16
Romanos 5:8
1 Juan 4:8

JESÚS

Romanos 3:24, 28
Romanos 5:9, 18
Tito 3:7

HUMANIDAD

Mateo 28:18, 20
Lucas 24:47
Juan 21:15-17

TÚ
1 Juan 4:9-10

El amor de Dios, Su naturaleza y Su ser, se manifestaron en Su Hijo Jesucristo. Se demostró por Su muerte sacrificial para que el hombre pecador pudiera ser llevado de nuevo a la presencia del Todopoderoso, convirtiéndose en herederos adoptados e hijos del Padre. Con este privilegio viene el mandato de compartir el amor de Dios con otros para que el amor de Dios pueda ser perfeccionado en nosotros. Se nos dice que vayamos por todo el mundo y prediquemos el Evangelio con palabras, obras y nuestro estilo de vida. Esta perfección se puede ver claramente en 1 Juan 4:17, que dice: "En esto se ha perfeccionado el amor en nosotros, para que tengamos confianza en el día del juicio; pues como él es, así somos nosotros en este mundo." Él fue y sigue siendo la personificación del Amor manifestado en los dones que este libro está dedicado a educarnos e inspirarnos a usar. Junto con esto, lea estos versículos: 2 Corintios 5:18-21 y 1 Juan 4:13-15. Nos muestran la pura definición del amor de Dios dada por Dios. Veamos estos versículos juntos.

Y todo esto proviene de Dios, quien nos reconcilió consigo mismo por medio de Jesucristo, y nos dio el ministerio de la reconciliación; es decir, que Dios estaba en Cristo reconciliando consigo al mundo, no tomándoles en cuenta a los hombres sus pecados, y nos encargó a nosotros la palabra de la reconciliación. Así que somos embajadores en nombre de Cristo, como si Dios rogase por medio de nosotros; os rogamos en nombre de Cristo: Reconciliaos con Dios. Al que no conoció pecado, por nosotros lo hizo pecado, para que nosotros fuésemos hechos justicia de Dios en él.

2 Corintios 5:18-21

En esto conocemos que permanecemos en Él, y Él en nosotros, porque nos ha dado de su Espíritu. Y nosotros hemos visto y testificamos que el Padre ha enviado al Hijo como Salvador del mundo. Todo aquel que confiese que Jesús es el Hijo de Dios, Dios permanece en él, y él en Dios.

1 Juan 4:13-15

Permítanme ilustrar los puntos principales de lo que se acaba de decir colocándolos en forma de lista.

1. La evidencia interna de nuestra salvación es el Espíritu de Dios.
2. La evidencia externa de nuestra salvación es nuestro testimonio de Jesús como el salvador de nuestras almas y del mundo.
3. El resultado de esta salvación es que permanecemos en Él y Él permanece en nosotros.

En conclusión, revisemos Mateo 22:36-40

> "Maestro, ¿cuál es el gran mandamiento en la ley?" Jesús le dijo: "Amarás al Señor tu Dios con todo tu corazón, con toda tu alma y con toda tu mente. Este es el primero y grande mandamiento. Y el segundo es semejante: Amarás a tu prójimo como a ti mismo. De estos dos mandamientos dependen toda la ley y los profetas."

¿Cuáles son los mandamientos?

1. Amar a Dios
2. Amar al prójimo

La palabra para amor en estos versículos, en griego, es "Agapao". Esta es la forma verbal de la palabra Agape. Esto significa que debemos amar en acción, no solo en palabra.

Estos dos mandamientos son inseparables. En estos dos se basa toda la Ley y los Profetas, el cumplimiento de toda la obra de Dios, toda Su Palabra, todo lo que es Cristo y todo por lo que Él vino y murió. En estos dos mandamientos, Amar a Dios y Amar al prójimo, descansa todo. Es el fundamento del edificio más grande jamás creado; sin estos dos pilares fundamentales, todo queda en ruinas. ¿Con qué fin se dan estos dos grandes mandamientos? El fin es traer una creación caída y pecadora, amada por Dios por encima de todas las cosas, de vuelta a los brazos extendidos de un Creador amoroso, que anhela su regreso. Así, Él puede llevarlos de Gloria en Gloria hasta que finalmente seamos completos y perfectos en Él.

En estos dos mandamientos, el Amor de Dios se completó. El amor de Dios comienza con Dios, quien es Amor. Se manifiesta en Cristo, quien es el cumplimiento y la imagen perfecta del Padre. Quien vino a la tierra para servir a su creación y morir por sus pecados, porque eran incapaces de escapar de las consecuencias de ese pecado por sí mismos. Esto abrió un camino de regreso al Padre para que podamos habitar con Él una vez más. Finalmente, para completar y perfeccionar ese amor, se nos dice que vayamos y contemos a otros sobre Su amor, que demostremos Su naturaleza y manifestemos Sus Dones para que el mundo pueda convertirse en lo que somos, herederos adoptivos con acceso perfecto y completo al Padre de todos. El amor de Dios es un círculo completo y perfecto. Si rompemos ese círculo en cualquier punto, el amor Agape, el amor de Dios, se vuelve incompleto, imperfecto y carente de pureza. Deja de ser Agape!

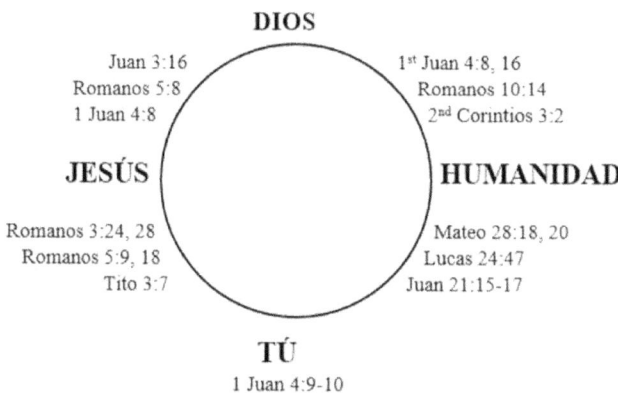

Hermanos, con un corazón puro y honesto, presento esta última verdad. Esta verdad no es novedosa, solo olvidada o pasada por alto a la luz de la gloria y la majestad externa de los Dones. Siempre ha sido el objetivo último y el propósito principal de Dios para Su creación. Fue conocido de antemano y predestinado en el corazón de Dios antes de que el mundo comenzara. ¡Nunca ha cambiado! ¡Nunca ha vacilado! Cada don de Dios, cada aspecto del ser de Dios, cada acción tomada de Su parte, cada directriz, mandamiento, enseñanza, todo lo dado al hombre que vino del Padre de las Luces, ha sido para la obtención de este único propósito.

Podemos verlo claramente declarado en el primer libro de Su Palabra con la creación del hombre. Lo vemos en la primera profecía (Génesis 3:15), lo vemos a lo largo de los libros históricos en la relación y provisión de Dios para una creación caída. Lo vemos en Sus leyes y preceptos. Lo vemos proclamado en la adoración musical. Lo vemos en los clamores de los profetas de Dios. Lo vemos manifestado y revelado en el nacimiento del Hijo unigénito de Dios, Jesús. Lo vemos a lo largo de las instrucciones encontradas en las Epístolas del Nuevo Testamento. Lo vemos en Sus Dones, y finalmente lo vemos revelado en el último libro de la Biblia, Apocalipsis.

El objetivo conocido de antemano y predestinado del corazón de Dios fue y es crear al hombre a Su propia imagen. Dios quiere que recuperemos lo que se perdió debido al pecado. Hombre rehecho a la imagen de Dios. Eso es todo, hermanos. Hombre hecho a la imagen de Dios. Este es, siempre ha sido y siempre será el corazón de Dios. También debe ser el deseo último de toda la humanidad; debemos anhelar ser transformados a la imagen de Dios.

En Romanos 8:28-29, Pablo declara esta verdad de manera clara, abierta y sucinta. Es inconfundible!

> Y sabemos que a los que aman a Dios, todas las cosas les ayudan a bien, esto es, a los que conforme a su propósito son llamados. Porque a los que antes conoció, también los predestinó para que fuesen hechos conforme a la imagen de su Hijo, para que Él sea el primogénito entre muchos hermanos.

Refiérase también a estos otros versículos: Romanos 13:14; Juan 17:16, 19, 22-23, 26; 1 Corintios 15:49; 2 Corintios 3:18; Efesios 1:4: 4:15, 24; Filipenses 3:21; 1 Juan 3:2.

¿A quiénes conoció Dios de antemano? Dios conoció de antemano a aquellos que le amarían. Dios, antes de que el tiempo fuera creado, miró a la eternidad y vio a aquellos que le amarían. Los conoció de antemano. A aquellos que conoció de antemano, los predestinó. No los predestinó a amar u odiar a Dios, ni siquiera a creer o no creer, ni a que algunos se salvaran y otros se condenaran, ni a reclamar nuestro lugar legítimo en el cielo. ¡No, mis hermanos! Estos son meros subproductos de un Dios amoroso.

Aquellos a quienes Dios vio a través de los anales del tiempo, quienes le amarían; los predestinó para un único propósito supremo y magnífico. Aquellos que le aman deben ser conformados a la imagen de Su Hijo. La única cosa predestinada, o preordenada, es que aquellos que aman a Dios, como se revela en Cristo, serán semejantes a Cristo en la vida y como Cristo en la eternidad.

Ser conformados a la imagen de Su Hijo significa ser hechos como nuestro Señor Jesús en afecto y disposición, en vida y conversación, en el temperamento de nuestras mentes y en las acciones de nuestras vidas. Significa ser como Él en Sus sufrimientos y en la fuente de todos Sus sufrimientos. Significa ser como Él a través del mismo tipo de sufrimientos, como el reproche, el odio, la violencia externa, e incluso la muerte misma si es necesario, y hacerlo con las mismas características que Él demostró a través de esos sufrimientos. Si le permitimos demostrar a través de nuestros sufrimientos, fe en palabra y obra, amor por el Padre así como por toda la humanidad, mansedumbre, paciencia y absoluta seguridad de nuestro fin prometido, seremos glorificados. Seremos semejantes a Él en toda Su Gloria.

Un compositor desconocido escribió una canción que describe el objetivo del corazón de Dios. La esencia de las palabras de esta pequeña canción debería ser el anhelo sincero de nuestros corazones.

Ser como Jesús
Ser como Jesús
Todo lo que pido es ser como Él
A lo largo del viaje de la vida
Desde la tierra hasta la Gloria
Todo lo que pido es ser como Él

Espero que este estudio sobre los Dones del Espíritu haya sido una bendición para ti. Oro para que te haya animado a buscar los Dones para la edificación, purificación y maduración de los santos. Además, deseo que los Dones trabajen en ti para lograr el propósito supremo de Dios: hacer que toda la humanidad se conforme a la imagen de Cristo. Oro para que todos ustedes hayan visto la necesidad de estos Dones en el mundo de hoy. Y cómo estos Dones, cuando se usan correctamente y con el poder impulsor del amor de Dios, pueden cambiar fácilmente vidas individuales, hogares, iglesias, ministerios, comunidades, gobiernos locales, estatales y nacionales, y así cambiar el mundo a nuestro alrededor. Continúa orando para que estos Dones operen en ti y en tu iglesia. Permite que Dios demuestre Su amor hacia ti y hacia aquellos con quienes entras en contacto. Usa estos Dones para ayudar a traer almas perdidas a la salvación, reparar espíritus quebrantados, sanar cuerpos enfermos y dar consuelo a los que lloran. Deja que estos Dones ordenados por Dios ayuden a traer vida a los muertos y paz a los llenos de miedo. Nuestro Dios es un Dios de hoy. Él está lleno de respuestas para todas las preguntas de hoy. Deja que Él sea el Señor de tu vida. Deja que Él te use de cualquier manera que quiera. Porque es nuestra solemne responsabilidad buscar oportunidades para ser usados por Dios. Recuerda, Dios no está buscando habilidad sino disponibilidad. Ora para que te vuelvas totalmente disponible para Dios. Recuerda lo que Pablo escribió en 2 Corintios 3:2: "Ustedes son nuestra carta, escrita en nuestros corazones, conocida y leída por todos los hombres."

Preguntas Del Capítulo
Para Ayudar A Tu Estudio

1. La justificación es lo opuesto a la condenación. Verdadero o Falso

2. La justificación denota el acto de declarar justo o absolver. Verdadero o Falso

3. La justificación significa "Cristo tomó nuestro lugar mientras nosotros". Verdadero o Falso

4. ¿Qué denota el verbo griego usado para reconciliación, "katallasso"?

5. La expiación alude al evento mediante el cual Dios y los seres humanos, previamente alienados entre sí, ahora se han hecho uno de nuevo. Verdadero o Falso

6. ¿Cuáles son algunos hechos importantes sobre la expiación?

Que Dios te bendiga abundantemente.
En Su amor y servicio,
Tu hermano en Cristo,
Rev. Mario A. Bruni D Div

BIBLIOGRAFÍA

Me gustaría reconocer a los magníficos autores y sus obras a los que se hace referencia en la preparación de este material. Muchos de estos poderosos hombres de Dios son mucho más sabios y experimentados que yo. Sus materiales han sido una fuente de gran sabiduría y comprensión que he utilizado para escribir este humilde trabajo.

1. The Morning Star Journal, Rick Joyner, Morning Star Publications, Volume 3, No.2, 3, 4; Volume 4, No. 1; Volume 5, No. 2; Volume 7, No. 2, 3, 4; Volume 8, No. 2, 3; Volume 9, No. 2. 1998-1999.
2. Ungers Bible Dictionary, Moody Press, 1987.
3. The New Lexicon Webster's Dictionary of the English Language, Encyclopedic Edition, Lexicon Publications, Inc. 1998.
4. The New Strong's Exhaustive Concordance of the Bible, James Strong, LL.D., S.T.D., Thomas Nelson Publications, 1984.
5. Young's Analytical Concordance of the Bible, Robert Young, L.L.D., Wm. B. Eerdmans Publishing Co., April 1977.
6. Matthew Henry's Commentary, Matthew Henry, MacDonald Publishing, 1706

7. Jamison, Fausset, & Brown, a Commentary, Critical, Experimental, and Practical, Wm. B. Eerdmans Publishing Co., 1973.

8. Romans, Donald Grey Barnhouse, Wm. B. Eerdmans Publishing Co., 1983.

9. Commentary of 1st Corinthians, Godet, Kregel Publications', 1977.

10. The Holy Spirit and His Gifts, Kenneth E. Hagin, Faith Library Publications, 1991.

11. The More Excellent Way, Dr. Mitch Medina, Paraclete Ministries Press, 1991.

12. Tongues, Interpretation, & Prophecy, Don Basham, Whitaker House, 1971.

13. The Gifts of the Spirit, Harold Horton, Radiant Books, Gospel Publishing House, 1975.

14. Ever Increasing Faith, Smith Wigglesworth, Gospel Publishing House, Revised edition, June 1971.

15. The First Epistle of Paul to the Corinthians, The Moffatt New Testament Commentary, New York Harper And Brothers, 1943.

16. The Book of Acts, Stanley M. Horton, Gospel Publishing House, 1981.

17. What Meaneth This? Carl Brumback, Gospel Publishing House, 1947.

18. Cruciality of the Cross, P.T. Forsyth M.A., D.D. Hodder and Stoughton, 1909.

19. The Work of Christ, P.T. Forsyth M.A., D.D. Hodder and Stoughton, 1910.

20. Person and Work, B.B. Warfield, P & R Publishing, January 1950.

21. The Cross of Christ, John R. W. Stott, InterVarsity Press, 1986.

22. Spiritual Gifts, Melvin L. Hodges, Gospel Publishing House, 1964.

23. Hot Potatoes Christians are Afraid to Touch, by Tony Campolo, Thomas Nelson, January 1993.
24. William Smith Bible Dictionary, Hendrickson Publishers; Rev Sub edition, July 1, 1990.
25. The Twofold Life, A.J. Gordon, D. D. Hodder & Stoughton, 1910.
26. Science and Christian Tradition. Essays by T. H. Huxley, London: Macmillan & Co., 1894.
27. Modern Doubt on the Christian Faith, Theodor Christlieb, Bonn (2nd edition), 1870.
28. Panton, D. M Schoettle Pub. Co., 1988.
29. Wesley's Explanatory Notes on the Whole Bible, Baker Publishing Group (MI), December 1983.
30. 1st and 2nd Corinthians: An Ironside Expository Commentary, Kregel Academic & Professional; 1 edition, February 1, 2006.
31. The Man Who Presumed; a Biography of Henry M. Stanley, Farwell, Byron, (1957).
32. The New Schaff-Herzog Encyclopedia of Religious Knowledge (13 Volumes), by Philip Schaff, J. J. Herzog, Albert Hauck, and Samuel Macauley Jackson, 1950.
33. Miraculous Healing, Henry W. Frost, D.D., Home Director Emeritus for North America, China Inland Mission, March 3, 1934, issue of the Sunday School Times.
34. Smith Wigglesworth: Apostle of Faith. Springfield, MO: Gospel Publishing House, Frodsham, Stanley Howard, 1948.
35. Agape Road: Journey to Intimacy with the Father, Bob Mumford, Life Changers Library, Destiny Image Publishers, March I, 2006.
36. The Elijah Task, John and Paula Sandford, Logos international, 1977.

Hay muchos otros que han sido mencionados en las páginas de este trabajo a quienes en este momento me gustaría agradecer por sus excelentes contribuciones, las cuales han ayudado a sentar las bases de la sabiduría necesaria para escribir este texto. También, a todos los que se han tomado el tiempo de leer el material contenido en estas páginas, me gustaría enviarles mi más sincero agradecimiento. ¡Que el Señor haga resplandecer su rostro sobre ti, y tenga de ti misericordia! ¡Que el Señor alce sobre ti su rostro, y te dé paz! Amén!

NOTAS

¿Son los Dones del Espíritu para Hoy?

1. Henry W. Frost, D.D., Miraculous Healing, *The Sunday School Times*, March 3, 1934.
2. Johann Albrecht Bengel, *Harmony of the Four Gospels*, (published by Philip David Burk 1763).
3. Theodor Christlieb, *Modern doubt on the Christian faith*, (Bonn, and edition 1870).
4. D. M. Panton, The Panton Papers Current events and prophecy, a selection of editorial articles, (Schoetle Pub. Co 1988).
5. John Wesley, *Wesley's Explanatory Notes on the Whole Bible*, (Baker Publishing Group, MI, December 1983).
6. Dr. Harry A. Ironside, *I and 2 Corinthians: An Ironside Expository Commentary*, (Kregel Academic & Professional; 1 edition February 1, 2006).

Lenguas En Relación Con El Bautismo Del Espíritu Santo

7. Dr. R. A. Torrey, *What the Bible Teaches*, (Hendrickson Publishers; New Ed edition November 1, 1998.)
8. Harold Horton, *The Gifts of the Spirit*, (Radiant Books 1934).

9. Doremus Almy Hayes, The Synoptic Gospels and the Book of Acts, (The Methodist Book Concern New York, 1919).

10. Philip Schaff, J. J. Herzog, Albert Hauck, and Samuel Macauley Jackson, The New Schaff-Herzog Encyclopedia of Religious Knowledge (13 Volumes) (Baker Book House, 1951)

11. Matthew Henry, Matthew Henry's Commentary, (MacDonald Publishing 1706).

La Clasificación Y Motivación De Los Dones Espirituales

12. Harold Horton, The Gifts of the Spirit, (Radiant Books 1934).

Los Dones De Poder

13. Stanley Howard Frodsham, Smith Wigglesworth: Apostle of Faith, (Gospel Publishing House 1948).

14. Kenneth Hagan, The Holy Spirit and His Gifts, (Rhema Bible Church, 1991).

15. T. H. Huxley, Science and Christian Tradition, Essays by T H. Huxley, (London: Macmillan 8z., Co., 1894).

16. Daniel Webster, The New Lexicon Webster's. Dictionary of the English Language, (Lexicon Publications, Inc. revised, 1989).

17. Herbert Lockyer, All the Miracles of the Bible, (Zondervan Books, 1961).

18. Harold Horton, The Gifts of the Spirit, (Radiant Books, 1934).

19. Frederic Louis Godet, Commentary of I Corinthians, (Kregel Publications', 1977).

20. Smith Wigglesworth, Ever Increasing Faith, (Gospel Publishing House, Revised edition, June 1971).

21. Smith Wigglesworth, Ever Increasing Faith, (Gospel Publishing House, Revised edition, June 1971).

Los Dones De Inspiración

22. James Strong, LL.D., S.T.D, The New Strong's Exhaustive Concordance of the Bible, (Thomas Nelson Publications, 1984).
23. Merrill F. Unger, Unger's Bible Dictionary, (Moody Press, 1987).
24. Don Basham, Tongues, Interpretation, & Prophecy, (Whitaker House, 1971).
25. William Smith, William Smith's Bible Dictionary,(Hendrickson Publishers; Rev Sub edition, July 1, 1990).

Apóstoles

26. 26. A. J. Gordon, The twofold life, (DD Hodder & Stoughton, 1884)

Profetas

27. Bob Mumford, Agape Road. Journey to Intimacy with the Father, (Life Changers Library, Destiny Image Publishers)
28. Rick Joyner, Morning Star Journal, Vol.5, No. 2, (Morning Star Publications, 1995).
29. Rick Joyner, Morning Star Journal, Vol.5, No. 2, (Morning Star Publications, 1995).

Evangelistas

30. Karl Mark & Frederick Engles, The Communist Manifesto, Marx/Engels Selected Works, Volume One, (Progress Publishers, Moscow, USSR, 1969).

31. Dr. D. James Kennedy, Evangelism Explosion, (Tyndale House Publishers Wheaton III. 1970).

32. Tony Campolo, Hot Potatoes Christians are afraid to Touch, (Thomas Nelson, January 1993).

33. Henry Morton Stanley, How I Found Livingstone, Travels, Adventures and Discoveries in Central Africa, (Scribner, Armstrong & Co., 1872).

34. Byron Farwell, The Man Who Presumed; a Biography of Henry M. Stanley, (Longmans, Green, 1958).

Ayudas y Administraciones

35. Fenton John Anthony Hort, The New Testament in the Original Greek, (Brooke Foss Westcott, 1907).

36. Merrill F. Unger, Unger's Bible Dictionary, (Moody Press, 1987).

37. James Strong, LL.D., S.T.D, The New Strong's Exhaustive Concordance of the Bible, (Thomas Nelson Publications, 1984).

38. 3Frederic Louis Godet, Commentary of I Corinthians, (Kregel Publications', 1977).

39. Jamison, Fausset, & Brown, A Commentary, Critical, Experimental, and Practical, (Wm. B. Eerdmans Publishing Co., 1973).

40. Matthew Henry, Matthew Henry's Commentary, (MacDonald Publishing, 1706).

Amor: Parte Uno

41. P.T. Forsyth, Cruciality of the Cross, (Wipf & Stock Publishers, January 1, 1997).

42. P.T. Forsyth, The Work of Christ, (Wipf & Stock Publishers, July 1, 1996).
43. B.B. Warfield, The Person and Work of Christ, (Presbyterian Reformed Pub. Co., 1950).

Amor: Parte Dos

44. John R.W. Stott, The Cross of Christ, (Intervarsity Press, 1989)